云南大学服务云南行动计划项目"沿边开放与边疆经济发展理论研究成果转化"(项目号:2016MS10)阶段性成果之一

中国农民专业合作社发展研究

——基于社会化的制度分析框架

娄　锋著

人民出版社

责任编辑:陈寒节

文字编辑:王艾鑫

装帧设计:朱晓东

图书在版编目(CIP)数据

中国农民专业合作社发展研究:基于社会化的制度分析框架/
娄锋著.—北京:人民出版社,2017.9

ISBN 978-7-01-018086-1

Ⅰ.①中⋯ Ⅱ.①娄⋯ Ⅲ.①农业合作社－专业合作社－研究
－中国 Ⅳ.①F321.42

中国版本图书馆 CIP 数据核字(2017)第 203825 号

中国农民专业合作社发展研究

ZHONGGUO NONGMIN ZHUANYE HEZUOSHE FAZHAN YANJIU

——基于社会化的制度分析框架

娄 锋 著

人民出版社 出版发行

(100706 北京市东城区隆福寺街 99 号)

北京中兴印刷有限公司印刷 新华书店经销

2017 年 9 月第 1 版 2017 年 9 月北京第 1 次印刷

开本:710 毫米×1000 毫米 1/16 印张:22

字数:338 千字

ISBN 978-7-01-018086-1 定价:66.00 元

邮购地址:100706 北京市东城区隆福寺街 99 号

人民东方图书销售中心 电话:(010)65250042 65289539

目 录

前　言

　　按经典合作社原则设计的《中华人民共和国农民专业合作社法》（以下简称《农民专业合作社法》）于 2007 年颁布实施以来，经过了 10 年的发展，政府及理论界已深刻认识到其在农业现代化进程中的重要性，但同时又被其发展的现实所困扰。西方按照经典合作社制度构建的合作社曾取得过巨大成功，与我们有相同文化的中国台湾也获得成功，但为何我国按经典制度构建的合作社发展却不尽如人意，而在国内学术界看来具有股份化制度特征，甚至完全异化的合作社却发展得很好（农业部《中国农民专业合作社发展报告 2014》）。《农民专业合作社法》的理想制度设计与现实发展的矛盾冲突迫切需要我们回答：为什么具有股份化，甚至是异化制度特征的合作社在我国蓬勃发展？是什么样的现实国情导致这一现象？本质是什么？今后我们应该如何进行合作社制度创新，以发展具有中国特色的、有效率的、广大农户满意的合作社？本研究的目的正是在于加深人们对中国合作社制度股份化或异化的理解，阐明股份化或异化发生和存在的合理性与深层机理，解释其现实的制度建构和进行中的制度变迁，揭示其未来的发展趋势和创新方向，进而为中国农民专业合作社的具体实践提供理论指导。

　　为此，本研究第一章系统收集和梳理国内外有关合作社发展的研究文献，特别是着重梳理当前我国合作社制度分析方面的研究成果（虽然已经很丰富，但与我国合作社发展的现实要求还存在着明显的差距），确立研究基础。

第二章阐述了我国农民专业合作社的发展历程，并依据社长（理事长）和社员问卷的调查结果，深入解析中国农民专业合作社的发展现状，为当前农民专业合作社制度分析提供详实的第一手资料。

第三章是中国农民专业合作社的制度分析。借鉴前人的研究成果，基于中国农民专业合作社产生、发展的历史事实，依马克思制度分析（唯物史观）的合理内核，借鉴和吸收新制度经济学等西方经济学的合理成分，构建一个崭新的、关于合作社发展演进的社会化制度分析框架及分析范式（即生产社会化-产权社会化-管理、分配社会化的制度分析框架及分析范式），依该创新理论从一个全新的视角对我国合作社进行一次相对完整的制度分析，以深入解析合作社发展、变异的内在机理，揭示其未来的发展趋势和创新方向。

第四章是中国农民专业合作社成员满意度评价及其影响因素研究。由于对合作社发展、变革或变异的价值判断不应来自政府或理论界，衡量的标准不是视其是否遵循经典合作社的或《农民专业合作社法》的制度要求，而是应考量这类合作社所谓变异的制度安排是否能提高广大农户社员的生产经营效率，是否能提高广大农户社员的实际收入并使其满意——这样的合作社才会得到广大农户衷心的拥护与支持，才会有生命力和可持续发展的潜力，才能促进中国农业现代化的实现。因此，我们基于第二章中国农民专业合作社的发展现状分析和第三章中国农民专业合作社的制度分析的结论，结合感知价值理论设计成员满意度评价方法，以测度样本合作社的成员满意度水平，并通过结构方程模型分析合作社内、外部制度安排，受访社员情况，理事长情况与合作社成员满意度之间的内在联系，最后进行总结并得到启示。主要启示有（详细分析论述见第四章的"总结与启示"）：（1）我国合作社的出现与发展首先是农业社会化大生产发展的内在要求，而随着市场经济的发展，农户（劳动者）成为相对独立的生产经营主体，再加上政府的鼓励与扶持，使得当前国内农业合作社呈现蓬勃发展之势。由于与西方农业合作社产生、发展的路径不同，我国当前合作社产生时的基本特征是核心成员（往往是大股东）牵头，普通成员（常常是小股东）跟随；核心成员实现个人收益最大化，普通成员实现家庭农业生产经营的帕累托改进；（2）益贫性下降，成员异质性渐强，是农业社会化大生产下合作社发展的大势所趋。破解成员异质性对合作社发展的困扰，应通过提高合作社产权社会化程度来实现；（3）产权结构上的"一股"或"数股"独大，管理中不同程度的"内部人控制"和分配中的按股分配倾向是中国多数合作社制度演进的逻辑起点；（4）发展合作社应坚持效率优先、兼顾公平。当前农业合作化进程中应允许一部分人（勇于进取、有奉献精神的合作社牵头者）先富起来，政府再科学、合理地引导他们带动广大农户共同致富；（5）应超越合作社的视角来考虑合作社的发展，发展合作社的最终目标是要实现农业现代化，因而发展合作社应坚持生产力标准；（6）未来中国的农民专业合作社将会发生一系列分裂、分化，《农民专业合作社法》所构建的理想制度不是，也不可能是中国合作社唯一的制度安排模式，中国合作社的发展、演化路径一定是超越经典的，一定是多样化的、丰富多彩的。其中，合作社企业化、股份化可能是未来中国合作社变革的一个主流方向；（7）成员异质性合作社内部管理中，核心成员治理与民主建设不可偏废，应坚持"有效激励、提高效率、完善机构、分权制衡、优化法人治理结构，保障民主"六项原则，通过优化合作社法人治理结构，构建核心成员治社与民主管理相结合的决策机制、完善合作社激励机制并建立行之有效的约束与监督机制等多项措施，实现合作社内部治理的科学化，以促进合作社生产经营效率的不断提高，实现全体成员的合作共赢。

　　第五章是中国农民专业合作社的创新及发展研究。基于前面各章的分析，结合新形势下中国的具体实践，深入分析合作社当前发展面临的内、外部条件及环境的深刻变化，联系前述制度分析的结论，系统地提出进一步创新和发展具有中国特色的新型农民专业合作社，加速中国农业现代化进程的具体、详细的建议。

　　第六章是总结与展望。对全文的主要观点进行了概括与总结，最后指出不足并展望未来的研究。

　　总之，本书结合中国农业与农村经济的现实条件、广大农户的现实选择，以中国农民专业合作社为主要例证对象，运用一个全新的生产社会化-产权社会化-管理、分配社会化的制度分析框架及分析范式，对中国农民专业合作社的产权制度、治理制度、分配制度、成员满意度进行深入、全面的理论探讨和实证分析，同时运用结构方程模型（SEM）分析合作社制度安排与合作社成员满意度之间的内在联系和作用机理，以期给予中国农民专业合作社股份化（或异化）的形成与演化一个系统的、富有阐释力的制度解说，进而为创新和发展具有中国特色的农民专业合作社提供创新原则、可行性方案、具体详细并具可操作性的措施，以实现加速中国农业现代化进程的目的。

　　关键词：农民专业合作社；制度分析；生产社会化；产权社会化

第一章 绪论

第一节 选题的依据

一、问题的提出

截至 2016 年 6 月底，全国登记注册的农民专业合作社达 166.9 万家，已覆盖全国 90％以上的行政村，入社农户近 1.2 亿户，[①] 农民专业合作社呈现蓬勃发展之势。国务院 2006 年 10 月 31 日颁布了《中华人民共和国农民专业合作社法》（以下简称《农民专业合作社法》）并于 2007 年 7 月 1 日正式实施。我国《农民专业合作社法》基本上是按西方经典合作制原则设计的，而现实中，我国合作社的制度安排大多偏离《农民专业合作社法》的理想制度设计，带有明显的股份化特征（《中国农民专业合作社发展报告 2014》）。理论界已认识到这是中国现实国情造成的，但这类合作社发展是否可持续？西方没有先验性经验（中国发展农民专业合作社所面临的问题，西方现代化国家农业合作化时从未遇到过），如何发展？在尚未得出令人信服的结论时，合作社发展就已乱象杂呈，许多研究者认为合作社还是应回归到经典的原则与制度安排，即应按照西方经典合作社基本

---

① 数据来自中华人民共和国国家工商行政管理总局网站，2016 年 12 月 6 日，http://www. saic. gov. cn/。

原则，依《农民专业合作社法》的具体要求，先规制，后发展。[①] 但这种为实现农业现代化的"合作化西式道路"是否可行？理论界尚无定论。

总之，当前理论界正处于"两难困境"：势头迅猛的非经典合作社发展是否可持续？规制后再发展的"合作化西式道路"是否可行？上述两个问题在本质上实际是一个问题：在现实国情下，合作社需要什么样的制度安排（原则、机制等）才能有效地发展、壮大起来？我们应该走什么样的农业合作化道路？应该如何构建、发展具有中国特色的合作社实现农业现代化？本研究希望在这一方面做一次初步探索。

二、研究的意义
（一）现实意义

本研究对解决中国"三农"核心问题有重要的现实意义。"三农"问题的核心是农民问题，关键是要增加农民收入，提高其生活水平。中国首先在农村启动的改革开放，是以解散原有的合作生产组织形式——人民公社开始，以家庭联产承包责任制取而代之。事实证明，家庭经营在微观生产领域是有效率的，虽然取得了巨大的成功，但同时也造成 2.4 亿户农民"小规模、分散化"的生产经营格局。农户进入市场的组织化程度低，在农业生产经营链上，难以分享到足够的利润，[②] 农户收入难以提高。因此，如何组织"小规模、分散化"的农户有组织地进入市场以及组建起来的农业合作社组织如何发展适度规模经营，实现农业生产的集约化，已成为当前解决"三农"问题的重中之重。此外，我国农民在经营上大多处于无组织状态，在市场经济中很难保护自己的合法权益不受侵害。因此，在

[①]　部分研究者认为我国的农民专业合作社应按照《农民专业合作社法》的要求先规制，后发展。如，陈炜、任梅：《农民专业合作社政府规制的影响因素——基于博弈论和政府规制理论的视角》，《内蒙古社会科学（汉文版）》2013 年第 2 期，第 7—10 页。

[②]　为了解 2007 年 7、8 月开始的农产品价格上涨对农户收入的影响，2008 年 3 月 7 日至 12 日，农业部调研组，赴北京、山东等地，选择三大类 9 个品种的农产品，对生产→收购→加工→运输→批发→零售等环节全程跟踪调查。结果显示，在农产品产销链中，农民投入多、耗时长、风险大，但获得的利润最少。（农业部：《农产品涨价，农民收益几何？》，《人民日报》2008 年 4 月 2 日。）

家庭经营的基础上，研究如何构建与发展合作组织，整合"小生产与大市场"的矛盾，在提高农户生产经营的市场化水平，提高其收入，改善其生活状况，提高其自我保护能力等方面具有十分重要的现实意义。

（二）理论意义

国内在学习借鉴国外相关研究成果时，将其对农业合作社研究的主流工具——西方经济学，特别是新制度经济学引入对国内农民专业合作社的制度分析中。当前国内对农民专业合作社的主流分析方法是新制度经济学，该分析范式以"理性个人"主义方法论作为其组织理论研究的基础，理论渗透着唯心史观，把经济组织问题置于交换领域中研究，使经济组织理论仅限于市场运行层面的解释。我们认为研究合作社不能仅从个体出发，应基于社会和个人两方面来分析；应将合作社放入人类农业生产经营的历史进程中来研究，做到理论逻辑与历史逻辑的统一。因此，本书依马克思制度分析（唯物史观）的合理内核，借鉴和吸收新制度经济学、新古典经济学以及企业组织理论的合理成分，经过扬弃，有机合成，构建一个崭新的关于合作社产生与发展演进的生产社会化-产权社会化-管理、分配社会化的制度分析框架及分析范式。利用该分析范式，结合中国农业与农村的现实条件，以农民专业合作社为主要例证对象，对其制度特性、产权安排、内部治理结构、分配制度、外部环境等进行系统的理论探索和实证分析，以期给予我国农民专业合作社制度安排股份化或异化现象一个比较系统的、富有阐释力的制度解说，同时，也为构建和发展具有中国特色的农业合作经济理论做一次初步的探索。

第二节 研究的主要内容、思路与方法

一、研究的主要内容

（1）系统梳理所能穷尽的国内外有关农业合作社及其发展创新的理论文献，确立研究的理论基础。从历史事实角度，扬弃当前理论界主流的局

部分析法（仅分析合作社生产经营的流通部分），[①] 提出整体分析法（含农业一线生产环节）。借鉴前人的研究成果，基于唯物史观提出合作社发展演进与创新的生产社会化-产权社会化-管理、分配社会化的理论分析框架及分析范式，实现理论逻辑与历史逻辑的统一。

（2）通过问卷调查，考察实践中的农民专业合作社，基于（1）的理论，对我国合作社的产权特性、产权制度安排、治理制度、分配制度、社员满意度、制度环境（含政府的作用及政府与合作社两者间的关系）等进行系统、深入地研究与实证解析。最后指出，合作社内部制度安排（含产权、治理、分配制度安排）是影响和决定社员满意度评价的核心因素，与社员满意度评价密切相关的交易、契约、组织治理、合作氛围及文化构建、内部信任与承诺等均是在合作社内部制度安排下的行为。没有内部制度，合作社都不存在，更不用说其成员满意度评价了。社员的满意度评价是合作社内、外部影响因素及相关制度有机结合、相互作用的结果，主要依赖于内部制度安排。

（3）借鉴前人对合作社社员满意度研究的成果，基于（2）的调查与结论，对不同制度安排下的合作社进行社员满意度的计量与分析。本研究认为对合作社制度安排的价值判断，不应来自政府或理论界，而应来自广大的农户社员，衡量标准不应视其是否遵循《农民专业合作社法》或经典合作社制度原则，而应考量这类合作社制度安排是否能切实提高广大农户社员的生产经营效率，是否能提高广大农户社员的实际收入并使其满意。这样的合作社才能得到广大农户社员衷心的拥护与支持，才会有生命力和可持续发展的潜力。本部分基于实地问卷调查获得的数据，利用结构方程模型识别受广大农户社员认可并欢迎的产权、管理、分配制度安排和外部扶持方式，拥有这些制度特征的合作社有什么特点，这些合作社的制度安排相对于经典合作制度发生了哪些变化？为什么？这些变化的本质是什

---

① 基于新制度经济学或新古典经济学的合作社理论分析范式，研究问题时并不涉及合作社的生产部分，即不包含农户家庭（农场）的一线生产，这是由于上述分析范式在理论上的缺陷造成的，后文将会详述。

么？同时对我国合作社发展演进（特别是非经典制度安排形成的内在机理与路径）给予一个比较系统的、富有阐释力的制度解说，最后总结规律，获得经验与启示。

（4）结合（2）（3）来解释为什么这些制度变化的合作社受到广大农户的认可；在农业现代化进程中，这些合作社在发展中遇到了哪些问题和困难；新形势下应如何扶持这些合作社发展，使其能为农户提供更多、更全面的服务，能提高农户生产经营效率及实际收入水平。最后，提出未来进一步创新和发展具有中国特色的农民专业合作社的原则，可行性方案与具体、详细并具可操作性的措施、建议等，以实现加速中国农业现代化进程的目的。

二、研究的基本思路与方法

(一) 研究基本思路

首先，本研究依马克思制度经济学的合理内核，吸收新制度经济学等西方经济学的合理成分，提出理论逻辑与历史逻辑相统一的创新理论，然后利用新理论对我国实践中的合作社进行一次相对完整的制度解析。其次，参考前人的研究成果并结合我国合作社的具体实践，清晰界定社员满意度概念，明确其评价标准与方法，随后运用该方法测度样本合作社成员的满意度，再利用结构方程模型全面解析合作社内、外部制度安排、理事长情况等因素对成员满意度的影响并与其他非影响因素区分开来，获得内、外部各因素的相互作用及其最终对成员满意度的影响力，解析合作社何种方式的产权、管理、分配制度安排、外部扶持方式能提高成员的满意度，拥有这些制度特征的合作社有什么特点，这些合作社的制度安排相对于经典合作社制度发生了哪些变化？为什么？这些变化的本质是什么？进而对实践中合作社制度安排的非经典选择给予一个深刻、系统的制度解说并获得经验与启示。再次，结合新形势下中国的具体实践，深入分析国内合作社当前发展所面临的内、外部限制条件及发展环境的深刻变化，结合前面制度分析的结论，系统提出进一步创新和发展具有中国特色的新型专业合作社，加速中国农业现代化进程的具体、详细建议。最后，对全文的主要观点进行了概括与总结，指出不足并展望未来的研究方向。

（二）理论基础与研究方法

国内外对农业合作社①的研究理论大致可归为两类：一类是建立在历史唯物主义与辩证唯物主义理论基础之上，以马克思、恩格斯、列宁等马克思主义经济学为代表的合作经济理论；另一类是建立在"经济人"假说基础之上，主要以新古典经济学、企业组织治理理论、特别是新制度经济学为代表的合作经济理论。

新古典经济学将制度视为既定外生变量，主要运用均衡与边际分析方法，为合作社在市场经济中的运作建立了完美的数学模型。然而事实证明，制度对合作社的影响是至关重要的，基于这一点，新制度经济学在对新古典经济学的批判中异军突起，吸收与继承了新古典经济学的理论内核，基于"经济人"假说，在坚持个体收益（效用）最大化原则的前提下，将"制度"作为一个变量引入合作经济分析，并提出以产权理论、交易费用-收益理论为核心的制度分析框架，该框架对一系列组织的研究丰富了人们对微观经济问题的认识，迅速成为合作社研究的主流分析工具，但应该看到新制度经济学不仅有着特殊的时代背景与阶级立场，而且存在重大理论缺陷。新制度经济学以个人主义方法论作为合作社理论研究的基础，其理论渗透着唯心史观；而马克思主义经济学则以唯物辩证法作为合作社理论研究的根本方法，其理论始终贯穿着唯物史观。新制度经济学以孤立的"新经济人"假设作为合作社理论研究的出发点，使其理论陷入了形而上学的思维；而马克思主义经济学并非孤立地看待人与人的活动，而是将人与人的活动置于其所处的历史或现实背景下，使合作社理论研究在

---

① 在国外文献中，常用 Agricultural Cooperative、Agricultural（Farmer）Cooperatives Economical Organization，不常用 Agricultural Producer Cooperatives（不等于生产合作社）、Agricultural Cooperative Corporation，此外，还有称农业协同组合，如日本（のうぎょうきょうどうくみあい，农业协同组合）和韩国（한국농업협동조합，农业协助组织）等，尽管称呼不同，但其核心——农业合作社不变，即这是一类处于农业领域，农户自建、自我管理，并实现自我服务、受益的经济组织，本书将这些经济组织统称为农业合作社。

辩证关系中展开。新制度经济学基于交易费用、契约联合等理论把合作社的问题置于市场交换中研究，使合作社理论仅限于市场运行层面的解释；而马克思主义经济学基于历史的角度，运用唯物辩证法，在生产力与生产关系的对立统一中研究合作社的问题，既能认识合作社的市场运行特征，又能认识其深层的本质关系。①

总之，本书认为对合作社的研究应坚持以下观点：（1）合作社的产生、发展与变革不是基于成本（或交易费用）-收益比，不是由人的主观意识来决定，而是由生产力水平和物质生产方式来决定；（2）合作是在一定生产力水平与历史背景下的合作，不能将其抽象为一个没有历史的交易模型，更不能在这样的交易模型中去寻找合作社发展演进的规律，而要基于人类农业生产组织发展演进的历史进程，来动态地研究合作社的产生、发展与变革，这样才能做到理论逻辑与历史逻辑的统一；（3）研究合作社不能仅从"经济人"或"理性人"个体出发，应从生产力与生产关系矛盾运动、对立统一的视角来研究合作社的发展与变革等。因此，本研究以马克思制度经济学为理论基础，吸收借鉴新古典经济学和新制度经济学的合理成分，构建了生产社会化-产权社会化-管理、分配社会化的制度分析框架及分析范式，对我国农民专业合作社的产生、演进给予一个相对全面的制度解析，同时，在制度解析中将规范与实证分析、动态与静态分析、定性与定量分析相结合，力求对问题的分析更准确、合理与全面。

（三）本书重点、难点和创新之处

（1）农业合作社及其制度分析的特殊性、重要性和久远性导致文献的多样性，涉及经济学、社会学、农学、管理学等学科。能否穷尽相关研究文献，以及对浩如烟海的文献及相关资料进行检索收集、分析甄别、整理阅读等，成了本研究能否成功的关键，这是一项繁杂而艰巨的工作，也是本研究的重点与难点问题。

（2）本研究还需要广泛、深入、持久地调查国内合作社的制度安排现

① 参见娄锋：《农业合作社产生发展原因辨析——兼对"交易费用起源论"的评述》，《经济研究导刊》2013 年第 5 期，第 47—49 页。

状、外部环境、经济绩效、成员满意度及发展面临的问题等，以获得第一手资料。其中实地考查以及问卷调查的设计、发放、收集、整理等工作是本研究的重点，也是难点。

（3）为什么当前没有学者沿马克思理论对合作社进行制度分析？这是因为，当代学术上碰到了一个理论与现实的冲突，即沿马克思合作制度分析的理论思路，遇到这样一些问题：为什么在无产阶级获得政权后，在公有制基础上建立的农业生产合作社（如人民公社）依然不能成功；作为生产资料与劳动者充分结合的优越性的存在，合作社为什么没有成为人类生产经营的主要组织形式等问题。因此，如何扬弃马克思合作经济理论，吸收西方经济学的合理成分，构建一个崭新的合作制企业制度分析框架及分析范式是本研究的另一个重点与难点问题。

（4）可能的创新之处：国内有部分研究者运用新制度经济学对合作社进行过制度分析，但分析内容主要集中于产权与管理制度方面，不完整。国内尚没有研究者对我国农业合作社进行过完整、深入的制度分析，本研究期望在这一方面做一次初步探索，以抛砖引玉。另外，本研究可能的创新之处还主要体现在以下几方面：

第一，扬弃当前理论界主流（以新制度经济学为代表）分析范式的局部分析法（仅分析合作社服务部分），提出了整体分析法，即将农业一线生产部分（家庭农场①）纳入合作社组织的制度分析，将其视为合作社组织一个不可分割的、有机的组成部分，构建合作社发展演进的生产社会化-产权社会化-管理、分配社会化的理论分析框架及分析范式，拓展并丰富农业合作社的研究理论。随后，利用创新理论解析实践中我国农业合作社产权制度的本质，结合成员满意度分析，对我国合作社制度的非经典选择给予一个深刻的制度解说。

第二，将合作社成员满意度评价与合作社发展联系起来，利用计量模

---

① 按世界粮农组织（FAO）的定义，家庭农场泛指一切以家庭经营为主的农业经营主体，其中既包括欧美国家的家庭大农场，也包括中国等亚洲国家农户家庭经营的小块土地，该定义强调以家庭经营为主，而与经营规模无关。

型测度不同内、外部制度安排下，社员对合作社的满意度评价，以深刻揭示合作社组织内、外部制度安排与成员评价之间的联系。

第三，提出创新和构建具有中国特色的新型农业合作社的原则、发展思路和具体措施。

第三节 若干基本概念及研究对象的界定①

一、合作社中"合作"的界定

合作社中的"合作"（Cooperation）是一个极易被混淆的概念，合作常常被认为就是"协作"（Coordination），其实，合作是指组织成员之间为了某一目的或利益，按预先达成的规则或制度安排，协同互助、共同行动以不断改善合作者的生存状况，它反映的是合作者在社会经济活动中平等互助的一种经济关系。这种关系是建立在以下两类生产资料占有方式之下：一是合作者共同所有经济活动中的生产资料；二是合作者按份所有与共同所有相结合，共同控制、管理、使用经济活动中的生产资料。而协作是指"许多人在同一生产过程中，或在不同的但互相联系的生产过程中，有计划地一起协同劳动……不仅是通过协作提高了个人生产力，而且是创造了一种生产力"。② 可见，协作是生产力范畴，而合作则是特定生产关系（即合作关系）下的协作。协作可以创造新的生产力，这被许多经济学家（斯密、马克思、奈特等）承认，但这种创造不一定是在合作关系下形成的。

在人类生活及经济活动中，某些家族、村落或人群根据习俗或约定（大多是口头的、临时性的契约）采取短期的、一次性的、阶段性的萌芽合作行为，是非常普遍的。自古以来，世界上一些地方的农民就有在收获

---

① 本节内容除特别注明外，均引自娄锋：《西方现代农业合作经济组织的制度分析》，博士学位论文，南开大学，2009年，第14—22页。

② 《资本论》第1卷，人民出版社1975年版，第362页。

时协作"护秋"① 以防盗贼和野兽的传统。美国经济学家巴林顿·莫尔（Paliton Mole）在其著作《民主和专制的社会起源》中提到农业合作社的萌芽时指出："中世纪的英国由于收割之后土地要用于放牧，因而各家的收割工作就必须在同一时间进行，而农业活动的周期也就不得不多少有点协调的性质。在这样的安排之下，个人就有了某些机动的余地。但更主要的是，人们产生建立合作组织的强烈要求，而这样一些合作组织又很容易巩固下来成为习惯，以便解决那些生产中的问题。② 日本农夫在使土壤达到一定的浆状的稠度以适合种植秧苗时，就得要大量用水，如在同一时间里只能给少量的田供水，这就需要大伙一起一块田接着一块田地耕种，这样才能节省花在每一块田里移栽的时间。为在合适的时间里完成移栽工作，就需要聚集起比个别家庭成员集合在一起更多的成员。"③

综上可知，合作应具有以下一些基本特征：一是合作主体的独立性，即参与合作者应是能够独立进行合作活动并对其活动负责的主体。合作者应拥有人身自由，能够自由支配自己的劳动；拥有自身劳动能力的产权（劳动的主观条件）；同时又独立拥有或掌握一定的能够自由支配的生产资料，即拥有生产的客观条件，这是形成和参与合作的前提条件；二是合作者的社会地位、社会化生产中的分工角色，在一定程度上是相同的（如均

① 严格地说"护秋"形成的组织只是一种劳动组合，是一种自发的、最简单的、萌芽状态的合作社形式。劳动组合与合作社的区别是：第一，劳动组合是建立在低生产力水平下的一种临时的、简单的协同劳动，没有规范化的分工协作、没有系统化的组织制度安排；而近现代合作社是在生产力发展到一定水平，具体说是在市场经济确立之后产生的，是商品经济的产物，是生产力发展的必然结果。合作社有规范化的分工协作、有系统化的组织制度安排；第二，劳动组合是小生产者的劳动联合，其产生是因为个人的力量太弱小，希望借以集体的力量来增强个人力量。联合中没有财产转移，没有规范化的制度安排与分工协作，联合前后没有生产关系的变化；而近现代合作社是生产社会化、劳动社会化、产权社会化的产物，因而合作社是社会化生产劳动的联合体。合作中有财产转移，有规范化的制度安排与分工协作，合作前后生产关系发生了变化；第三，劳动组合往往是自然经济下，小生产者们在生产活动中自发组织的一种联合形式，联合是暂时的，组织是松散的，容易受被外部大地主、中间商、农业资本家左右甚至是控制。而近现代农业合作社是相对组织严密（有系统化、规范化的组织制度）、稳定并有既定发展目标与纲领的生产经营组织，因而合作社常常成为反对大地主、中间商、农业资本家盘剥的中坚力量。

② ［美］巴林顿·莫尔：《民主和专制的社会起源》，华夏出版社1987年版，第7页。

③ ［美］巴林顿·莫尔：《民主和专制的社会起源》，华夏出版社1987年版，第210—211页。

是水稻种植者或均是同类牲畜的养殖者），这决定了合作中合作者的行为目标是一致的，志同道合才能产生有效而持久的合作；三是合作行为的互助共赢。合作行为使合作各方获得并分享合作盈余，是合作者双方的双赢、多方的共赢。合作是一种平等互利的协同互助活动。人类在发展中，不断竞争、对抗、冲突，从无数次反复博弈的伤害教训中逐渐学会了妥协，懂得了通过谈判实现合作，实现双赢，甚至是多方共赢。因此，著名的自由主义思想家哈耶克在体现其毕生思想的最后著作《致命的自负》里开篇就指出："我们的文明，不管是它的起源还是它的维持，都取决于这样一件事情，它的准确表述就是在人类合作中不断扩展的秩序。"①

二、农业合作社的定义

经典的农业（或农场主）合作社发源于西方，西方各国、各组织或相关研究机构的学者们基于不同的视角对其给予了不同的定义，从他们的定义中我们可以寻到经典农业合作社的质性特征。

美国威士康星大学合作社研究中心（UWCC）对农业（或农场主）合作社的定义是："农场主合作社是由农场主作为惠顾者成员拥有和控制，在自愿的基础上基于成本或以非营利的方式自我经营和管理的企业，农场主合作社被其使用者所拥有。"②

法国对农业合作社的定义："农业合作社是按照自由参加、民主管理（"一人一票"）、盈余按成员交易比例进行分配，限制股金利率的、农业生产者拥有的公司；合作社的基本目标是通过共同努力，降低成本，使社员获利。"③

英国《不列颠大百科全书》对农业合作社的定义是："由那些分享其服务利益的农业生产者所拥有和经营的组织，他们为了解决相同的经济困

---

① ［英］哈耶克：《致命的自负》，冯克利、胡晋华译，中国社会科学出版社2000年版，第1—2页。

② Schaar. Cooperatives，"Principles and practices"，*University of Wisconsin Extension*，Madison，1973，p. 7.

③ 徐更生、刘开明：《国外农村合作经济》，经济科学出版社1986年版，第121—122页。

难，在权利与义务平等的基础上，依其自由意志相结合，自身负担风险，以经营他们共同需要的一种或数种业务，并为了相互间物质的与精神的利益，共同利用此一业务，以解决他们自身的经济困难，满足共同的经济、社会和文化需要。"①

法国全国合作社联盟的解释是："农业合作社是一种经济组织，是农业生产者成员集体拥有资产，民主管理，盈余分配按成员使用的服务量与业务活动量，而不是按他们出资股金的多少来进行。"②

1947年11月，日本制定的《农业协同组合法》中，将具备以下三个条件的经济组织称为"农业协同组合"（即农业合作社），简称农协：（1）组织的首要目标是提升会员的经济和社会地位；（2）组织是人（主要是农业一线生产者）的结合，而不是资本的结合；（3）组织实行按股分红与按利用该组织事业与设施多寡分红相结合的制度。按股分红的利率受限制，基层组织上限为7%，高层组织上限为8%。③

荷兰对农业合作社的定义："长期从事农业生产经营活动者的组织，他们共同承担风险，同时保持生产经营活动的独立性以及利用有关的经济活动尽可能多地获得利润。"④

此外，一些经济学者也给出了定义：

帕内尔（Parnell）（1995）认为："农业合作社是由农业生产者自由建立起来的，农业生产者共同拥有和管理，主要通过劳动而非通过投资，在平等的基础上，实现互利共赢的一种企业。"⑤

麦克布赖德（McBride）（1996）认为："农业合作社是一种组织形式，它具有以下特征：（1）基于成本向成员提供服务；（2）成员民主管理（基

---

① 《简明不列颠百科全书（中文版）》：第三卷，中国大百科全书出版社1985年，第708页。
② ［法］法国全国合作社联盟：《法国的合作运动》，张明浩译，中国商业出版社1986年版，第1—2页。
③ 徐更生、刘开明：《国外农村合作经济》，经济科学出版社1986年版，第181—186页。
④ 王洪春：《中外合作制度比较研究》，合肥工业大学出版社2007年8月版。
⑤ Achim, *China Farmers Professional Associations Review and Policy Recommendations*，2006，p. 126.

于"一人一票"制）组织；（3）限制资本回报（即股金利率受限）。"①

G. L. 克雷默（G. L. Cramar）和 C. W. 延森（C. W. Jensen）（1994）认为："农业合作社是农业生产者成员（惠顾者）拥有，成员提供资金并自我经营、民主管理（基于"一人一票"制）的经济组织。农业合作社按成本价向其成员提供服务（供应或销售产品）。成员通过合作社购买所需的投入品并销售自己的产品。成员惠顾合作社时将得到"纯储蓄"利润，这一利润最终将根据成员惠顾额（量）的大小按比例返还给成员。因此，合作社的首要目的是为惠顾者（所有者），而不是为投资者（如公司）谋取利润。"②

综上所述，西方经典农业合作社的定义大致可总结为以下几点：

（1）农业合作社是经济上为实现自助的农业生产者（社员）组建的，由社员（惠顾者）所有并民主管理（基于"一人一票"制）的经济组织。这决定了它追求的目标是社员利益最大化，而不是自身利益最大化（因而农业合作社大多基于成本运行）。这也决定了它的收益主要是按社员的惠顾额（即劳动量）返还给社员。社员向合作社投入股金表明其获得了社员资格，可以享受合作社的服务。股金可以分红，但红利受到限制。

（2）农业生产者的联合是自愿的，成员拥有加入和退出合作社的自由，"合作社对所有能够利用其服务并愿意承担社员义务的人开放，无性别、社会阶层、种族、政治观点和宗教信仰的歧视"。③ 农业合作社具有一定的社会属性，它反映了一类生产关系，也代表了一种生产力。

（3）农业合作社是一类社员联合所有（Jointly Owned）和民主控制的企业。④ 合作社的财产是社员按份共有（Divided Owned）（按份共有中的"份"是指农户在合作社投入的股本占全体成员总股本的比例）和集体共

---

① Achim, *China Farmers Professional Associations Review and Policy Recommendations*, 2006, p. 126.

② Cramar, G. L. and Jensen, C. W. "Agricultural Economics and Agribusiness", *Arts & Licensing International*, Inc, 1994, p. 32.

③ International Co-operative Alliance, *Statement on the Co-operative Identity*, 1995, p. 1.

④ International Co-operative Alliance, *Statement on the Co-operative Identity*, 1995, p. 1.

同共有（Common owned）（如：不可分割的公积金积累一般为社员共有）的结合；民主控制是指社员通过社员大会讨论并通过平等投票（在基层合作社里，实行"一人一票"制，对"一人多票"制有严格的上限规定，许多西方国家为了实现合作社的民主控制还规定了成员的最高入股比例，防止少数人控制合作社的情况发生。在合作社中，成员投票与其股金的多少无关，全体成员基于"一人一票"制来民主决定合作社的政策和重大事项。合作社的所有权关系决定了它不同于私营企业或国有企业。①

（4）合作社"满足共同的经济、社会和文化需要"，明确了合作社为社员、社区及文化建设服务的目标；当然，社员合作的首要目标是通过共同努力，降低社员的生产经营成本，使其获得更多的收益，即"满足共同的经济利益需要"是合作社生产经营的主要目的。

综上所述，西方经典农业合作社的定义可归结为：农业生产经营者为了保障、提高或追求其共同利益，按照劳动者所有、民主控制（基于"一人一票"制）并按惠顾额返还收益（即按劳分配）、限制股金收益的原则构建起来的经济组织。

2007年《农民专业合作社法》正式颁布实施后，我国农业合作社有了正式的称呼——农民专业合作社。《农民专业合作社法》在第一章"总则"里给出了农民专业合作社的定义："农民专业合作社是在农村家庭承包经营的基础上，同类农产品的生产经营者或者同类农业生产经营服务的提供者、利用者，自愿联合、民主管理的互助性经济组织。农民专业合作社以其成员为主要服务对象，提供农业生产资料的购买，农产品的销售、加工、运输、贮藏以及农业生产经营有关的技术、信息等服务。"它以服务成员为宗旨，以生产经营活动为纽带，以销售、加工环节为合作重点，以维护成员利益、增加成员收入为主要目的，是市场经济条件下，农民进行自我服务、自我发展、自我保护的一种行之有效的组织形式。

从中外对农业合作社的定义中我们不难发现，我国农民专业合作社构建的基本原则、制度安排的基本要求以及追求的目标、宗旨等与西方经典

---

① International Co-operative Alliance，*Statement on the Co-operative Identity*，1995，p. 1.

农业合作社基本一致，但同时也存在着以下几点不同：一是西方国家大多规定农业合作社的成员必须是农业生产者，即农业一线生产者（甚至他们直接将农业合作社称为农场主合作社），而我国《农民专业合作社法》没有明确合作社的成员必须是农业一线生产者，这意味着龙头企业、供销社，甚至政府基层行政组织均可牵头成立或加入合作社；二是对成员入股金上限没有硬性要求。西方国家大多有入股金上限要求，他们不允许合作社产权结构中出现"一股或数股独大"的情形，其目的在于防止合作社被少数人控制；三是在民主管理的投票制度中，西方国家大多规定"一人一票"制是基本原则，附加表决方式的"一人多票"制有投票上限限制，而我国《农民专业合作社法》中没有规定"一人多票"制的投票上限，上限的多少由合作社的章程规定，即由合作社自己决定；四是没有强制规定"按交易额分配"与"按股分配"的分配顺序。存在这些差异主要是考虑到中外现实国情的不同，具体的分析与说明后文将会详述，这里不再赘述。

三、农业合作社的分类

关于农业合作社的分类，国际上尚无统一的标准。不同国家、地区在不同历史时期的经济、政治、文化环境以及农业发展状况各不相同，这就决定了各国对农业合作社的分类标准千差万别。即使在同一国家、地区也可能存在着不同的分类方法。例如，日本农林水产省根据农户是否通过缴纳入社股金来构建农协，将农协分为出资农协和非出资农协；根据其所开展业务活动内容的多少，以及组织方式的不同将农协区分为"专业农协"（即专门从事某一种动物或植物的生产活动）和"综合农协"（即业务活动范围包括农业生产经营的方方面面，甚至包括农户生活资料的供应、教育、文化、医疗、保健、福利等）。美国农业部（United States Department of Agriculture，简称 USDA）根据功能与服务类型将农业合作社分为供应合作社（Supply Cooperatives）、营销合作社（Farmer Marketing Cooperatives）和服务合作社（Service Cooperatives）三大类。[①] 供应合作社是指那些业务量主要来自农业投入品供应业务的合作社，如建筑材料、农业机械设备以及生活资料的供给合作社。营销合作社是指主要业务是为社员销售农产品的经济联合体，即其业务量主要来自销售社员生产的农产品。营销合作社根据营业额（Business Volume）及农产品类别进一步分成 13 大类。服务合作社的主要功能是与农产品销售或农业投入品供应业务有关的运输、仓储、烘晒以及其他类似业务。[②] 总的看来，西方国家大体有四种主流分类方法：一是根据农业合作社生产经营的范围、内容分类，将其分为专业型与综合型。如法国将农业合作社分为奶牛合作社、小麦合作社、农机合作社等，特点是分类的专业性强；二是根据功能分类，如上述美国农业合作社就是根据功能划分为三类；三是根据合作社在农业合作经济体系中的位置进行分类。由于西方各国农业合作社均已在全国范围内构成了一个由地方到中央的完整组织体系，在分类时常常按合作社所处的层级分类，如德国的农业合作社分中央社、地方社和基层社，日本、韩国也有类似分类；四是根据构建或运行合作社时，所遵循的原则来分类，分为经典（或传统）合作社（遵循经典合作社的构建原则）与演化合作社，即所谓的"衍生"或"异化"的合作社，演化合作社大多遵循比例原则（Pro-

---

① USAD. Rural Business and Cooperative Development Service， "Farm marketing, supply and service cooperative historical statistics"，2004，p. 3.

② USAD. Rural Business and Cooperative Development Service， "Farm marketing, supply and service cooperative historical statistics"，2004，p. 3.

portional Principle) 或者是现代原则 (Contemporary Principle)。①

　　国内流行的分类方法有两类：一是按合作社组建的主体，划分为：
(1) 政府主导型，即合作社是由政府主导构建起来的；(2) 自发型，即广
大农户基于自己的需要，自下而上、自发地构建、发展起来的合作社；
(3) 混合型，即农户有建立合作社的愿望，在政府的支持和帮助下自下而
上地组建起来；二是根据合作社的生产方式将其分为生产型合作社（如苏
联以及东欧各国的集体农庄、中国的人民公社等）与服务型合作社（处于
流通领域，提供各种产前、产中及产后服务）两类。生产型合作社的特点
是生产资料全部公有或部分公有（即允许成员生产资料私有制存在），成
员集中在一起劳动，统一管理，劳动成果按需分配或按成员的出工时长、
劳动量等按劳分配；服务型合作社是中外农业合作社的主流形式，它主要
是为成员的家庭生产提供产前、产中、产后各种各样服务（包括生活服
务）的合作经济组织。

　　要准确地划分农业合作社类型，首先要确定一个科学的分类标准。马
克思认为，任何经济组织的建立与发展都是在一定的社会经济关系下进行
的，虽然经济组织的本质属性，甚至其内部结构均是各种经济关系作用的
结果，但在这些关系中，生产资料所有制关系起决定性的作用。根据生产
资料的所属关系，我们将农业合作社划分为建立在生产资料集体所有制或
公有制基础之上的合作社（如人民公社）和建立在农户家庭生产资料私有

---

①　近些年来，西方部分农业合作社基于产权明晰化（例如：合作社生产经营中，成员权、责、
　　利关系的匹配与对等）的比例原则越来越受到关注，实践中越来越多的合作社接受了该原
　　则，特别是北美的合作社。比例原则是指成员的交易额越大（小），意味着成员承担的责任
　　和获得的收益越多（小），进而该成员就应缴纳更多（少）的股金，同时也应获得更多（少）
　　的管理投票权（当然管理投票权有上限限制）。在比例原则的基础上，实践中的西方合作社
　　又探索建立了现代原则，该原则不以任何固定形式规范合作社的经营模式，显得更加灵活。
　　其具体原则是：(1) 交易者认购股本以获得交易权，这一投入是对合作社的一种信用保证；
　　(2) 社员惠顾合作社才有投票权，怎样投票由全体成员民主协商决定；(3) 在扣除成本后，
　　净所得作为盈余，按交易额（量）比例分配给交易者。现代原则强调了合作社的权益归交
　　易者，交易者才有权管理合作社并分享收益。这一原则有利于激励成员或非成员与合作社交
　　易，以增强合作社实力，提高其竞争力与凝聚力。（引自：Barton. David G. Principles.，In
　　"Cooperatives in Agriculture"，ED. David CobiaEnglewood Cliffs，NJ：*Prentice -Hall*，1989，
　　pp. 21-34）.

制基础之上的合作社（如当前的农民专业合作社）。建立在生产资料私有制基础之上的农业合作社绝大多数属于服务型合作社，根据其功能，这些合作社又可分为农业供销合作社，互助信用合作社以及从事其他服务的合作社等。本研究主要研究的是第二类，即服务型的农业合作社。

当前国内的主流分析范式在研究服务型的农业合作社时，多数仅考虑其服务或交易流通部分。我们认为从生产经营的布局上来看，服务型的农业合作社应由两部分组成：一是农户家庭农场的农业生产；二是为农户产前、产中、产后生产经营提供服务的部分，这两部分是密切联系的有机整体。农业合作社之所以没有如工业企业一样，将生产与经营紧密结合在一个组织之内，是由农业生产的特点决定的。空间上的高度分散、时间上的不连续性和农业生产劳动过程难以计量和监督等原因，使得生产与经营形式上是分离的，实际上两者息息相关、不可分割。这是因为服务型农业合作社的第二部分，不论是为农户提供农业生产资料、农产品销售还是为农户提供生活资料、医疗、保险等福利，说到底均是为农户家庭的农业生产服务。农户家庭的生产是整个合作社的重点与核心部分。我们不能只看到它的供销、加工等部分，而忽视了其生产部分，生产部分是整个组织的关键，也是服务部分发展变革的"指针"（即生产部分的技术及生产方式的变革将会导致合作社服务方式、内容等的改变）。

生产型合作社是生产与服务一体，而服务型合作社似乎与成员的家庭农场"不在一个组织内"，两者在生产组织形式与内部结构上之所以如此不同，是因为生产资料的所属关系不同。典型的生产型合作社是建立在生产资料集体所有制或公有制基础之上，由集体财产的代理部门或代理人统一协调、指挥管理并监督实施，成员在一起集体劳动，生产经营和相关服务集中在一个组织内，看起来生产与服务"紧密结合"在一起。服务型农业合作社是建立在农户（劳动者）个人私有制基础之上，具体说是家庭生产资料私有制基础之上。服务部门是由农户组建（产权归农户按份共有和共同共有），部分工作人员由农户聘请和雇佣。服务部门虽然为农户提供信息、建议或意见甚至是生产计划，但均不具有强制性。农户是各自分散独立从事农业生产劳动。由于成员不在一起集体劳动，往往使人忽略了它的生产部分。总之，服务型合作社应包含生产部分与服务部分，在合作社中两者是不可分割的有机整体。本研究将从最广义的角度来考察服务型农业合作社，即将服务型农业合作社的服务（或交易流通）部分与其生产部分统一于一个制度体系下进行分析。

第四节 中西方农业合作社理论的研究现状[①]

"他山之石，可以攻玉"，理论分析方法的创新以及对中国农民专业合作社的研究需要参考中外一切可以借鉴的研究成果，这样不但能保证研究的科学性与前沿性，同时也能保证研究的全面、深入和细致。

一、西方研究现状概述

农业（或农场主）合作社的研究始终是西方经济学研究的一个重要领域。在对西方农业合作社研究文献综述前，需要说明四点：（1）层次上：当代西方对合作社的研究早已从合作社存在的目的、意义、特征，以及在国民经济活动中的作用等问题转向合作社的运行、内部管理、产权制度安排、盈余分配等更微观的问题；（2）方向上：研究早已从寻求合作社存在的合理性解释和表象性描述，走向关注在不断变化的新经济、新技术条件下合作社的发展与创新，对如何发展与创新的研究，早已不再是概括性、策论性地描述如何发展，而是通过表象深入本质——基于产权、内部治理、分配制度安排等视角进行制度创新分析，以引导合作社科学发展；（3）方法论上：西方资本主义国家文献多以西方经济学为其理论支撑点，运用政治经济学分析的比较罕见，而用马克思政治经济学来深入剖析的更少，有的只是将合作社视为工人运动的一个重要组成部分来研究，但他们关注的是西方工人阶级的生产型合作社，而非农业合作社；（4）尽管在方

法论上有重大的分歧，本研究还是查阅了浩如烟海的相关外国文献。总体来看，国外对农业合作社的研究不论是从研究的时间，研究人员的数量，还是研究的水平均远远超过国内，资料丰富且研究的程度较深。

西方学术界对合作社的研究可一直追溯到早期合作运动的各学术观点及其理论，但当时更关注的是其对社会制度的影响，而非在特定社会制度下的经济价值，重点在社会发展、道德层面的研究（例如，如何改变社会的贫富分化、扶助弱者、益贫、进行合作精神及价值观的宣扬，甚至要改造资本主义社会制度等），而非从经济学的角度来研究。随着合作经济的不断发展，西方理论界逐步将研究目光转移到后一领域（如 20 世纪二三十年代，萨皮罗学派和竞争尺度学派已将合作社研究的双重目标引向单一目标研究——经济意义），并重点研究农业领域的合作社。随后，对农业合作社研究的重点也逐步从合作社在市场经济中的地位、作用等外部效果转向合作社的内部组织构建，运行机制、制度建设等问题上来。依据研究方法不同，对合作社的研究可分为两个阶段：

第一阶段是 20 世纪 40 年代至 60 年代，理论方法多运用新古典经济学，将合作社视为厂商，厂商理论的均衡分析、边际分析是当时的主流研究方法。以艾米利亚诺夫（Emelianoff）的著作《合作经济理论》（1942）和恩科（Enke）的论文《消费合作社和经济效率》（1945）为代表，开创了将经典厂商理论应用于合作社分析之先河，并建立了一套行之有效的分析方法，推动了西方农业合作经济理论的发展。随后有影响的研究者是沃德（Ward）（1958），他认为投资者拥有的公司（IOF）是以利润最大化为目标，而合作社以成员收入最大化为目标。为实现收入最大化，根据收益递减规律，合作社倾向于吸收更少的成员，生产更少的产品，对外部变化缺乏灵活反应，甚至会出现价格上升、产量回落的局面。这就是所谓的"沃德效应"（Ward effect）。① 之后，文克（Wenk）（1970）引入一般均衡理论进一步分析"沃德效应"并提出了破解"沃德效应"的思想，形成了

---

① 许多学者对沃德效应提出了质疑。如卡尔米（Kalmi）（2003）通过调查，发现实践中并没有足够证据证明合作社少吸收成员，减少产量以使价格上升。

供后人研究的"沃德-文克模型"（Ward - Wenk model）。"沃德效应"提出了合作社存在发展危机，受此启发，詹森（Jansson）和海默克（Hellmark）（1971）提出了合作社生命周期的三阶段论，库克（Cook）（1995）在此基础上又提出了合作社生命周期的五阶段论，并指出应依据合作社各生命周期的特点来决定合作社的发展策略。

总之，新古典经济学理论将合作社视为一类特殊的企业。如果合作社生产者剩余和成员消费者剩余实现了最大化，这就意味着合作社成员和社会福利也将达到最大化。希克斯顿（Sxeton）（1986）指出，合作社成立的目的就是通过扩大经营业务以实现规模经济。因此，合作社在一些平均成本曲线呈现下降趋势的产业中具有一定的生存与竞争优势。合作社是一种促进市场竞争的力量，它能提高不完备市场的绩效水平，进而提高全社会的经济福利。

新古典经济学厂商理论为合作社的研究提供了重要的理论工具。但合作社与厂商理论中的企业有很大差异：①合作社对内追求社员利益最大化，而非自身利益最大化（从这一点出发，许多学者认为合作社是基于成本经营的企业），对非社员才追求利润最大化；②合作社成员既是股东又是惠顾者；③合作社决策遵循"一人一票"，而企业（股份制公司）遵循"一股一票"；④合作社盈余主要按成员的交易额（量）来分配，而不是按股分配。合作社的特殊性，决定了在应用厂商决策模型对其进行分析之前，必须修正模型的利润最大化目标假设，重新确定合作社要追求的目标及其决策机制，这样新古典经济学的厂商理论才能被运用到合作社的相关理论分析中。上述种种问题均可在修正假设前提后不同程度地克服。但新古典经济学无法对合作社进行内部组织制度分析。新古典经济学将企业制度本身置于研究对象之外，将企业内部结构（生产函数和偏好结构）视为由经济理论之外的生产技术状况和个人心理决定的"黑箱"，因此厂商理论不能用来分析合作社内部的管理及决策过程，如不能用它来分析合作社的制度安排是如何决定其经济行为、经营绩效及成员满意度等问题。

第二阶段是 20 世纪 70 年代至今，由于新制度经济学能深入组织内部进行制度分析，其理论如交易费用理论、契约联合理论、产权理论、委托-代理理论以及博弈论等越来越多地被应用于西方合作社的研究。研究者越来越关注成员在不同目标导向下的投资决策，西方合作社在新经济技术条件下的产权、治理结构变革等一系列复杂的组织制度问题。我们将当代国外的研究成果归类为以下几个方面综述：

1. 合作社产权制度分析

希克斯顿（1990）运用新古典理论发展了一个在农业营销方面的空间竞争模型，并借此阐明了在买方寡头垄断的空间市场中，产权开放的合作社市场竞争力较强。

博克尔（Boehkje）和富尔顿（Fulton）（1994）指出：合作社特征是农业特征的反映，如果说传统农业的特征决定了传统合作社①的特征，那么，当农业发展变化了，合作社的产权制度安排就必须反映其新特征。

库克（Cook）（1995）认为合作社是一个"定义模糊的用户与投资者的财产权集合，不明晰产权的多样化界定将导致在剩余索取权和决策权控制方面的冲突"，这也是"新一代合作社"②产生的一个原因。同时，库克还较为全面地阐述了合作社中存在的产权问题，但他没有完全否定合作社这种经济组织形式，认为合作社虽然未必能成为农业产业的主要生产经营组织形式，但能够通过制度的调整来积极应对环境变化。随后，吉宾斯（Gibbings）（2000）做了进一步阐述，指出合作社的产权制度问题具体表现在以下几个方面：①搭便车问题（Free ride Problem）；②投资比例问题

---

① 传统合作社是指相对于近现代合作社，其制度安排更强调"一人一票""投资报酬有限"的原则。近现代合作社在民主控制和分配制度上有所松动，如承认受限的"一人多票"制。盈余分配时只要成员同意（即社员大会通过），盈余可按投资比例进行二、三次分配，这实际在很大程度上挑战了"投资报酬有限"的原则。

② "新一代合作社"，简称 NGC（New Generation Cooperatives），是欧美新型合作社组织形式之一，最早产生于 20 世纪 90 年代，大部分出现在美国中西部靠北的一些州。与传统合作社相比，新一代合作社是适应现代农业纵向一体化要求而出现的创新组织，也是农业产业化经营的一种方式。它并不是一个法定的特殊组织架构，而是对传统合作社的一种创新和完善。其特点主要有：经营产品单一，开展农产品深加工业务，实现垂直一体化经营；成员资格的封闭性保证了合作社经营的高效益；通过购买交易权，规定合作社与社员双方的权利和义务；机制健全，运行效率高。

（Portfolio Problem）；③控制问题（Control Problem）；④影响成本问题（Influence Cost Problem）；⑤眼界问题（Horizon Problem）。

富尔顿（1995）也认为合作社产权制度缺陷是合作社最严重的问题，如何改进合作社的产权制度安排是合作社可持续发展的关键。雷贝洛（Rebelo），卡尔达斯（Caldas），特谢拉（Teixeira）（2002）也有类似观点，认为合作社面临的困境是因为合作社缺乏产权制度创新，他们通过对葡萄酒合作社的研究，发现其成功地运用组合协调的经营管理策略来解决合作社的公共产权、控制管理、眼界问题以及有效进行人力资源管理等问题。

针对库克的观点，尼尔森（Nilsson）（2001）认为，尽管合作社在产权和代理方面存在成员的机会主义行为（搭便车问题），难以实施的控制管理（低效率管理模式），投资行为短期化等。虽然合作社一直被批评，但合作社的外部性，如克服市场失灵的功能是最重要的，而且合作社建立的同质性信任基础可能产生出一种阶段性有效治理模式——宗族治理模式。

针对库克提出的搭便车问题，哈里斯（Harris）（1996）提出，可以利用封闭的社员资格政策再加上销售协议制约来解决搭便车问题，同时建立合作社股份的二级市场，允许股份流转来提高社员的投资激励、改善资产组合和影响成本等问题。

关于外部市场和投资问题，伯彻尔（Birchall）（2004）研究了如何激励高效率社员加入合作社的模型，提出了"共同激励"产权理论，构建了"参与链"数学模型并用数据进行了检验。"共同激励"产权理论将个人激励和集体激励模型结合在一起。"新一代合作社"产权就是一种"共同激励"的产权制度安排，是合作社对内部产权制度缺陷进行创新和改革的尝试。

亨德里克斯（Hendrikse）和博格曼（Bijman）（2012）运用产权不完全的契约分析方法研究了所有权结构对投资的影响，说明了在什么样的市场环境和组织激励下，农业生产者进行后向一体化投资才会存在净收益。接着针对谈判权利分配，利用博弈模型解出在既定和可选择的投资状态下最有效率的所有权结构。

2. 内部治理制度分析

伴随农业现代化的是农业生产经营分工协作的不断细化与深化，这内在地要求社会为农业生产经营提供专业化、科学化服务。当今欧美农业合作社已由社员的集体管理逐步转向专家管理，出现了所谓的"委托-代理"问题。施塔茨（Staatz）（1997）认为合作社社员扮演委托人的角色，理事会或董事会是他们的代表，经理履行代理人的职能。并从合作社与投资者拥有的企业（IOF）治理结构的差别出发研究他们内部治理行为模式的差别，指出合作社成员之间以及合作社社员与经理层之间交流信息更容易，但同时合作社的股权不易流动使合作社面临更多的融资困难以及缺少资本市场的信息反馈，这些都会显著影响合作社理事会和经理扮演的角色及其决策。

艾勒斯（Eilers）和汉福（Hanf）（1999）利用代理理论提出农业合作社中最优合约设计的观点。其提出了辩证的"委托-代理"关系：当合作社管理者向农户提供合同时，管理者是委托人，农户成了代理人；而当农户向合作社提供合同时，农户是委托人，而合作社管理者成了代理人。该文说明，虽然"委托-代理"理论很适合用来分析合作社的决策激励问题，但必须对其内部组织构建与机构设置有深入的了解。

库克（1994）认为组织形式不同是造成合作社与资本控制企业的经理角色差异的重要原因，从而合作社与资本企业的经理，在经营管理中的行为也截然不同，相对而言，扮演好合作社的经理是困难的，经理的职能需要变革。

特谢拉（1997）通过对美国农业合作社的调查分析，指出合作社经理对合作经营成败至关重要，但由于其没有剩余索取权，必定影响合作社的经营效益。特谢拉通过构建"委托-代理"模型指出必须依合作社经营绩效给予经理适当补偿，以激励经理的工作积极性。

为适应内、外部环境变化，在合作社内部治理中的投票决策方面也要进行创新和改进，如祖姆（Zusm）（1992）运用合约理论建立了在合作社中集体投票决策规则的组织筛选，解释了合作社在信息不充分、不确定性、有限理性、追求讨价还价、成本最小化的情况下如何最优设计章程和筛选集体选择规则。

埃尔贝克（Alback）和舒尔茨（Schultz）（1997）运用新古典微观经济学理论与投票理论建立了一个投资模型来对合作社的内部治理制度进行创新，其模型研究以农业营销合作社的投资决策为基础，建模分析后的结果表明"一人一票"的民主投票方式与效率之间并不相悖，也不会必然导致营销合作社做出错误的投资决策，如果合作社成员的投资贡献与生产过程是相互独立的，那么合作社能否进行有效率地投资将取决于农户的规模分布、成本分担规则和投票规则等情况。不论选择什么样的决策投票规则，根据投票者生产经营规模大小（表明投票者承担不同的风险和成本）来分配投票权是最有效率的。

亨德里克斯和威尔曼（2001）以农业营销合作社为例，基于不完全契约中的财产权理论，利用三阶段的模型和非合作博弈理论的分析工具，提出了投资最优收益的治理结构选择和投资决策。同时为了进一步节约合作社治理中交易成本，从交易费用出发，他们以营销合作社为例，利用交易费用理论分析了社员对合作社管理控制与合作社的融资结构之间的关系。在经营中，合作社不把管理的决策权按入股金的多少分配给投资者（入社者），因此，合作社在吸引投资方面不如股份制企业具有优势。合作社民主管理（"一人一票"）和企业决策没有完全掌握在企业风险承担者手中（占合作社股份最多的社员），普通社员较多考虑农场的投资回报，较少考虑合作社的壮大及其长期发展，合作社的管理决策是低效率的。

绍博（Szabo）（2010）利用交易费用理论，以匈牙利的营销合作社为例，指出在合作社的治理行为中，只有在成员高度同质的情形下，合作社才能追求由单一代理人决定的单一目标函数的最优化目标。

3. 分配制度分析

汉姆伯格（Helmberger）和霍斯（Hoos）（1965）利用新古典经济学企业理论研究营销合作社，构建了一个合作社最优生产经营决策模型，该模型中假设合作社通过对成员按惠顾量（额）返还收益，使其单位产品价值或平均价格实现最大化。利用该模型进行短期和长期决策分析，发现在边际收益递减的情况下，如果合作社试图通过吸收新成员来扩大经营业务，将会越过最佳均衡点，使得已有成员的收入下降。这一结果说明了合作社可以通过限制成员数量来增加现有成员的收益。

维塔利艾娜（Vitaliano）（1983）认为由于分配的封闭性，使得合作社剩余分配权不能开放地交易，成员对合作社也没有独立所有权，所有权不流动，不能带来价格收益，成员只能拥有大致相同份额的货币价值求赎权（redeemable right），这将导致企业失去资本市场对其评价信号的反馈，合作社传统的分配制度安排不利于合作社的发展。

波特（Porter）和史高丽（Scully）（1987）认为，合作社的分配是低效率的，易造成合作社发展投资不足、过度使用等问题。由于合作社对剩余索取权转让的限制和产权交换缺少流动性，当投资回报期超出预期的成员资格期时（在即将退休或想离开合作社的成员中极易发生），剩余索取权将不选择进行企业专用资产投资，即所谓的眼界问题。这种短视情况的存在，使得在合作社的剩余分配中，社员所要求的个人利益与企业所要求的发展之间的矛盾冲突很难避免。由于社员掌握着剩余分配权，在剩余分配中会尽可能多地将剩余分到自己名下，而使得合作社积累不足，导致合作社发展缺乏后劲或被过度使用。同时合作社经理没有剩余分配权，经理的管理工作缺乏内在激励，这将导致管理的低效率。

曼科内尔（Munkner）（1988）认为合作社分配低效率的根源是信息不对称。可以从两方面解决：一是通过制度完善，有效和充分传递信息，消除信息不对称，使合作社的领导层与社员相互充分了解各自的需求；另一方面在社员已对合作社有充分了解的情况下，鼓励其充分有效地参与合作社决策，同时对理事会的工作实施有效监督。

沙达德（Chaddad）（2011）通过面板数据模型分析了美国1271个农业合作社自1991—2010年的融资情况，认为农业合作社普遍存在融资抑制（Financial Constraints）问题。其主要原因是分配制度缺陷：由于股本金利息收益受限，社员缺少对合作社的投资激励；合作社的剩余分配权受限，企业外的投资者没有剩余分配权，企业资产的积累只能来自成员的惠顾（即主要依靠内部资金积累），企业向外融资手段有限等。随后他提出了改进分配制度的措施，即盈余的分配要与成员的投入一致，股本金利率要根据外部资本市场的收益率情况进行调节等。

4. 合作社的未来

21世纪世界经济一体化迅猛发展，农业产业化、专业化进程以及消费者消费观念的变化等改变着农业合作社的发展环境。

一方面，在这一背景下，合作社内部合作原则发生了很多变化，甚至许多合作社向投资者所有的企业（IOF）转化。富尔顿（Fulton）（1995）认为社会价值观念和技术的变化将会使传统合作社面临更多的生存困难。在社会价值观念方面，当追求个人价值成为社会的主流，那么对个人产权的重视将会侵蚀合作社共有产权的基础，许多合作社成员会放弃积累公共财产这一原则。在技术方面，农业产业化将造成两种后果：一是市场越来越多地通过纵向一体化和契约关系联合起来，更看重投资者的剩余索取权，减弱了合作社作为市场价格尺度的作用；二是在农业生产中，技术控制的广泛应用减小了农产品质量的不稳定性，降低了农户作为其劳动剩余索取者而建立的合作社必要性。针对富尔顿（Fulton）悲观的看法，库克（1995）则持乐观的态度，他用合作社的市场份额增加和新的合作社的出现来证明合作社的生命力，还分析了一系列社会经济因素的变化对未来合作社成长的有利影响，库克强调合作社的进化能力和对环境的适应性很强，并指出新一代合作社就是典型的例证。柯瑞尔科普勒斯（Kyriakopoulos）（1998）认为现代经济、未来市场导向的战略发展，将使合作社的所有权结构、决策机制和商业行为面临挑战，传统合作社的所有权结构、融资控制，以及供应链的管理都是生产者（社员）导向的，合作社之间的合并主要是因为原材料购买、初级加工以及配送的规模经营成本低，但随着现代经济的发展，这种横向整合以追求规模经济难以获得竞争优势。当前，由于生产经营的市场导向，合作社需要学会如何更好地获得和处理市场信息。将市场知识引入到合作社的价值链中是必然的，这样，执行市场导向战略引起合作社组织的结构变化，一定数量的外部专业化人员加入到合作社的生产经营中来，有的还进入理事会和管理层，并参与合作社的收益分配。

富尔顿（2011）研究了影响合作社运行的两个环境因素：技术和社会价值，并认为这两个因素的变化将使得合作社的经营变得困难。他以加拿大的合作社为例，基于技术与社会价值因素分析，认为其将面临不断减少的支持与保护；另外，对于北美合作社发展创新的考量，关键是新一代合作社发展是否可持续，而证据表明这一切依赖于制度的支持。最后，生产效率的提高，比较利益的下降，使得农业兼业化进一步发展，农户不得不考虑参加合作社的机会成本，这将表现为领导素质下降，成员承诺降低和合作社发展迟缓等。这一切都是今后农业合作社发展与创新将面临的障碍。

另一方面，近20年来，一体化已然成了农业生产活动中最普遍的现象。多尼（Doney）和卡农（Cannon）（1997）认为外界条件的变化，要求从事农业生产经营的企业（含合作社）加强彼此间的合作。西方理论界普遍认为合作社在经营活动中应该拥有更多的合作关系，通过合作关系能够相互获得进入对方企业资产的进入权，从而能共享资源。汤普森（Thompson）和桑德尔（Sanders）（2014）认为在新经济技术条件下，合作社加入一体化是必然的趋势，合作社的商业战略将从竞争转向合作，由社员间的相互协作转向与企业的联合，随着实现目标的联合程度和相互承诺的加深，一体化程度将不断深化。

5. 简要总结

20世纪80年代以来，西方农业合作社发展中遇到的问题趋于多样化与复杂化，面临的挑战越来越严峻。西方对农业合作社发展的研究趋于紧迫并已成为西方经济学界研究的一个重要领域，新的经济学理论被不断应用于其中，相关研究文献在西方主要学术刊物中呈现出"百家争鸣"之势。通过对西方合作社研究文献的回顾，我们可以得到以下几点结论：

（1）建立在新制度经济学产权理论基础之上的合作社产权分析范式，认为传统（或经典）合作社在发展过程中存在产权不清晰、搭便车、投资比例、管理权控制、眼界等问题，产生这些问题主要是因为社员的产权不可流动，缺乏剩余索取权的转让和增值机制，不能带来潜在的收益，而只有在惠顾或利用合作社时才能取得，社员无法根据自己的风险偏好，调整自己在合作社中的资产投资组合。社员从合作社得到的经济回报主要根据他们利用合作社的程度，因此社员支持那些在短期内能取得最大回报的行为。长期项目缺乏投资的激励造成行为的短期化制约了合作社的发展。进而，合作社的产权制度安排是低效率的，不能确保当前社员完全承担他们行为的成本或得到他们创造的收益。但另一部分学者又认为，不清晰的产权、对索取权的转让以及产权流动性的限制都不是合作社所固有的，关键是要进行合理的制度设计，随后他们提出了创新或改进的方法。如利用封闭的社员资格政策再加上销售协议制约来解决搭便车问题；构建"共同激励"制度，可将个人激励和集体激励结合在一起；建立合作社股份二级市场，允许股份流转来提高社员的投资激励、改善资产组合和影响成本等问题；在合作社的产权和代理方面构建一种阶段性的有效治理模式——宗族治理模式。此外，还有一些学者更看重合作社的正外部性，合作社具有克服市场失灵及益贫等功能，即强调了合作社的市场及公益价值。

（2）对合作社管理的批评集中在民主管理、成员异质性导致集体行动的困境（集体决策的低效率）以及合作社内部的"委托-代理"等问题。一些学者认为"一人一票"的民主管理制度有缺陷，合作社应按股本金的多少将管理权配置给合作社的投资者、最大风险的承担者或将具体管理权转移给充分信息的掌握者——专业经理，并认为经理层应获得合作社剩余索取权。由于成员存在眼界等问题，再加上欠缺对经理层的激励，合作社的经营管理很容易陷入低效率，但另一部分学者则认为"一人一票"的民主管理制度并不必然导致上述问题，成员的同质性高低才是关键。相对于IOF，合作社社员及社员与经理之间更易沟通交流信息，可以通过培养基于认同的信任来克服上述问题的消极影响，合作社还可通过整合的经营管理策略来解决合作社共有产权和眼界等问题。关于合作社管理中的"集体一致行动"困境，可通过执行集体行动的规则（即共同规则）来解决这一难题，行动原则是通过协调和约束成员个体的行为来实现集体一致行动，从而实现决策与行动过程的帕累托改进。

（3）针对合作社的信息不对称、分配低效率，以及分配低效率导致的发展投资不足、决策低效率等问题，学者认为可以从两方面来解决：一是通过制度完善，充分传递信息，消除信息不对称，使合作社的领导层与社员相互了解各自的需求，另一方面在社员对合作社有充分了解的情况下，鼓励其有效地参与合作社决策，同时对理事会的工作实施有效监督；二是可以通过限制成员数量来增强现有成员的潜在激励，解决信息不对称、分配低效率的难题。

（4）针对合作社的未来发展，大多数学者认为，合作制度已不能适应现有的竞争环境，这种威胁主要来自技术和社会价值观念的变化、市场导向的战略要求、产权制度以及强劲的农业兼业化发展趋势等，这一切暗示着合作社制度的根本性变革势在必行。但同时，也有大量的学者继续认可合作社制度，并在不同的研究方向上提出完善合作社制度的途径。21世纪以来，合作社面临的外部环境发生了深刻变化。应食品安全以及消费者需求的多维度变化，逐步采用加工技术全程控制、精益生产、供应链管理等生产方式，这内在地要求合作社进行一体化生产经营或嵌入供应链，以应对上述挑战，而生产力的进步为改变传统协作方式提供了契机。西方学者认为，一体化生产经营或嵌入供应链需要合作双方进行专用性资产投资并作长期承诺，或者进行股权互持，信任博弈由一次博弈变为重复多次或无限次博弈。此外，特殊的社会或合作社文化，对一体化或嵌入供应链中合作双方信任的建立也起着至关重要的作用。

（5）从方法论来看，新制度经济学的相关理论被越来越多地应用到合作社创新、发展的研究中。研究者现在越来越关注新经济、新技术条件下，成员异质性、合作社内部的机会主义行为、投资动机多样化和相应决策规则、契约安排及互信承诺的制度设计等一系列复杂的组织制度问题。

2010 年后，西方更多学者把合作社创新与发展的研究重点放在了合作社治理制度安排这一内容上，新制度经济学的交易成本理论、委托-代理理论、集体行动理论、不完全契约和博弈理论等的引入，在深度和广度上大大扩展了前人的研究。

二、国内研究现状概述

国内对农业合作社的研究可依研究的理论来源分为三个阶段：第一阶段是 1949 年新中国成立至 1979 年改革开放前。这一时期基于马克思、恩格斯和列宁的合作社理论，介绍了苏联、东欧社会主义国家农业合作社（或集体农庄）的构建及运行状况（由于政治上的原因，我们完全不理会西方发达资本主义国家的农业合作社），合作社理论多是对国外社会主义国家合作社理论的直接引入，如前南斯拉夫的爱德华·卡德尔（Edvard Kardelj）（1954）的《论农业、农村与合作社》等，目的在于寻求如何在中国建立社会主义性质的农业合作社。到了后期，斯大林合作社理论占主导地位，再加上政治运动的需要，实践中农业合作社的建设完全脱离了合作社的本质及农业生产力发展的特点，建立了"一大二公""政社合一"的人民公社。

第二阶段是改革开放后至 20 世纪 90 年代初。人民公社在实践中失败，理论与现实的冲突要求人们重新认识合作社，追溯合作社产生与发展的历程，回顾马克思、恩格斯的合作社理论，以正本清源。此外，20 世纪 80 年代中期，在我国经济发达地区已出现应市场化、商品化发展要求产生的农业合作社，我们还面临着改革开放后农业合作社如何发展的问题。这一时期有关合作社研究方面的文献不仅重新回顾了马克思、恩格斯和列宁的合作社理论，还介绍了大量西方资本主义国家农业合作社的发展概况。越来越多的学者着力论证发展我国农业合作社的重要性和迫切性，同时积极探讨如何在社会主义市场经济下发展农业合作社。

第三阶段是 20 世纪 90 年代中后期至今，西方经济学（特别是新古典经济学与新制度经济学的引入）丰富了研究方法，扩张了研究视野。我们关注的内容也从对国外农业合作社描述性介绍，合作社的作用，我国构建农业合作社的意义与宏观政策措施转移到国内合作社的发展现况、制度特征及运作机制分析等。这一时期，马克思主义合作理论已逐渐淡出研究者的研究范式，新制度经济学已成为国内研究者的主要分析工具。[1]

(一)　农民专业合作社[2]产生的原因及其本质的研究

1. 农民专业合作社产生的原因

我国农民专业合作社为什么会出现？这是解释合作制度产生时首先要回答的问题。国内学者基于不同的研究方法对合作社产生的原因进行了解释。

(1) 利用新制度经济学的相关理论解释

何坪华、杨名远（1999）认为，农户家庭进入市场时面临着一系列交易费用，诸如发现交易对象和交易价格的费用、讨价还价的费用、监督违约行为或者欺诈行为并对之进行制裁的费用，而家庭农户因其分散、小规模经营的特点在市场谈判和交易中处于弱势地位。为了降低交易费用，家庭农户通过组建专业合作社，以集体购买和销售的规模效应来改善家庭农户市场交易的弱势地位，化解农户家庭经营在规模上的不经济弊端，给组织成员带来更多收益。

国鲁来（2001）认为市场经济条件下的农民已被卷入高度开放的市场体系中，不同的服务获取方式存在不同的成本支出，而通过交易费用-收益的比较能够达到个人收益最大化的制度安排，即合作社制度，也就是最符合农民理性的制度安排。

---

[1]　这一现象的出现，主要是因为国外对合作社的主流分析工具是新制度经济学，国内理论界在学习、参考国外研究成果时，也将其研究方法借鉴过来研究国内的合作社，进而国内对合作社的相关问题研究与国外文献的结论基本一致的，具有高度的趋同性。

[2]　从严格意义上讲，中国农业合作社除农民专业合作社外，还包括农业（民）合作协会等其他农村合作组织。《农民专业合作社法》第二条规定："农民专业合作社以其成员为主要服务对象，提供农业生产资料的购买，农产品的销售、加工、运输、贮藏以及与农业生产经营有关的技术、信息等服务。"与农业（民）合作协会等农村合作组织相比较，专业合作社是拥有具体的产权、管理、分配制度安排的经济实体，成员间的经济利益联系相对紧密，在农民合作化及农业产业化、现代化进程中，代表了农业合作社及农业生产力发展的较高形式，研究农民专业合作社具有较高的研究价值。因此，国内农业合作社的研究文献基本上是对农民专业合作社的研究。本部分将回顾、总结、借鉴国内农民专业合作社的最前沿研究成果，作为我国农民专业合作社制度分析的一个理论成长点。

张晓山（2003）指出，在产业化经营中发展农民专业合作社能内化一部分市场交易，从而降低、减少农民进入市场的交易费用和获取规模收益，获得服务和增加收入。

（2）利用博弈理论解释

王孝莹、张可成和胡继连（2006）利用智猪博弈等模型分析了组织中合作各方的收益，认为农民合作是在各方需求的基础上建立起来的，是为了满足各方的利益需求。

黄珺和朱国玮（2007）指出组织成员合作受市场供求状况的影响，在市场均衡条件下组织合作更容易实现。农民基于保护自身利益而展开合作博弈，在各方不断的重复博弈过程中，合作组织产生并得到了健康发展。

（3）利用公共选择理论解释

张晓山（2009）指出，从公共选择理论来看，农民专业合作社的产生、发展是对农户经营所需的各类准公共产品和服务"缺位"或者"错位"的一种补充和校正。

李建军（2010）认为农产品市场还存在"政府失灵"，即当农户迫切需要某种公共产品和服务时，政府无力提供或虽有能力提供但缺乏足够动力的情况下，这些公共产品和服务总是供给不足。"市场失灵"和"政府失灵"的存在，使得农业的市场化发展单纯地依靠市场机制和政府体制是不行的，此时农业生产经营者就会成立农业合作经济组织来弥补市场机制的缺陷以及补充政府部门的功能。

2. 农民专业合作社的本质

当前国内理论界对农民专业合作社本质的研究，主要是围绕着"合作社是什么？应该有哪些制度特征？"来讨论的，大体上有两种对立的观点。

杜吟棠（2008）等学者认为合作社是一类农民互助的经济组织。依据《农民专业合作社法》的定义："农民专业合作社是在农村家庭承包经营基础上，同类农产品的生产经营者或者同类农业生产经营服务的提供者、利用者，自愿联合、民主管理的互助性经济组织。"只要农民专业合作社强调社员平等，强调农户的主体地位就应是互助性经济组织。这一观点得到

了刘登高 (2011) 的支持。苑鹏 (2008)、李敬锁 (2010)、赵佳荣 (2011)、蒋颖 (2013)、房桂芝 (2014)、李琳琳与任大鹏 (2014)、李继刚 (2016) 等研究者也持类似观点。这类观点背后的政策含义是国家在发展合作社时要坚持标准，按规范的原则甄别合作社，扶持真正意义上的合作社，防止假合作社、"翻牌"合作社、空壳合作社套取国家的优惠政策。

另外一些学者则认为，合作社是混合性经济组织，并且已逐步偏移互助性经典原则。这些偏移使部分学者对现实中合作社的性质产生了怀疑：中国农民专业合作社是否还是合作社？

徐旭初 (2008) 通过研究浙江等地区的合作社，发现其发展中呈现出盈余按股分配倾向，合作社分配带有股份制企业的特点，认为我国农民专业合作社不再是传统意义上的经典合作社，是一种兼有股份制企业和共同体性质的混合性经济组织。

任大鹏、郭海霞 (2009) 则讨论了如何评定一个合作社的真伪。首先，需要在法律框架下根据《农民专业合作社法》确立的合作社原则进行对照与辨析；其次，工商部门的登记注册环节也是程序上一个重要的认定指标；同时，还要在现实中认真分析合作社的运作方式和功能，尤其要看它在治理机制、盈余分配两个环节是否真正体现了合作社的特征。

张晓山 (2009) 认为合作经济发展中，农业生产经营大户和企业领办的混合性合作社是当前中国合作社发展的现实选择。而在今后合作社的发展进程中，作为社员的农民（从事农产品专业生产或营销的农户）能否成为专业合作社的主体？他们在合作社中的经济利益是否能得到维护，民主权利能否得到保障？他们获取的剩余能否增加？合作社的资产所有权、控制决策权和受益权是否能主要由他们拥有？这应是农民专业合作社未来走向健康与否的试金石，而这必须由实践来检验。

潘劲 (2011) 提出质疑，如果说合作社是低成本运作，没有多少盈余，从而不能按交易额比例返还盈余，人们对此还可以理解；那么，没有按交易额比例返还的盈余，却有按股分配的利润，这利润又是从何而来？如果合作社盈余全部按股分红，与交易额没有任何关联，这又与投资者所有的企业有何区别？

对发展中偏离合作社经典原则的国内农民专业合作社，黄祖辉、邵科（2009）认为，随着时代的变革，合作社的本质规定性正在发生漂移。为此，既要充分认识合作社有别于其他组织的本质规定性及其漂移的不可避免性，也不必强制干预这种漂移的发生，政府部门可以通过相关法规合理引导这种漂移。对于合作社性质漂移后，其运行绩效的分析，徐旭初、吴彬（2010）认为现实中这类合作社能在一定程度上帮助农户解决"小生产与大市场"矛盾，这就意味着合作社基于经典原则的组织主旨、产权安排和治理结构等必然发生相应的变化，意味着合作社必须由社员导向转为市场导向，必须放宽对民主管理的要求，要在一定程度上允许合作社股权结构的非均衡性等。张永兵（2014）认为未来的专业合作社原则需要重构，其中的自愿与开放原则须宽松处理，自治性企业法人之组织属性、特殊的产权结构与独特的成员账户制度、突出社员民主控制、以社员为主要交易对象、惠顾返还原则应该得到坚持。李金珊、袁波、沈楠（2016）认为，当前的合作社趋利化与公司化特征较为明显，政府应对不同的合作社采取不同的方法给予引导。

对我国农民专业合作社发展中制度安排相对于合作制经典原则的漂移，部分研究持否定态度，认为实践中的合作社需要引导，甚至要规制；而更多研究者则认为这是我国现实国情造成的，显然我国发展农业合作社的内、外部条件与西方发展合作社时的情况已大相径庭，时过境迁之后，用西方农业合作社质的规定性来衡量发展变化中的我国农业合作社显然是不合适的，进而下一个关键问题是我们应如何定义具有中国特色的农民专业合作社？本研究认为，定义合作社质的规定性应有四个层面：一是效率层面，即合作社必须首先是一类有效率的生产经营组织——这是核心问题，也是先决条件，合作社的质性规定与制度特征首先应表现出的是"为提高农户家庭农业生产经营效率服务的组织"，说穿了是为农业现代化服务的组织。合作社的质性规定与制度特征必须首先体现出这种组织的效率性，换句话说，作为一种农业领域的生产组织形式，如果合作社不是一种能提高农户家庭生产经营效率的组织，不能提高农户的收入并使其满意，那么合作社对农业发展、对国家现代化将毫无价值，探讨其质性规定与制度特征也将毫无意义。进一步的含义是，在西方曾经成功的农业合作社（质的规定性及其制度原则等）如果在中国不能提高农户家庭生产经营效率，不能为中国的农业现代化服务，那么用西方合作社的定义来考量中国是否有真正的合作社有何意义？少数研究者甚至要以规制的方式来强制推行西方合作制原则，这将毫无益处，甚至是有害的（可能会重蹈人民公社的覆辙）；二是合作社的本质规定性，在第一点的基础上才谈得到第二点，即合作社本质规定性必须能实现提高农业生产经营效率的目的（为农业现代化服务），必须基于农业生产力发展的现实要求来决定合作社的根本属性；三是合作社的基本制度特征，这是本质规定性的具体体现，是本质属性的多侧面的表现；四是符合程度，即定义在多大程度上符合依据效率原则所确定的，合作社的本质规定性及其基本制度特征的经济组织属于合作社。

从合作理论的角度来说，西方经典合作社的本质规定性是社员拥有、控制与受益的自我服务、即"三位一体"，这是不可变的，否则合作社就失去了这种组织的基本制度特征，但关键是从长期来看，"移植"到中国的西方经典合作社本质规定性是否能保证合作社依然是有效率的？甚至还能不断地提高效率？当前，合作社的本质规定性是以《农民专业合作社法》及国际合作联盟（ICA）的规定为标准，这是明确的，但并不意味着不能为效率而改变。① 当下所谓真假合作社之辨，名义上是对合作社质性底线的辨识，而实际上是对本质规定性和基本制度特征的研判，这类研判往往就合作社谈合作社，引经据典来研判，甚至根据"三位一体"② 中的三项原则的各种组合来辨识现实中的合作社。这些研判均没有结合中国的现实国情，没有基于效率的原则，没有从农业现代化发展、国家工业化进程的高度来辨析、研判合作社。一味地在表面原则，如自愿进出、社员使

---

① 对是否有效率最权威的评价者是广大的农户社员，而非理论界或政府。
② "三位一体"即农户所有、农户民主控制、农户受益（盈余按交易额分配）。

用、惠顾返还比例的高低或者是对成员所有、管理与盈余按惠顾返还三原则如何组合、舍取才是合作社进行辩论，而这些原则或组合、舍取标准又与我国现实中合作社实施的原则、标准相抵触，当然对合作社质性底线就无法形成共识。[①] 当前国内对合作社本质之辩，实际上是合作社表象、形式之辨，从西方农业现代化国家农业合作社发展演进的历程来看，合作制能进入农业领域是效率选择的结果（而不是反过来，为了实现规范的合作制而改造农业——人民公社就是这样做的），[②] 农业合作社必然要为追求效率而不断地进行制度变革。事实上，在世界合作运动近 200 年的历史进程中，合作社为了竞争、生存，为了适应外部世界而不断追求效率，导致其质性规定一直在发生着深刻而持续的变革，实践中的合作社越来越看重提高生产经营效率，不断改善成员收入等目标，合作社的一些传统价值观受到冲击，这必然持续而深刻而地影响着人们对合作社本质的理解。

在实践中，合作社为追求效率，其传统价值观常常受到挑战，这也引起了人们的反思：合作社自产生以来就引以为荣、坚持不懈追求的"公平"目标还有价值吗？其实"公平"是一个道德问题，而合作社是处于市场中的一类经济组织，要竞争（特别是与同一产业内的现代股份制企业竞争）、生存与发展，强加其身上的道德目标可能是合作社发展中的"不可承载之重"。公平不应是一个简单、普惠的规定，而应将其更多地理解为生产经营、管理中的处事原则，或者是对待成员的基本原则。例如表面上看起来绝对的"一人一票"是对成员的公平，但这恰恰是不公平的，因为劳动者的能力是有差异的，对合作社的付出、贡献也是不同的。在合作社内部治理缺乏效率，不能"鞭策"偷懒者和机会主义者时，绝对的"一人一票"会"抹杀"劳动者劳动付出的差异，会挫伤多劳者的积极性，这种投票方式是低效率的，也是不公平的。

---

① 基于中国的现实国情，在效率的驱动下，相对于经典的合作社，中国特色合作社的质性底线一定会发生漂移，特别是在处于激烈市场竞争中的合作社，其制度安排发生漂移的趋势就越强。

② 参见娄锋：《农业合作社产生发展原因辨析——兼对"交易费用起源论"》，《经济研究导刊》2013 年第 5 期，第 47—49 页。

　　总之，为了不断追求效率，合作社发生了一系列深刻的变化。应瑞瑶
（2004）曾总结合作社制度演进中的变化：从入社退社自由向合作社成员
资格不开放变化；从绝对的"一人一票"制向承认差别发展；从对资本报
酬率的严格限制向对外来资本实行按股分红方向发展；社员管理合作社被
拥有专业知识的职业经理管理所取代。西方合作社为追求效率尚能进行如
此变革，移植到中国的合作社为什么不能根据中国的现实国情进行改良、
变革，为什么不能根据改革实践与理论相结合（相互印证与完善），最终
来定义中国的合作社。我们不能用合作制经典原则对我国合作社"生拉硬
扯"来进行辨析，得出中国几乎没有合作社的论断，我们必须依据效率原
则，结合中国国情及合作化的具体实践，参考经典合作制原则，定义具有
中国特色合作社的本质规定性。[①]

（二）农民专业合作社的产权制度及其变化研究

　　近年来，在合作社产权制度及其发展变迁研究方面，对我国农民专业
合作社产权性质及其股份化嬗变的讨论已成为两个最重要的命题。

1. 合作社产权的性质

　　徐旭初（2006）将我国农民专业合作组织的产权制度分为比较经典的
合作社产权制度、具有股份化倾向的合作社产权制度和松散型或相对松散
的专业协会产权制度，并对浙江省农民专业合作社的产权制度安排现状进
行了研究，指出其发展变化的基本特征是基于组织能力来构建产权制度。

　　潘劲（2005）则从内部主导因素的角度将农民专业合作社分为政府主
导型、企业主导型和官办向民办过渡型，并分析各自的股权构成特点和决
策机制。

　　栾昊（2007）认为，合作社产权模糊，缺乏对社员资产的明确界定。
由于合作社财产的集体产品属性，成员往往有"搭便车"的动机，而计量
的困难又阻碍有效监督机制的建立。在合作社发展中，西方经典的合作社
产权制度难以在农民专业合作社中建立。

　　吉媛、蒋崧韬（2014）认为农民专业合作社的产权性质是农民增强自

---

① 　关于定义具有中国特色合作社的本质规定性，本书第五章将会详述。

身抗风险能力和提高收益的经济联合体，当下合作社发展遇到了瓶颈，产权制度需要重构。他们提出以下建议：合理规制合作社的法律责任，扩大合作社的合作范围以及完善土地承包经营权出资的法律后果。

2. 合作社产权的股份化嬗变

林坚（2002）认为，随着市场经济的发展和农业市场化程度的提高，合作社的产权制度安排进行了一系列的改变，首先我国现阶段合作社产权的资本化态势非常明显，少数大额出资者与多数小额出资者并存，这种产权安排具有一定的合理性。

徐旭初（2006）基于对浙江省农民专业合作社发展现状的剖析，认为各类合作主体的利益和能力的异质性和耦合性，直接决定了合作社产权安排的多样性和复杂性，而普通农民往往不得不让渡其部分（甚至全部）控制权，实现与关键性生产要素所有者的利益均衡，合作社产权制度向股份化漂移不可避免。

王景新（2007）认为合作社将入股额与享受的服务数量进行挂钩，在一定程度上可明晰产权，但由此而产生的资本对劳动力的排斥，农民专业合作社产权性质可能异化为股份产权制。

周春芳、包宗顺（2010）对江苏省部分合作社进行了研究，认为在当前中国农村地区人力资本、物质资本极度匮乏的情况下，农民专业合作社发展呈现出由少数农村精英控制、普通社员依附的产权结构，尽管具有一定的合理性，却背离了经典合作社的初衷。造成这种状况的根本原因在于合作社兼顾公平与效率使其陷入理想与现实的两难。

郭红东、袁路明、林迪（2010）对浙江、山西、河北、安徽等省份的30家农民专业合作社进行了调查，结果表明，由农民大户发起的，产权性质具有股份化趋向的，实行按股分红的合作社，成员满意度更高。

对此，其他学者却持不同的观点。例如，廖媛红（2013）以北京、河北、河南、山东、安徽和内蒙古6个省（市）农民专业合作社的21名社员作为研究对象，运用结构方程模型评估了合作社的内部信任、产权安排与成员满意度之间的关系，指出合作社产权制度安排的传统程度越高，成员满意度越高。不能为了追求合作社的经济利益而一味将合作社发展或改造为具有股份制特征的新型合作社。

徐旭初（2012）认为，从本质上讲，合作社既非产权关系，也非分配关系，而是治理关系。这是因为对于经典合作社而言，所有权与治理是无关的。换言之，经典合作社是不存在股权问题的，至少是不计较股权问题的；在合作社发展中，当其开始重视股权时，它已经开始偏离经典了，或者是不标准、不合意了。所以，社员持股或股权结构并不是合作社最关键的问题，治理结构和治理机制才是，这暗示今后合作社在发展中应加强治理结构建设并强化治理机制。

秦愚（2015）认为中国农户的弱质性加剧了其资本困境，农民专业合作社试图通过引入出资者作为成员来应对，但由于出资者掌握所有权导致合作社质的规定性被突破。解决合作社资本问题的出路是摒弃农业资本主义观念影响，发展真正意义上的合作社——企业的所有者，与企业进行交易，并按惠顾数量分配所有权。马桂萍（2016）也认为，为使农民专业合作社沿着正确的方向发展，要确保合作社的产权属性不漂移。这些思想代表了相当一部分学者在面对当前农民专业合作社发展困境时，对传统或经典合作社制度的回归期望。

（三）农民专业合作社内部治理制度及其异化的研究

1. 农民专业合作社内部治理制度现状

林坚（2007）对浙江省，苑鹏（2008）对北京市，陈强（2008）对沿海地区，李玉勤（2008）对东北地区，张晓山（2009）对经济发达地区，徐旭初、吴彬（2010）对浙江，陈俊梁（2010）对河北，顾幼瑾（2010）对云南的合作社进行了研究，揭示了合作社内部治理现状，并普遍认为相对于经典合作社内部治理制度，我国合作社内部治理制度安排出现诸多异化现象。

①合作社的管理权与剩余分配权逐渐被资本控制。大股东（核心成员）利用自身资源优势（如占有合作社较大比例的股份等），逐步控制合作社，使得《农民专业合作社法》规定的民主表决方式，如"一人一票"

或受限"一人多票"难以实施。广大普通社员在合作社管理与盈余分配上没有发言权,其权益难以得到有效的保障。

徐亦平(2014)根据浙江省台州市农民专业合作社的实践,讨论了农民专业合作社内部结构的演变,指出为了更适合当地的情况,合作社的内部治理结构已经发生了变化,如社员关系从松散的产品购销关系向紧密的产权关系演变,即股权结构向个人占大股股份演变,组织结构从社员的管理结构向社员分级管理结构演变,表决方式从"一人一票"制向"一人多票"制演变等。

②龙头企业、供销社牵头组建农民专业合作社,并完全控制合作社。企业、供销社牵头成立合作社是我国农业合作化的一大特色,特别是《农民专业合作社法》颁布后(《农民专业合作社法》没有排斥龙头企业、供销社领办合作社),许多龙头企业、供销社在合作社优惠政策的利益驱动下,开始积极牵头组建合作社,这些合作社大多被龙头企业、供销社控制,甚至有的合作社就是企业、供销社或是它们的下属部门。

关于龙头企业、供销社领办的合作社,贾蕊、陆迁、何学松(2006)认为龙头企业领办合作社面临着利益分配机制缺位、诚信缺失等因素的制约。

李玉勤(2008)指出,农民专业合作社作为一个经济载体是要赢利的,在合作过程中可能会被公司、供销社控制,从而侵蚀和盘剥普通社员的利益,农民专业合作社可能异化,可能出现对普通社员不利的走向。

张晓山(2004)认为,在公司牵头成立的合作社中,从本质上说,公司与农户的关系仍然是不平等的,在利益分配过程中,公司往往获得更多的利益,剥夺了农户的利益。

从现有文献来看,如何实现龙头企业、供销社与合作社农户成员之间的利益平衡,既能充分调动龙头企业、供销社参与农业合作化建设的积极性,又能让广大农户社员真正得实惠是一个难题。

③内部治理制度建设中的其他问题。许多研究者指出,合作社民主决策、合作管理流于形式,治理中的大股东(核心成员)组成的理事会权力

过大，利益分配不公平，广大普通社员利益难以得到保障，监事会难以履行监督职责等问题制约着合作社的发展。

娄锋（2008）指出，合作社内部治理机制存在缺陷，主要有内部人控制、产权不清晰、激励机制不足等原因。这些原因严重影响了专业合作社的凝聚力、竞争力，没有起到对农民的带动作用。

崔宝玉、李晓明（2008）则认为，随着合作社外部社会关系和市场经济环境的变迁，合作社有典型的资本化倾向和趋势。进入合作社后，成员会根据收益、成本和风险的边际水平和风险偏好来选择股权的合作程度，并在治理中利用退出权对成员利益形成一定程度的保护。

邵科、徐旭初（2008）分析了成员异质性对合作社治理结构的影响。他们认为，应该确保合作社理事会、监事会成员间的相对同质性，使合作社形成一个团结有效的领导核心，同时使理事会、监事会在社员大会的领导下实现有效的制衡，以确保合作社的健康发展和保持其本质属性。

孔祥智、蒋忱忱（2010）认为，由于人力资本要素拥有量不同，合作社的治理机制将偏向于确保人力资本要素拥有量作用发挥的制度安排。从"帕累托改进"和"激励相容"的角度来看，这种基于成员异质性的治理制度安排是合理并且有效率的。

郭晓鸣、廖祖君（2010）认为，公司主导型内部治理结构将成为中国农民专业合作社未来一段时间内发展的主要趋势，但应对这种不稳定的过渡形态加强政策引导。

苑鹏（2013）指出，合作社内部治理由民主控制走向大股东控制，合作社领办人由自利的农村精英取代具有合作精神的企业家，合作文化由互助走向互惠。

于海琳（2015）认为合作社存在经营和决策效率低下，监督和激励机制形同虚设以及分配机制过分注重公平等问题。借鉴美、日、德等国的经验，应在完善合作社内外部治理结构的基础上，将年度报告公示制度和推动示范社创建行动紧密结合，以进一步规范合作社的发展。

2. 农民专业合作社内部治理制度异化的原因

研究者对农民专业合作社内部治理制度异化的成因进行了分析，其主要论点可归纳如下：

①专用性资产投资的成本、风险决定论。许多学者从专用性资产投资的成本、风险的角度解释合作社内部治理制度异化形成的原因。合作社大股东（核心成员）投资的专用性资产较多，投入成本大，在交易中容易被合作伙伴的机会主义行为"套牢"，为了尽可能地规避和控制风险，大股东（核心成员）必将千方百计地去获得合作社的控制权，否则不会投资成立合作社。徐旭初（2008）在分析成员异质性与农民专业合作社的组织结构时指出，合作社的理事会成员主要由少数拥有较多资源和股金的核心成员组成，由于核心成员投入了大量的专用性资产，这样在控制权结构上，他们将要获得更多的合作社治理控制权以维护自己的利益，而普通社员只拥有有限的控制权。

②要素决定论。杨瑞龙、杨其静（2005）认为，最有生命力的企业制度并不是那些理论上能够创造最大组织租金或最小交易费用的企业制度，而是那些能够吸引关键性生产要素所有者的企业制度。因此，那些关键要素的拥有者能成为合作社的管理者。黄祖辉、徐旭初（2006）也认为谁拥有关键生产要素，谁就拥有合作社的管理权。随后，徐旭初（2006）又提出了人力资源差异也能决定管理权的配置。合作社成员的人力资源要素，特别是企业家才能（禀赋、知识、组织能力、社会关系等）分布是不均衡的，这些各异的能力在既定的市场环境中具有不同的专用性、合用性和价值差异性，这种社员才能的差异就直接决定了合作社制度安排的性质、形态和细节，决定了不同成员在合作社制度安排中拥有组织权利差异。杨涛（2014）认为，在农民专业合作社的构建和运作中，资源要素差异导致了合作社的组织权力在大户和小户之间的不平等分配。如果大户行使的权力缺乏制衡，那么小户权益和合作社的集体资源将面临被盗窃的风险。为应对合作社权力运作的失衡态势，小户社员必须积极参与合作社运作的集体事务，保护和争取自身的合法权益。崔宝玉（2015）认为股权与社会资本都是合作社治理的有效机制，两者之间既存在替代性也存在互补性。替代性激励着合作社寻求更低治理成本，获取更高治理收益，互补性意味着合

作社整体制度安排可以内在一致。两种治理机制的替代、互补与适用性匹配能够保障不同生命周期合作社治理的整体有效性。王军（2015）也有类似的研究及结论。

③产权制度决定论。许多研究者认为合作社内部治理的异化是由合作社产权制度安排造成的。李小卉（2001）指出，股权过于分散、集体财产产权主体模糊、所有者和经营者的信息不对称等因素是合作社内部治理异化、"内部人控制"产生的原因。陈合莹、郝小宝（2007）认为合作社内部治理异化的主要根源在于：不完善的产权与股份制度、剩余索取权与控制权不对等、以亲缘关系为基础的农户行为选择的机会主义倾向、外部介入不当等。梁剑峰、李静（2015）认为我国农民专业合作社发展中呈现出普遍性的"精英俘获"现象，领办人控制严重，股权高度集中，使得合作社严重偏离了"民有、民管、民受益"的原则，进而内部治理制度异化。

（四）关于合作社分配制度及其嬗变的研究

传统上，理论界认为合作社的关键问题是治理问题，[①] 治理问题解决了，其他问题就很容易解决，因而相对于治理制度研究，分配制度研究的文献要少很多。

马丽岩（2008）以河北省农民专业合作社为例研究了合作社的利益分配问题，认为农民专业合作社的利益分配制度是合作社制度的核心内容，是农民专业合作社吸引非社员加入的关键制度安排，是农民专业合作社稳定、发展、壮大的关键。由于目前农民专业合作社异质性的产权结构，合作社中优势股的持有者为合作社的实际控制者，利益分配自然倾向于优势股东，按股分红的比例远高于按交易额（量）返还的比例，国家财政扶持资金及其带来的收益也基本归合作社的大股东所有。针对这种状况，马丽岩提出了根据农民专业合作社不同的产权结构，采取不同利益分配方式的对策。

---

① 这一点从《农民专业合作社法》的相关规定中也可看出。《农民专业合作社法》没有限定合作社的成员必须是农业一线生产者，也没有规定每名成员的入股金上限，这就可能导致合作社产权结构出现"一股或数股独大"的现象，反观合作社的内部治理制度安排却设计得非常详细，即希望通过相对完善的内部治理制度规制来实现民主的合作社内部治理。

冯开文（2005）指出，合作社的分配制度是合作社制度的核心构件，分配制度建设是合作社制度创新的关键所在，一个完整的合作社分配制度体系应包括利润返还、股金分红、股息，以及预先提留的公积金、公益金、救济基金、发展基金、风险基金等公共积累。通过调研发现，经济较发达地区，合作社的分配制度就整体上较其他地区略好一些。经济较发达地区股金分红所占的比重较高，这是因为资本的联合这一特征表现得更明显。最后指出分配制度要与一定的经济发展水平相吻合。

李长健（2007）认为合作社分配制度是一种涉及重要利益关系的制度，需要我们以和谐的理念去架构农民专业合作社的分配制度。从分配和谐的理念出发考量合作社分配制度的基础性，影响包括资本制度、关键性影响，产权制度和主体性影响，组织制度，努力架构和谐的合作社分配制度。

孙亚范（2009）研究了合作社利益分配应达到的目标：一是社员能够建立合理的利益意识和清晰的利益预期；二是合作社能够对于社员的积极参与和贡献提供持续的利益激励。

李三虎、王礼力（2011）认为中国农民合作经济组织的发展是初步、低水平以及不规范的，现阶段农民合作经济组织利润分配原则中完全的按股分配方式在我国普遍实施是不合适的。

何安华等（2012）则以典型的农民专业合作社为例，认为资源禀赋对合作社成员合作利益的分配具有深刻的影响等。

邓军蓉等（2014）对湖北省部分农民专业合作社利益分配问题的调查发现，许多合作社公共积累随意提取，多数合作社盈余分配程序不规范，大部分合作社没有依法核算和返还可分配盈余，部分合作社国家财政补助没有按要求进行财务处理，合作社公积金和专项基金都没有量化到成员。因此，必须普及农民专业合作社法律知识，加强政府监管，健全产权结构，完善治理机制，规范财务管理。

刘自敏、杨丹（2014）构建了基于合作各方专用性投资水平的修正夏普利（Shapley）值法与核仁（Nucleolus）法两种收益分配方案，并根据合作社不同的生命周期阶段，提出合理的收益分配方案选择。

宋保胜（2015）认为，由于众多的农民专业合作社受"资本控制""能人效应"以及周围环境的影响，造成农民专业合作社剩余从形成到分配整个过程被严重侵蚀，农民专业合作社的功能发生漂移。为此，应系统研究农民专业合作社剩余的来源、形成及分配过程，构建合作社剩余侵蚀的防范机制。

（五）合作社与政府的关系

农业是国民经济的基础，但农业弱质，农户弱势，而合作社是维护农民利益、发展农业的重要组织，具有正外部性，因此政府应支持合作社的发展。

孔祥智（2007）在实地调查的基础上提出了政府应该给予合作社税收、金融、财政及信息、培训等方面的支持。

李玉勤（2008）总结了"第四届农业政策理论与实践研讨会"参会学者的观点，政府应制定各种各样的政策、法律法规来推动合作事业的发展。如制定资金补贴、税收优惠方面的法规；允许合作社兴办合作银行、信用合作社和保险合作社等金融组织；鼓励各类金融单位对合作社提供低息或者免息贷款；支持对合作社进行培训、项目支持、技术和信息服务；把合作社当作政府政策实施的重要载体，县级以下政府应该把合作社作为农业政策的基层执行单位，通过合作社把有关政策传导给农民，同时基层政府应该在合作社的成立过程中给予协助。但另一部分学者认为，目前我国的合作社发展还欠缺必要的经济社会环境，合作社发展需要一个相当长的过程，政府推动不能太快，否则就会拔苗助长。

韩冰（2007）早前的调查研究印证了上述第二类观点，他发现各级政府和村委会对合作社的日常工作干预过多，合作社的法人地位并未真正确立，做决定是村委会，甚至是个别村干部直接操作合作社，能人与村委会以及合作社的关系紧张僵化。随着合作社的发展，其经济影响力与政治影响力不断壮大，可能与原有乡村治理结构发生冲突，因此如何实现合作社与政府尤其是村委会等地方政府的和谐相处、协调发展也成了不得不考虑的问题。

任梅（2013）认为，合作社在发展进程中，其内部会出现诸多利益主体，这些利益主体之间往往利益关系不协调，应该避免合作社被少数利益主体垄断和控制，对合作社发展应该进行政府规制，即先规制后发展。

徐旭初（2014）指出，在我国强势政府全面治理的情境中，农民合作社与政府之间存在着不对称的相互赋权关系，而政府拥有较大的干预优势和作用空间。徐旭初从赋权理论视角，基于我国政府与农民合作社的现实关系状况，揭示了合作社发展中政府行为的动因、维度及作用机制。

万江红、管珊（2014）认为，农民专业合作社是一种新型的合作经济组织，承载了国家解决"三农问题"的重要使命。农民专业合作社是基于市场经济而组建的经济互助组织，体现了国家与社会互动关系的一种构建。农民专业合作社在实践发展中存在项目依赖、效益弱化和动力不足三个方面的问题，而政府干预、政府缺位和乡村社会性质特点是造成上述三个问题的原因。

肖琴等（2015）分析了国家财政扶持的效率，发现在以项目为载体的瞄准机制，从筛选项目、选择扶持对象到确定扶持环节都存在一些问题，需要通过合理筛选项目、科学遴选扶持对象、优化扶持环节、加强外部监督等来提高财政扶持合作社的目标瞄准精度，以最大限度地发挥财政资金的使用效率，确保农民真正受益。

三、小结

农民专业合作社的合法地位及"三农"核心地位的确立并不代表中国农民专业合作社作用的有效发挥，由于中国特定的国情导致农民专业合作社存在"先天"的弱势，其组织规范化程度、内部运营机制、外部市场效率以及合作、竞争能力等还处于较低的水平，相关研究也尚未全面、深入和系统，仍然无法满足指导当前合作社发展的需要。

1. 方法论方面

分析范式逐渐增多，除经济学外，产业经济学、人口学、农学、空间地理、政治学、组织行为、社区发展、农民权益以及政府规制等理论被引入对合作社的分析中。这是一个很好的现象，但就现有文献来看，产业经济学、人口学、农学、政治学、空间地理、组织行为、社区发展、农民权益以及政府规制等理论针对合作社的研究缺乏全面、系统的分析手段及方法，大多只针对合作社的某一具体问题进行解析，经济学依然是主流分析工具。

2. 分析内容方面

通过对近些年合作社研究文献的分析，不难发现国内研究主要集中在合作社产生的合理性、功能、质的规定性、产权制度、内部治理等领域。此外，尚有一些研究领域还未引起研究者们的关注。如理论与历史逻辑相符的合作社产生与发展的内在机理及其相关理论研究，合作社产生、发展机理与其制度演进、内外部环境与制约因素、真实满意度评价方法及其影响因素等问题尚未被纳入大多数研究者的视野。

3. 研究方法方面

研究方法从定性的理论分析为主逐步转向定量的回归分析方法（但定性研究方法依然占主流），重视合作社研究的现实意义。整体学术研究水平虽然不断提升，但大多是单一的案例分析，研究成果观点零碎，不成体系。此外，虽然前人研究成果已具有一定的理论价值和应用价值，但就合作社的实践需要来看，理论研究还存在一定的差距。例如：现有制度分析大多是定性的、描述性的介绍，缺少第一手的调研资料，人云亦云，难以对合作社制度安排、满意度评价等问题进行深入的探讨。同时，缺少合作社在新形势下实践的调研资料，难以觉察其新发展、新变革并对这些变革进行深入的制度研究。[①] 对合作社进行案例分析的，往往就案例谈案例，缺乏理论层面的深入解析；对现实中合作模式分析的，就模式谈模式，缺乏理论提炼与升华；对合作社实践中出现的新变化与新发展缺乏前瞻性的

---

① 对此，本课题组先后三次组织云南大学研究生和本科生对 26 个省及 4 个直辖市的农民专业合作社社长及部分社员，就其合作社发展情况进行了相对全面的问卷调查，调查结果作为我国农民专业合作社制度分析的现实基础，为其他学者的研究提供重要而有益的借鉴。

趋势分析等。毫无疑问，当前正在茁壮成长的中国农民专业合作社未来的发展一定是光明的、丰富多彩的。未来的研究能否跟上合作社发展的步伐，能否为与西方合作社发展路径截然不同的中国合作社发展提供理论指导，关键在于我们是否能基于新的视角、利用新的方法，提炼出具有普遍阐释能力的合作社理论体系，以提高和拓展我们对合作社研究的深度和广度；同时能帮助我们跳出为发展合作社而研究合作社的思维怪圈，将合作社研究置于推进中国工业化进程的时代背景中来，将发展合作社研究置于中国特色的农业现代化进程中来，以找到支持合作社发展的有效、合理、具体可行的措施。

依据目前农民专业合作社发展现实及其未来的发展前景，对合作社的研究还需要突破以下问题：第一，合作社研究需要深入而具体，同时需要创新的理论建构。现有的研究方法，如运用西方经济学，特别是新制度经济学来研究合作社已到达其分析范式极限，国内学者已很难超越西方学者的相关研究成果。现在迫切需要建构一个基于中国现实环境，符合合作社实际发展、理论逻辑与历史逻辑相统一、科学的、能有力解释合作社发展及其制度演进的理论体系；第二，需要对合作社发展中的社会化倾向（包括所谓的股份化倾向）进行深入研究。当前，农业生产技术及生产方式的变革，使得合作社由强调成员"人人平等"，关注正外部性，重视道德价值逐步转向强调合作社的效率，注重提高成员的收益上来。相应地，合作社产权由封闭转向开放，由不流动转向流动，合作社完整的产权也发生了一系列分离与分化，产权社会化程度的进一步加深提高了合作社生产经营效率，实现权能相关方的利益共享，这种类型的合作社在北美、欧洲等国已出现并呈现蓬勃发展之势。那么，在中国有没有这类或相似的合作社，在合作社规范化发展不久的中国，这类合作社能否生存？应如何看待这种类型的合作社？等等；第三，随着一些农民专业合作社逐步融入农业社会化大生产，部分合作社开始了所谓的股份化转向（为解决成员异质性问题及适应现代农业的生产方式，如融入供应链管理等，后将详述），产权制度逐步明晰，这时如何进行合作社内部相关制度的规范化、民主化建设等问题会变得越来越迫切。

我国农民专业合作社研究从合作社质性规定、作用、重要性、经济合理性等问题渐渐转向深化，开始更多地关注合作社的产权、管理、分配制度、外部环境等问题。但合作社的制度分析（如产权制度安排、内部治理等问题）还不够深入系统；在方法论上，大多运用新制度经济学等西方经济学分析框架及分析范式；在研究方法上，定性研究逐步转向应用计量经济模型的定量研究，但当前定性研究依然占主导地位。

此外，我们需要进一步深入研究农民专业合作社的类型、性质及其与政府的良性互动等问题，以解决当前我国农民专业合作社发展中的现实难题。

第二章 中国农民专业合作社的
制度变迁及发展现状

第一节 中国的农业合作化与集体化

中国有五千多年的农业发展史，封建生产关系长期占据统治地位，其基本特征是二元生产资料所有制，特别是土地——自耕农小土地所有制与地主大土地所有制长期并存。在封建统治的各个朝代，地主统治阶层总是凭借封建特权剥削、压迫小农，侵占小农的土地，矛盾激化引发了大规模的农民起义。为了防止农民暴动，封建统治阶级严令禁止农民结团、结社。同时为了缓和社会矛盾，又采取了一系列的措施，如兴修水利，奖励垦荒等，使小农经济获利。长期的封建专制固化了自给自足的小农经济，使中国缺少合作经济产生与发展的根基与土壤。经典意义的合作经济思想和经验是近代从西方引进的，当时涌现出一大批合作事业的开拓者。

清朝末年，京师大学堂仿效欧美与日本，开设产业组合课程。1918年北大消费公社成立，是中国最早的合作社。[①] 旧中国有不少仁人志士致力于合作社事业，国民党政府曾于 1931 年颁布《农村合作事业暂行规程》，1934 年颁布《中华民国合作法》，1939 年成立经济部合作事业管理局，1939 年成立中国合作事业协会。总体上，旧中国的合作事业极不发

---

① 《当代中国》编辑部（杜润生主编）：《当代中国的农业合作制（上）》，当代中国出版社 2002 年版，第 526 页。

达，1949 年 2 月，全国只有合作社近 17 万个，社员 2450 万人。[①]

在中国历史上，对经济和社会发展产生深远影响的合作运动，是 20 世纪 50 年代新中国成立之后的农业合作化运动。我国用了五年时间在全国范围内建立了土地等大型生产资料集体所有的农业生产合作社，即高级社。随后，又在极短的时间内，将高级社转变为政社合一的人民公社，生产资料实现高度的公有化，合作社变成了禁锢人们思想与行动的政治工具。高度政社合一的人民公社存在以下问题：（1）人民公社在产权性质上追求高度的公有制，导致社员产权残缺，[②] 农户生产缺乏内在激励。产权包括三项最基本权能：所有权、使用权和收益权。人民公社生产资料，特别是土地的所有权归国家，土地的经营权、管理权以及收益分配权也归国家，各项权能不分离、不分化，土地的产权性质是完整的、高纯度的全民共有，土地成了"公地"资源，农户很难形成高效利用土地的内在激励机制，生产效率低下不可避免；（2）人民公社在产权性质上单纯地追求高度的公有制，导致其产权关系模糊。人人拥有土地的使用权，管理上存在严重的计量和监督困难，分配上的平均主义使得农户的投入不可能获得对等的收益，那么在收益既定的情况下，人人追求投入成本最低，造成消极怠工、"搭便车"等机会主义行为泛滥，人民公社的生产经营效率越来越低；（3）人民公社在产权性质上追求高度的公有制，忽视农户的利益。生产资料产权高度集中，集体控制资源配置权和经营权，否定农户的产权和收益权，农户的生产积极性受到挫伤，农民收入和农村经济发展长期徘徊不前。人民公社完全依托政府强制性的制度安排，完全脱离了当时中国农业生产力发展的现实，对农业发展带来严重的负面影响，农民因此付出了沉重的代价。

人民公社化运动实质上是将合作组织异化为一种集体化政治运动的工

---

① 作为农业生产经营组织的一种类型，农民专业合作社产生与发展演进的规律应从历史事实中找寻，而不应从西方经济学，特别是新制度经济学理想、抽象的模型中来推理，本研究基于这一观点而撰写本章。

② 产权是否完备，除了看权能的构成，还要看所有者是否能够充分地行使产权，如果产权所有者拥有排他的所有权、使用权和收益权，就称其拥有的产权是完整的，否则就是残缺的。

具，广大农户被固化在人民公社中，被固化在集体的土地上，最终思想被禁锢，生产经营中的自主性与独立性也被剥夺。人民公社的出现有经济上的原因（农业辅助工业，加速工业化进程），也有政治上的原因（文化大革命政治运动的需要），但有一点是肯定的：人民公社的产权制度安排完全不适应当时农业的生产力水平，仅仅想通过调整生产关系，就使生产力水平产生巨大飞跃是根本不可能的，人民公社必然走向灭亡。

第二节　中国农业合作社组织的重构

改革开放以来，我国根据农业发展的现实需要，不断探索具有中国特色的农业合作化之路，从家庭承包责任制到合作制，经历了一个不断扬弃的过程。

一、家庭承包责任制的确立

1978 年，以家庭承包责任制为核心的中国农村改革，重新确定了家庭在农业生产中的基础性地位，形成了大家熟知的"家庭经营，统分结合"的双层经营体制，这极大地激发了广大农户农业生产的积极性。家庭承包责任制是农村经济体制改革中，生产关系对生产力的一次重大的适应性调整，具体是对人民公社产权制度进行社会化改造，是人民公社最重要的生产资料——土地完整的产权发生了分裂与分化，土地的所有权与经营权相分离，所有权归集体（国家），经营权归农户，而要进行这种产权社会化[①]必须改变原来旧的生产组织形式，这就意味着人民公社必将终结。家庭承包责任制是农村生产组织财产权社会化的一次进步，同时也为将来农业合作社组织的重构及其产权社会化的实现铺垫了第一块基石。

1993 年"家庭承包责任制"被写进了《中华人民共和国农业法》和《中华人民共和国宪法》，明确了家庭承包制是中国农村的基本经营制度，并给予法律保障。农业生产制度形式从人民公社下的生产队制转变为家庭

---

① 何谓产权社会化，后文将会详述。

承包责任制对我国农业经济的发展产生了深远影响。部分学者认为，上述转变的本质是监督方式的变化，即由监督和计量成本高的生产队集体生产转向监督和计量成本低的家庭生产。本研究认为，从生产队制到家庭承包责任制的制度变迁，是对人民公社财产制度改造的结果。改造的核心是：土地所有权与承包经营权分离，承包经营权归农户并在一定程度上可流转、可投资，使得经营权主体多元化和广泛化。产权主体往往从自身利益最大化出发来决定自己的行为，因而以土地产权社会化变革为核心的家庭承包责任制的创新，使得农户在土地的使用上能按自己的意志和愿望行事，给农户带来了实实在在的利益，极大的激发了农户的生产积极性，同时也顺应了农业生产社会化的内在要求，这才是生产队制能向家庭承包制转变并能够大幅降低监督成本的根本原因。

在土地产权社会化下，家庭对土地的承包经营制替代了土地集体所有制下的集体生产经营体制，这一制度变迁对农业生产的贡献是巨大的。相关研究表明，1979—1984 年农业的总产出增长中的 46.9% 是源于家庭承包经营改革的贡献，其次较为重要的是化肥等投入贡献的增加。[1] 粮、棉、油连续几年增产幅度很大，依据《中国农业年鉴·1992》的统计数据，1980—1990 年，10 年间粮食产量由 32056 万吨增至 44624 万吨，平均每年增长 3.92%；棉花产量由 270.7 万吨增至 451.0 万吨，平均每年增长 6.66%；油料产量由 769.1 万吨增至 1613.2 万吨，平均每年增长 10.98%。

总之，我国对农村进行的改革取得了举世瞩目的成就。农地产权社会化变革，农村家庭承包制的实施，确立了农户拥有财产权益的主体地位，给农户更大的经济活动空间和选择自由，使农业资源配置更为合理，使得新的农业经济组织制度安排的产生成为可能。

二、家庭承包经营基础上的合作社组织重建

家庭承包责任制虽然取得了巨大成就，但在人口多的背景下，家庭承

---

[1]　项继权：《变迁中的农村基层组织》，《中国农村经济》1998 年第 5 期，第 25 页。

包责任制使得土地细碎化，农业生产没有规模经济，产出只能解决农户的温饱问题，而不能使农户致富。"小生产与大市场"的矛盾严重阻碍了农业经济发展。改革开放以来，在市场经济较为发达的地区，基于家庭承包责任制的各类合作社纷纷建立，为了区别于改革开放前的农村集体合作社，学界将其称为新型农业合作社，按其发展时间大致可划分为以下几个阶段：

（1）新型农业合作社的起步阶段（1981—1987 年）

家庭承包责任制确立了农户家庭在农业生产中的基础地位。同时，国家推进农副产品市场化改革，农产品价格的普遍提高，广大农户实际收入得到增加并有了积累，这为新型农业合作社的产生打下了物质基础，随着农业生产商品化的发展，"小生产与大市场"矛盾逐渐显露，广大农户有了构建新型合作社的内在要求。20 世纪 80 年代中后期，在农业经济发达地区陆续涌现出各种不同形式的农业合作社组织，这一现象得到了政府政策上的支持，1983 年中央连续出台文件，要求地方政府给予积极的引导与扶持。这一时期的农业合作社主要分布于种植业和养殖业，而且结构松散、合作不紧密，成员少，大多是小型专业合作社；业务单一，大多是生产、销售自助型组织，与其上下游合作伙伴的联系不紧密。

（2）社会主义市场经济条件下新型农业合作社的发展阶段（1988—2006 年）

20 世纪 80 年代后期，农业生产的商品化、市场化发展加速，农业生产中"小生产与大市场"的矛盾越来越突出，内在地要求构建和发展联结农户与市场之间的合作社组织。1994 年，农业部和有关部门协作起草了《农民专业协会示范章程》（以下简称《示范章程》）。1998 年 10 月，十五届三中全会通过了《中共中央关于农业和农村工作若干重大问题的决定》，第一次提出了"农业、农村和农民问题是关系我国改革开放和现代化建设全局的重大问题"。[①] 这时的农业合作社：第一，从产业分布来看，

---

① 中共十五届三中全会审议通过《中共中央关于农业和农村工作若干重大问题的决定》，1998 年 12 月 22 日，见 http://www.cctv.com/special/777/3/52333.html。

突破了 20 世纪 80 年代初主要局限于种植业和养殖业的状况，其他产业的合作社开始出现并蓬勃发展；第二，从合作社的组建来看，既有完全由农户自发组建的，也有龙头企业、供销社甚至地方政府牵头成立的，还有在对集体合作组织进行改造的基础上重建的；第三，从纵向一体化发展来看，开始"跃出"农业生产领域，与农产品供应链上下游直接联合；第四，从组织形式来看，突破了 20 世纪 80 年代较为单一的合作形式，开始与其他经济实体走纵向联合之路。这一时期的农业合作社数量逐步增加、规模逐步增大。但总的来看，这一时期农业合作社的发展还存在很多问题，如国家与合作社还没有形成良性互动；一些合作社组织内部结构不清晰，利益分配机制不完善；松散结合较多；民主制度严重滞后等。

（3）新型农业合作社的规范化发展阶段（2007 年至今）

随着农业生产商品化进程的不断推进，农户彼此间相互联合起来解决"小生产与大市场"矛盾的愿望越来越强，农业合作社在广大农村出现并迅速发展。当时这种以农户为主体的组织在市场中尚未取得合法的经济主体地位，直到国务院 2006 年 10 月 31 日颁布了《中华人民共和国农民专业合作社法》并于 2007 年 7 月 1 日正式实施，才结束了中国农业合作社[①]法律地位不明确的状态。中国农业合作社有了自己合法的称谓——农民专业合作社，同时明确了农民专业合作社的内部组织构建、制度建设等内容。合法的名称、地位和组织制度为我国农业合作社的发展清除了最大的

---

①　在中国农村除了农民专业合作社外，还存在大量有着合作社名称的组织，但大多已没有合作社的性质。如：农村社区（集体或股份）合作社要么已解散，要么完全异化为股份公司；信用合作社已变为国营金融企业；供销合作社历史上经历了两次转为全民所有制和两次又转回集体所有制，几次体制变化后，供销社的性质已逐渐从农民的合作经济组织，变异为政府控制的全民企业（李陈华：《中国商业经济理论研究的中流砥柱：纪宝成教授的商业经济思想》，《商业经济与管理》2011 年第 12 期，第 25 页），已完全偏离了合作制原则，仅有合作社之名，而无合作社之实。专业（农业）协会是改革开放以来，我国农村最早出现的专业服务组织，主要开展农业技术服务和推广，后期随着其实力的增强，开始涉足农业生产的流通领域，但它还不是真正意义上的合作社，协会不要求会员入股（有的要缴纳一定会费，即服务费——与股金有本质区别），是基于非产权结合的服务联合。农产品行业（产业）协会则是由从事相同或相似农产品的生产前、生产中、生产后服务的主体自愿组织起来的松散型社会团体，建立协会的目的是为了增加行业的共同利益。行业（产业）协会不是专业合作社。《农民专业合作社法》颁布后，我们所称中国农业合作经济组织主要是指农民专业合作社。

障碍。

当前，中国农业合作化已进入到改革开放以来最活跃的发展时期，各类农民专业合作社发展呈现多元化发展趋势。不仅规模逐渐增大，实力也不断增强。截至 2016 年 6 月底，全国登记注册的农民专业合作社达 166.9 万家，已覆盖全国 90% 以上的行政村，入社农户近 1.2 亿户。[①] 合作社广泛地分布于种植、养殖、渔业、林业、农机等行业，在组织广大农户开展专业化生产、规模化经营，解决农户"小生产与大市场"矛盾，引领广大农户参与市场竞争等方面发挥了重要的组织载体作用。

第三节 中国农民专业合作社的发展现状：基于社长（理事长）[②]、社员问卷调查的分析

由于《农民专业合作社法》对合作社的性质及产权设计采取了较为"宽松"的制度安排，[③] 这导致实践中各种合作模式均可能出现。那么，立法后我国农业合作化进程中出现了哪些合作模式？有哪些类型的合作社？其制度安排如何？发展中有哪些新变化？农民专业合作社在快速增长中，其规范化程度是否得到了显著提高？其发展空间是否得到拓展？合作社成员实际收益是否提高？他们是否满意？合作社构建与发展中最需要什么？当地政府是否给予支持？这些问题直接关系到合作社未来的健康发展，亟待解答。目前，国家相关权威统计部门尚未对合作社进行全面而深入的调查，本研究的制度分析缺少全面、详尽的调查数据，很难深入细致

[①] 数据来自中华人民共和国国家工商行政管理总局局网站：2016 年 12 月 6 日，http://www.saic.gov.cn/。

[②] 《农民专业合作社法》中法定设理事长，执行合作社最高行政管理权，相当于行使社长的职权。在实践调查中，合作社设理事长就不设社长，理事长行使社长的职权，即两个称谓在职务上是同一含意。

[③] 《农民专业合作社法》规定："农民专业合作社是在农村家庭承包经营基础上，同类农产品的生产经营者或者同类农业生产经营服务的提供者、利用者，自愿联合、民主管理的互助性经济组织。"这一规定没有明确经典合作制的农民拥有、控制与受益的"三位一体"原则，允许非农业生产经营者加入，甚至牵头成立合作社，这样就导致了当前农民专业合作社产权性质的多样化。

地反映立法后我国农民专业合作社运行和发展的情况。因此，为了在一定程度上了解自 2007 年 7 月 1 日《农民专业合作社法》实施以来，我国农民专业合作社的新发展、新变化，为随后的制度分析提供第一手翔实的调研资料，课题组利用《农民专业合作社社长（理事长）调查问卷》《农民专业合作社社员调查问卷》[①]（见附录 2、3），先后于 2016 年 1—3 月、2016 年 7—9 月和 2017 年 1—3 月组织云南大学经济学院研究生和本科生利用寒暑假对云南、四川、贵州、湖北、湖南、浙江、安徽、福建、山东、河南、广东、甘肃、黑龙江等 26 个省及自治区，重庆、上海、天津和北京 4 个直辖市的合作社进行了问卷调查，就各地区合作社发展的情况进行了一次全面的考察。考察的内容包括合作社发展状况、服务功能、运行机制和组织绩效等。考察期间共发放社长问卷 465 份，收回 402 份，经过甄别、检验得到有效问卷 387 份，平均每个省、自治区及直辖市有近 13 家合作社。

一、基于社长（理事长）问卷调查的数据统计分析及结论

(一) 调查问卷统计分析

截至 2017 年 3 月底，蔬菜水果类合作社是被调查合作社中数量最多的，占 40.6%，其次是养殖类合作社，占 25.3%，粮食种植及加工类占 12.7%，茶叶类占 3.8%，药材类占 3.2%，水产类占 2.2%，花卉苗木类占 1.8%等，具体分布情况如图 2—1 所示。

---

① 　两份问卷均使用了郭红东教授设计的社长与社员问卷调查表，参见附录 1 与附录 2。

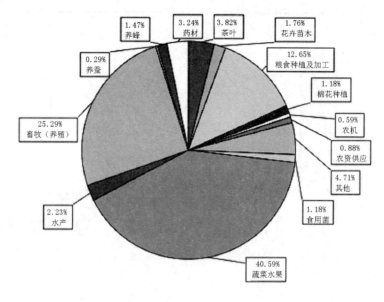

图 2—1　被调查合作社主营业务的分布情况（单位：%）

　　被调查合作社社长（理事长）的情况：从社长的年龄来看，平均年龄45 岁，最年轻 21 岁，最年长 72 岁，其中 35 岁以下的占 7.4%；35—45岁（含 35 岁而不含 45 岁，以下区间均按此法分组）占 42.9%，45—55岁占 40%，56 岁以上的占 9.7%。这表明当前合作社社长主要是中年人，有一定的精力、社会阅历及社会资源。

　　从担任社长前的身份来看，担任社长前是生产大户的最多，占33.8%，供销大户或供销社人员的占 20%，村、乡镇干部分别占 13.5%、6.5%，企业负责人占 15.3%，农技人员 7.7%，其他人员占 3.2%，详情如图 2—2 所示。

　　从被调查社长文化程度来看，在小学及以下的占 15%，初中占35.6%，高中占 30.3%，高中以上（含大专与大学本科）的占 19.1%，这表明当前社长（理事长）的文化程度主要是初中和高中，高中以上主要是有乡镇干部背景的合作社社长。具体分布情况如图 2—3 所示。

　　社长的性别，男性占 85.3%，女性占 14.7%。社长中，中共党员占74.4%。已担任社长最短的 4 个月，最长的 26 年，平均 4.7 年。如图

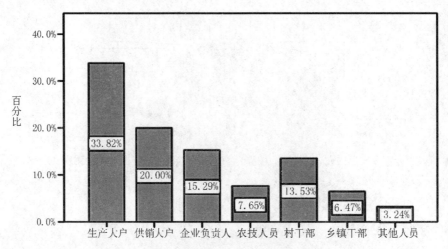

图 2—2　担任社长前的身份情况分布（单位:%）

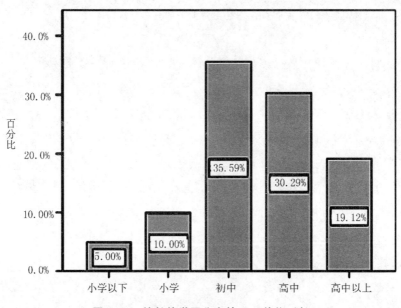

图 2—3　社长的学历分布情况（单位:%）

2—4 所示：

从被调查合作社成立和登记情况来看，被调查合作社最早成立时间是 1987 年 10 月，最晚成立时间是 2017 年 1 月；2000 年之前（不含 2000

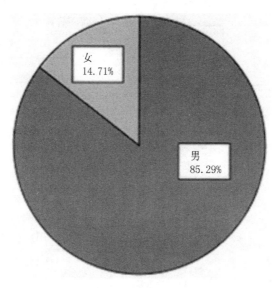

图 2—4　社长的性别比例分布情况（单位：%）

年）成立的合作社共有 10 家，占 2.6%；2000—2007 年 7 月 1 日前，共
有 113 家，占 29.2%；2007 年 7 月 1 日—2017 年 3 月，共有 274 家合作
社成立，占 70.8%。绝大多数合作社成立于《农民专业合作社法》颁布
之后。从在工商部门登记的时间来看，最早在 1995 年 3 月登记，最晚在
2017 年 3 月登记。2000 年之前登记的合作社共有 4 家，占 1%；2000—
2007 年 7 月 1 日前，共有 65 家登记，占 16.8%；2007 年 7 月 1 日—
2017 年 3 月，318 家合作社登记，占 82.2%。

　　从被调查合作社注册资金的分布情况来看，被调查合作社在工商部门
的平均注册资金为 288.8 万元，最少 3700 元，最多 8000 万元。10 万元
以下的占 5.6%，10 万元—50 万元的占 18.5%，50 万元—150 万元的占
33.5%，150 万元—300 万元的占 16.2%，300 万元—500 万元的占
7.7%，500 万元以上的占 18.5%（多数为企业主导型合作社），具体如图
2—5 所示。

　　从被调查合作社第一大股东出资占总出资的比重来看，最小为
2.1%，最大为 100%，平均为 22.8%，第一大股东出资占总出资的比重

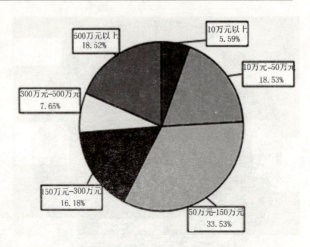

图 2—5　合作社注册资金的分布情况（单位:％）

10％以下的占 8.5％，比重在 10％—20％的占 25.1％，比重在 20％—30％的占 23.8％，比重在 30％—40％的占 17.3％，40％—50％的占 13.8％，50％以上的占 11.5％。

从被调查合作社普通成员（非社长、非理事会、监事会成员，即无任何管理职务的成员）出资总额占总出资的比重来看，最小的为 1％，最大的 100％。普通成员占总出资的比重 10％以下的占 25.3％，比重 10％—30％的占 42.9％，比重 30％—50％的占 22.4％，50％以上的占 9.4％。绝大多数合作社普通成员出资总额的比重低于 30％。

社员人数及人数分布：合作社社员人数最少为 5 人，最多 135168 人，平均 324 人，100 人以下的合作社占 12.9％，100—300 人的占 47.9％，300—600 人的占 19.4％，600—1500 人的占 10.9％，1500 人及以上占 8.8％，具体如图 2—6 所示。

从成员的组成来看，农民成员最少 4 人，最多 135168 人，平均 92 人；农民成员比例最少占 1％（有农民退社），最多占 100％，平均占 76.4％。企事业单位及非农民成员最多 374 人（非农民），企事业单位及非农民成员比例最少为零，最多占 52％（有农民退社），平均占合作社总人数的 0.87％。

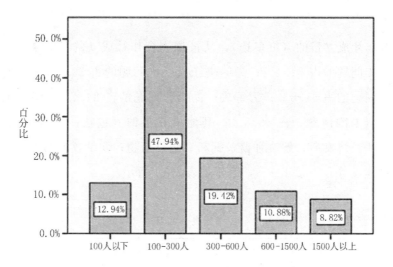

图 2—6   合作社社员人数分布情况（单位:％）

从被调查合作社社员来源分布看，61.2％的社员来自同一个村，19.1％的跨村，11.5％的跨乡（镇），8.2％的跨县，如图 2—7 所示。

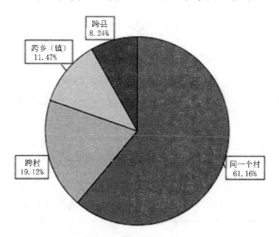

图 2—7   合作社社员来源分布情况（单位:％）

从合作社建立时的依托单位来看，主要依托生产大户（含村、镇干部生产大户）的占 45.9％，贩销大户（含村、镇干部贩销大户）占 8.5％，龙头企业占 20.2％，供销社占 13.1％，农技部门占 7.6％，其他组织占 4.7%。

合作社成立目的（可多选），从被调查合作社成立的目的来看，主要解决加工问题的占 24.4%；为解决产品保鲜问题的占 39.7%；为解决生产技术问题的占 61.8%；为解决产品销售问题的占 84.1%；最多的是为解决农资采购问题，占 88.8%；其他成立目的（包括：产品信息服务；扶持农业经济发展；解决种苗、饲料、防疫药物；联结政府与农民；促进新农村建设等）占了 4.1%，具体如表 2—1 所示。

表 2—1　合作社成立的目的（频率）

目的	响应		个案百分比
	N	百分比	
解决农资采购	344	29.2%	88.8%
解决生产技术问题	239	20.4%	61.8%
解决产品销售问题	326	27.8%	84.1%
解决保鲜问题	154	13.1%	39.7%
解决加工问题	94	8.1%	24.4%
其他	16	1.4%	4.1%
总计	1173	100.0%	302.9%

被调查合作社的组织和管理情况：有 99.4% 的合作社成立了理事会，61.2% 的成立了监事会，80% 的合作社成立了社员代表大会，没有设置上述任一机构的占 0.6%（主要是 3 家只有 5 个成员的合作社），具体如表 2—2 所示。

表 2—2　合作社的组织机构建设情况（频率）

机构	响应		个案百分比
	N	百分比	
理事会	385	41.2%	99.4%
监事会	237	25.4%	61.2%
社员代表大会	310	33.2%	80.0%
没有	3	0.2%	0.8%
总计	935	100.0%	241.4%

从被调查合作社决策表决方式来看，社员代表大会、理事会和监事会，即"三会"实行"一人一票"表决方式的占64.7%；"一人一票"、出资和交易量大的成员有附加表决权的占20.3%；完全"一股一票"占15%；具体如图2—8所示。

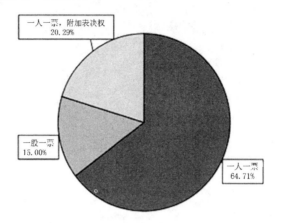

图2—8　合作社"三会"表决方式分布情况（单位:%）

从被调查合作社社员代表大会来看，平均召开1.5次，最多召开16次，最少0次；理事会会议平均召开2.2次，最多召开22次，最少0次；监事会会议平均召开0.5次，最多召开10次，最少0次。合作社每次会议记录情况如图2—9所示。

从被调查合作社是否有产品交易记录来看，84.7%的合作社有，15.3%的合作社没有。44.6%的合作社会计资料不完整；41.7%的合作社不能定期公开其生产经营及财务状况。

从被调查合作社社长及理事会成员的更换来看，更换过社长及理事会成员的合作社占被调查合作社的18.4%，没有更换过的占81.6%；有明确更换程序的占90%。更换的原因中，岗位调动的占54.6%，经营与管理能力差的占19.7%，自动辞职的占15.2%，其他原因占7.6%，以权谋私的占3%，具体如图2—10所示。

从被调查合作社提供的服务来看，提供产品销售服务的占77.1%，提供技术与培训服务的占75.3%，提供农资采购服务的占62.9%，提供

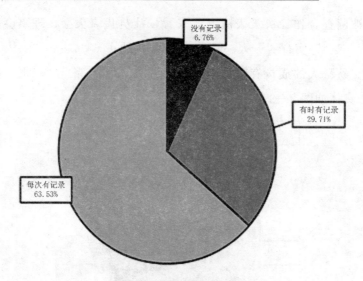

图 2—9　合作社每次会议记录情况（单位：%）

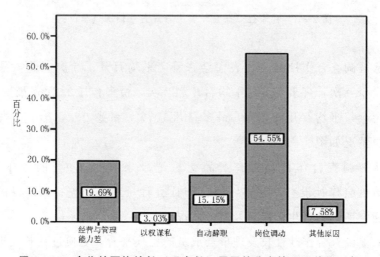

图 2—10　合作社更换社长（理事长）原因的分布情况（单位：%）

种苗服务的占 60.3%，提供产品包装服务的占 51.2%，提供产品加工服务的占 30.3%，提供其他服务的占 20.9%，如表 2—3 所示。

表 2—3 合作社提供服务的情况 (单位:%)

服务种类	响应		个案百分比
	N	百分比	
供种苗	233	16.0%	60.3%
农资采购	243	16.7%	62.9%
技术与培训	291	19.9%	75.3%
产品包装	198	13.5%	51.2%
产品销售	298	20.4%	77.1%
产品加工	117	8.0%	30.3%
其他	81	5.5%	20.9%
总计	1463	100.0%	378%

从被调查合作社配备的专职工作人员来看,有专职工作人员的占46.8%,主要从事会计或统计工作,平均人数为 2 人。有 53.2%没有专职工作人员,大多是 100 人以下,注册资产 80 万元以下的合作社。合作社有自己专门办公场所的占 92.4%,大多设在社长(理事长)的生产基地中,或者是他们的销售门市甚至是家中。有 32.4%的合作社有专门为成员服务的设施。

35.2%的被调查合作社注册了商标。从合作社的产品品牌建设情况来看,有国家级名牌产品的占 4.9%,有省级名牌产品的占 16%,有地市级名牌产品的占 19.1%,没有的占 60%。从被调查合作社产品认证的情况来看,通过无公害绿色认证的占 22.7%,通过绿色食品认证的占 12.0%,通过有机食品认证的占 7.7%,没有任何绿色认证的占了 57.6%。

从被调查合作社销售社员产品的方式来看,情况较为复杂,有不少合作社有两种或两种以上的销售方式。在被调查合作社中,有 40.3%的合作社存在社员自找销路的方式;有 32.1%的合作社存在代为成员销售的方式(成员提供多少产品,合作社就努力代为其销售多少);55.9%的合作社存在合同收购销售方式(惠顾前就决定每个成员向合作社交售多少产品);还存在其他销售方式的占了 14.7%。从销售渠道来看,8.3%的合作社会将产品直接销售给消费者;12.6%的合作社将产品直接销售给超市；直接销售给龙头企业的占 17％；直接销售给批发市场的占 25％，中间商主动上门收购的合作社占 34.4％，以其他方式销售的占 2.7％。如图 2—11 所示。

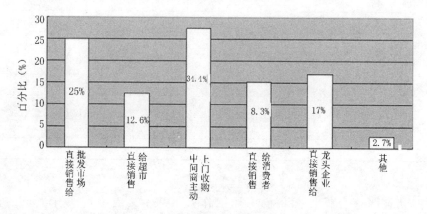

图 2—11　合作社产品销售渠道情况分布（单位：％）

从被调查合作社成员的入退社情况来看，被调查合作社有社员退社的占 12.4％，其中退社人数最多 751 人，最少 1 人，平均 3 人。有 76.8％ 的受访对象认为合作社没有给自己带来多大好处，从而退社；2.6％ 是因为违反合作社规定，被开除的；其他原因占 20.6％。

被调查合作社中，吸收过新成员的合作社占被调查合作社的 72％，吸收新成员最多的有 4899 人，最少的有 1 人。吸收 10 人以下的合作社占被调查合作社的 15％，10—50 人的占 26％，50—100 人的占 21％，100—200 人的占 11.4％，200—500 人的占 14.8％，500—1000 人的占 6％，1000 人以上的占 5.8％。新成员加入的原因，有 84.2％ 的受访对象称是看到合作社能给自己带来好处，主动要求加入，11.7％ 的是合作社动员其加入，4.1％ 是其他原因。

被调查合作社中，有 91.8％ 的合作社对入退社有要求。入退社由社员代表大会决定的合作社占 25.9％，由理事会决定的合作社占 44.9％，由社长决定的合作社占 29.2％，具体如图 2—12 所示。

从被调查合作社近年来的盈余情况来看，有过盈余（含隐性盈余，如

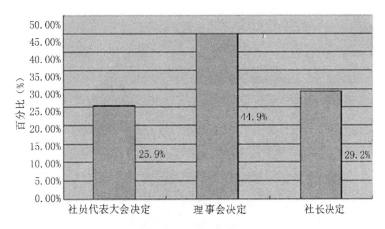

图 2—12 合作社社员入退社决定权分布情况（单位：%）

价格改进等）的占被调查合作社的 83.5%。盈余按股分配比例最多 100%，最少为 0，平均 31.9%；按股分配 10% 以下的合作社占 15%，10%—20% 的占 19.6%，20%—30% 的占 31%，30%—40% 的占 16.5%，40%—50% 的占 7.9%，50%—80% 的占 6.5%，80% 以上的占 3.5%。

盈余按交易量返还比例最多 100%，最少为 0，平均 53.3%，20% 以下的占 6.2%，20%—40% 的占 10.3%，40%—60% 的占 32%，60%—80% 的占 43.3%，80% 以上的占 8.2%。

合作社的积累比例最多 100%，最少为 0，平均 14.8%。5% 以下的占 9.1%，5%—10% 的占 14.4%，10%—20% 的占 45.6%，20%—50% 的占 29.4%，50% 以上的占 1.5%。

由此可见，当前合作社倾向于分配，而不是积累。这是因为分配到社员手中的收益"立竿见影"，社员看得见、摸得着，有利于调动社员的积极性。但是，如果分配占盈余的比例过高，合作社能用于积累的资金就会减少，会影响合作社用于未来发展方面的投入。所以，这是一个权衡利弊的问题，合作社要处理好当前利益与未来发展之间的平衡。

被调查合作社的资金需求情况为绝大多数被调查合作社（占 90.9%）有资金需求，没有需求的仅占 9.1%，如图 2—13 所示。

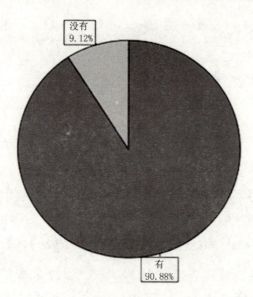

没有
9.12%

有
90.88%

图 2—13 合作社是否有资金借贷需求情况分布（单位:%）

被调查合作社借贷资金的目的：主要用于购买生产资料的占 66.4%，购买固定资产的占 33.6%。从被调查合作社借贷资金来源来看，通过商业银行贷款的占 6.6%，通过民间借贷的占 33.9%，通过信用社贷款的占 45.7%，通过其他渠道贷款的占 13.8%。调查中大多数合作社称很难从商业银行获得贷款，大多以核心成员个人的名义，而非合作社的名义获得贷款，但需要个人的房产证、林权证或实物资产等进行抵押，或者需要贷款机构认可的企业，能获得稳定收入的自然人担保。

从获得贷款的难易程度来看，被调查合作社中，认为不困难的占 18.2%；比较困难的占 35.3%；很困难的占了 46.5%，具体如图 2—14 所示。

目前影响合作社发展最重要的因素是社长（理事长）的素质与能力，其次是政府的支持，再次是资金问题等，具体情况如表 2—4 所示。

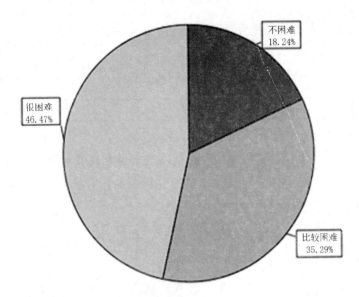

图 2—14　合作社获得贷款的困难程度分布（单位：%）

表 2—4　影响合作社发展的主要因素及其影响大小分布

影响因素	影响大小频率分布（单位：%）				
	没有影响	有点影响	较有影响	影响大	影响很大
社长的素质与能力	4.1	15	19.4	20.6	40.9
核心成员的素质与能力	6.8	26.8	14.7	30.9	20.9
一般社员的素质与能力	5.6	10.9	45.3	28.2	10
社员的经营规模	10	40	20.9	19.4	9.4
生产技术	2.4	16.8	29.7	22.1	29.1
用地	24.1	30.3	24.7	10.6	10.3
资金	0.9	8.8	20	39.7	30.6
服务社员的设施	14.1	21.2	38.8	16.2	9.4
产品销售渠道	5	15	30.3	20.6	29.1
产品品牌建设	5	20.9	24.4	30	19.7
当地产业基础	19.1	31.2	25	14.4	10.3
当地农业基础	14.7	34.4	26.2	15.3	9.4
市场同行竞争	5.6	25.9	33.5	15.9	19.1
政府支持	2.1	17.9	29.7	30.3	20

续表

与政府的关系	6.5	6.2	29.1	33.2	25
与供销社关系	30.3	39.1	10.3	14.7	5.6
与村组织关系	25	44.4	15.6	10.1	4.9
农民思想认识	15	38.2	26.5	10.3	10

从被调查合作社社长对自己合作社发展的满意度评价来看，绝大多数合作社社长对自己合作社发展总体情况是满意的，有近3％的合作社社长对合作社的发展不满意和很不满意。具体情况如图2—15和表2—5所示。

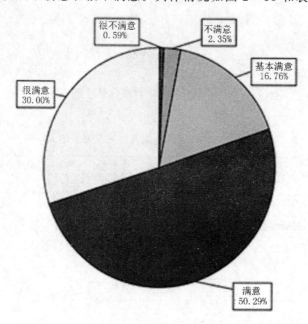

图2—15　对合作社总体评价情况的分布（单位:％）

表2—5　合作社社长对合作社发展的满意度评价情况（单位:％）

合作社发展情况	满意度评价（单位:％）				
	很不满意	不满意	基本满意	满意	很满意
为社员服务	0	2.4	17.6	49.7	30.3
社员凝聚力	0	4.7	16.2	44.1	35
产品知名度	2.1	12.9	40.6	33.8	10.6

提高社员收入	0.3	5	43.5	30.9	20.3
合作社盈利能力	0.6	12.9	48.5	27.4	10.6
带动当地产业发展	1.2	3.8	45.3	38.5	11.2
社会影响力	2.1	3.2	30.3	43.8	20.6
总体评价	0.6	2.4	16.8	50.3	30

关于被调查合作社社长对合作社联合和发展前景的看法，在问及"本地合作社是否有必要联合"时，74.4％的社长认为有必要，需要壮大合作社的力量，形成合作联合社。25.6％的社长认为没有必要，如图 2—16所示。

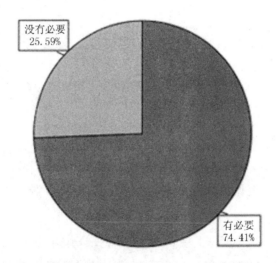

没有必要
25.59%

有必要
74.41%

图 2—16　答复合作社是否有必要联合的情况分布（单位：％）

许多社长认为联合能壮大合作社，成立合作社联盟应能引起当地政府的高度重视，从而获得更多的政策优惠或扶持。

被调查合作社社长对自己合作社未来发展前景很不看好的占0.3％，不太看好的占1.8％，很难预料的占2.4％，看好的占57.1％，很看好的占38.5％，具体如图 2—17所示。

关于对《农民专业合作社法》的了解程度，有79.1％的受访社长回

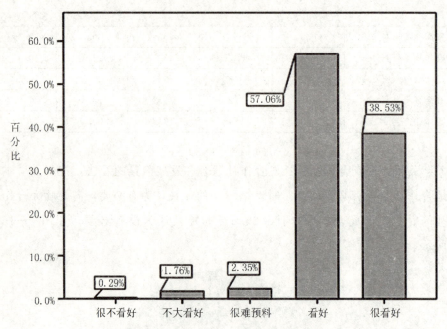

图 2—17　被调查合作社社长对合作社未来发展前景看法的情况分布（单位:%）

答"知道","有点知道"的占 17.4％，"不知道"的占 3.5％。在"知道"的受访社长中认为《农民专业合作社法》对促进合作社发展有很大作用的占 46.2％，有较大作用的占 34.4％，有点作用的占 18.5％，没有作用的占 0.9％。

关于政府对合作社的支持情况，被调查合作社中有 30.3％的合作社称其获得过政府的支持，余下 69.7％的合作社称没有获得过支持。获得过政府支持的合作社从其获得支持的方式来看（可多选），得到过技术培训帮助的合作社占 60.2％，得到过办社指导的合作社占 54.7％，获得产品促销帮助的占 33.2％，获得品牌建设帮助的占 32.8％，获得设施投入帮助的占 26.6％，获得资金贷款方面帮助的占 18.8％，获得其他支持的占 7.4％。

当问及政府应该在哪些方面给予合作社更大的支持时（可多选），90％认为应在资金贷款方面给予支持，39.4％认为应在办社指导方面给予支持，65.6%认为应加大技术培训力度，59.4%认为应加强产品促销，53.8%认为应加大对品牌建设的支持力度，69.4%认为应加强设施投入建设，5.6%认为还应在其他方面加强投入。

以上两个问题的调查结果表明，被调查合作社获得政府帮助最多的是办社指导和技术培训。合作社认为最应该获得政府支持的是资金贷款和设施投入，其中获得资金贷款帮助的需求最强烈。

（二）结论与启示

（1）被调查合作社中，绝大多数是种植类（如蔬菜、水果、食用菌等）合作社，因其产品大多不易保存或保鲜，成立合作社的主要目的是使这些产品能尽快大批量出售或被保存。由于受资金、技术限制，加工类合作社很少，大多数合作社不能获得产品粗加工至深加工的附加价值。

（2）从合作社成立时间来看，绝大多数合作社成立于《农民专业合作社法》颁布之后。由于合作社性质被清晰界定，《农民专业合作社法》强力推动了合作社的蓬勃发展。在《农民专业合作社法》颁布近10年之后，从工商部门登记的情况来看，中国农民专业合作社的注册资金已普遍提高，但从合作社股权结构来看，龙头企业、农村种养、贩销大户、精英或地方供销社"一股独大"的现象比较普遍，且有进一步加强的趋势。政府、生产或贩销大户、龙头企业和供销社等组织是牵头组建合作社的主要力量。

（3）从合作社社员人数和分布情况来看，相对于西方发达国家，中国农民专业合作社平均社员人数偏少，社员主要来自本村、本乡，跨县的极少。合作社成员之间生产经营规模差异比较大是普遍现象，该差异主要来自核心成员（社长与理事等）与外围成员（主要是普通社员）的生产规模差异，核心成员的生产规模普遍高于，甚至远远高于外围成员。

（4）合作社的组织和治理情况还尚待完善与健全，如部分合作社没有成立社员代表大会，成立监事会的合作社就更少。部分合作社社员代表大会、监事会的作用没有充分发挥，有的一年都没有开过一次会。社员代表大会、监事会形同虚设。还有一部分合作社没有成立相关机构或是相关机构不健全，如只成立了理事会，特别是成员人数较少的合作社，甚至理事会都没有，合作社所有业务由社长（理事长）一人决定。多数合作社声称实行"一人一票"的表决方式，但股金在实际表决中的权重有明显的优势——表明资金是高度稀缺的。平均来看，被调查合作社中理事会召开的会议次数最多，监事会最少。多数合作社有简单的会议记录、产品交易记录。

（5）目前不少合作社拥有了注册商标、名牌产品、绿色产品认证（这些合作社大多属于公司或龙头企业领办的合作社，或者是得到政府大力扶持的示范合作社），但仍有很大比例的合作社由于自身实力及外部条件等原因，在上述建设方面很迟缓。合作社销售产品的渠道主要还是等着外地客商上门收购，销售方式主要是合同收购和社员自销。因此，要重视合作社为社员服务能力的提高，增强合作社的凝聚力，提高社员惠顾率以形成良性循环。同时为提高合作社产品的市场知名度和竞争力，要鼓励合作社创建自己的商标、进行品牌建设和参与绿色认证，积极进行产品的差异化生产经营。

（6）从被调查的合作社来看，90.88%的合作社认为缺乏资金，需要融资（主要是购买生产资料，扩大生产规模），大多数合作社反映从信用社或商业银行贷款很困难。从目前制约合作社发展的因素来看，主要的外部因素是缺乏资金、技术以及政府的支持力度不大。因此，政府需要高度重视并积极帮助合作社解决融资难的问题。技术上主要是缺乏一些投入低、见效快、风险小的新产品开发或老产品的技术更新，因此应加强新产品的研究开发与技术推广。制约合作社发展主要的内部因素是社长及核心成员（大多是理事会成员）的能力偏低，特别是缺乏市场营销技能。为此，要重视社长及核心成员的在职培训以提高其技能，同时各大专院校要加速合作经济专业人才的培养以适应合作社发展的要求。

（7）大多数社长对合作社当前的发展状况感到满意，少部分社长对合作社发展感到不满，甚至困惑，认为成立合作社没有意义，没有得到任何支持，与他们的预想相去甚远，这表明合作社相关教育与培训还有待加强。合作社是否应该联合，大多数合作社社长认为本地合作社有必要联合起来，表明大多数合作社已经意识到合作社联合起来的必要性及重要性。当前由于合作社产权制度上的原因，合作社发展被严重的成员异质性问题困扰，并且为数不少的合作社是要素联合体，非劳动联合体。因此对于合作社的联合问题，不能急于求成，应等待合作发展分化、裂变后再来考虑在合作社自愿的基础上引导、实施这一工作。从社长的年龄来看，当前合作社社长主要是中年人，有一定的精力、才能、社会阅历及社会关系等。从担任社长前的身份来看，担任社长前是生产、贩销大户或供销社人员的最多，其次是村、乡镇干部和企业负责人。

二、基于社员问卷调查的数据统计分析及结论

(一) 调查问卷统计分析

社员是农民专业合作社发展最基本的劳动力要素，是合作社组建与发展的基础。为了解目前合作社社员的情况（年龄、性别和文化程度，合作意图，加入合作社前后家庭生产经营情况的变化及其对所在合作社发展现状的评价和意见等），课题组在进行合作社社长问卷调查的同时，进行了社员问卷调查。每个合作社选取 5—62 名社员进行调查，三次调查共发放社员问卷 8416 份，收回 7043 份，经过甄别、检验得到有效问卷 6586 份。

被调查社员的年龄、性别和文化程度。被调查合作社社员平均年龄为 47.2 岁，其中社员年龄最小 18 岁，最大 79 岁，平均为 46 岁。被调查合作社中，小于 30 岁（不含 30 岁，下同）的社员占 6%，30—40 岁（含 30 岁，不含 40 岁）的占 13.3%，40—50 岁的占 46.7%，50—60 岁的占 27.7%，60 岁（含 60 岁）以上的占 6.3%，具体情况如图 2—18 所示。

从被调查合作社社员的性别来看，男性占 80.1%，女性占 19.9%。被调查社员的文化程度大多为初中及以下文化，占被调查人数的 68.5%，高中文化程度的社员占 24.67%，高中文化程度以上的社员占 6.8%，具体情况如图 2—19 所示。

从以上的调查结果可知，社员年龄偏大，大多数社员文化程度不高，

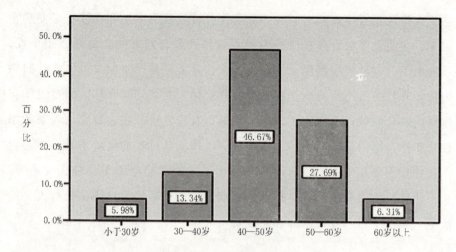

图 2—18   合作社社员的年龄分布情况（单位:%）

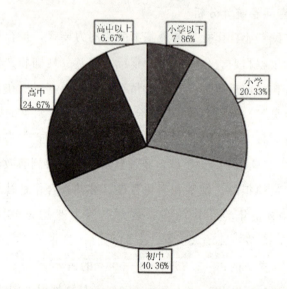

图 2—19   被调查合作社社员的文化程度分布情况（单位:%）

以不易外出打工的男性居多。女性大多不参加合作社，主要是因为女性在家庭生产经营中，经济上不能做主，同时文化水平低，不理解合作经济，担心投资风险大等。

从被调查社员在当地的生产经营情况和收入水平情况来看，2.1%的社员认为自己的家庭在当地收入水平很低，12.8％的社员认为家庭收入比较低，57.7％的社员认为家庭收入属于中等收入水平，认为家庭收入比较高和很高的社员分别为 23.0％和 4.4％。具体情况如图 2—20 所示。

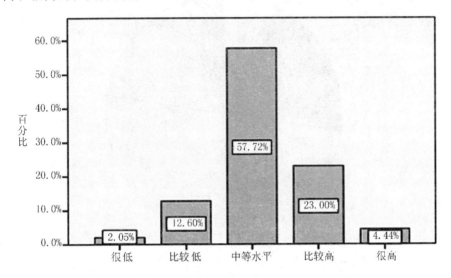

图 2—20　被调查社员在当地的收入水平情况分布（单位：％）

从被调查社员家庭通过加入合作社后所获得的收入占全家年总收入的比重来看，回答占年收入 20％以下的社员约占总调查数的 11.3％，占年收入 20％—40％的社员约占总调查数的 10.4％，占年收入 40％—60％的社员约占 31.1％，回答占年收入 60％—80％的社员约占 28.1％，回答占年收入 80％以上的社员占了 19.1％。平均为 56.9％，这说明，农户通过加入合作社以提高收入的效果是显著的，否则社员将会离开合作社，也就不会被调查到。

从被调查社员家庭种植（或养殖）规模在当地的水平来看，6.3％的被调查社员认为自己的经营规模很小，16.2％的被调查社员认为自己的经营规模比较小，认为是中等规模水平的被调查社员占 50.2％，20.6％的被调查社员认为自己的经营规模比较大，6.8％的被调查社员认为自己的经营规模很大，如图 2—21 所示。社员绝大多数来自经营规模中等及以上水平的农户，小规模经营农户认为加入合作社意义不大，往往选择不加入合作社。

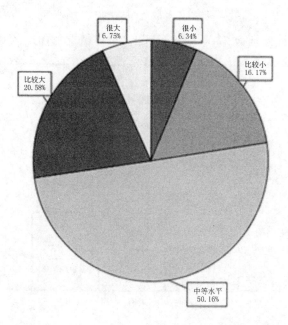

图2—21　社员家庭种植（或养殖）规模在当地的水平分布情况（单位：%）

从上述调查结果可知，被调查社员的家庭生产经营规模主要以中等及以上规模为主，而小规模经营农户不多（生产经营规模小，加入合作社的意义不大）；被调查农户在当地大多属于中上收入水平家庭，这进一步说明，只有一定生产经营规模，有一定经济实力的农户才有内在激励进行农产品商品化生产和市场化运作，才会选择建立或加入合作社，以解决"小生产与大市场"的矛盾，自给自足的小农经济农户不可能选择加入或构建合作社。

关于被调查社员是否了解合作社相关运作知识，13.3%的被调查者回答"很了解"，25.9%的被调查者回答"了解"，31.6%的被调查者回答"基本了解"，22.9%的被调查社员回答"有点了解"，6.2%的被调查社员回答"不了解"（社员对合作社相关知识的了解大多来自政府的宣传及合作社发起人的解释说明，很少有社员会积极主动地去了解合作社的相关知识，他们大多只关心自己的产品销售及价格改进），如图 2—22 所示。

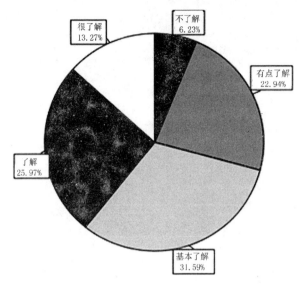

图 2—22 成员对合作社运作的认知情况分布（单位:%）

对于"中国在 2007 年 7 月 1 日已正式实施《农民专业合作社法》"这一事实，24.8%的被调查者回答"不了解"，32.9%的被调查者回答"有点了解"，20.2%的被调查者回答"基本了解"，17.9%的被调查者回答"了解"，只有 4.3%的被调查者回答"很了解"，具体情况如图 2—23 所示。

从上述调查结果可知，实践中社员对合作社经营运作更关心，而不太关注《农民专业合作社法》。这表明农户对加入的合作社如何经营、运作以及经营、运作中能给自己带来的好处很关心，注重实效，而对于合作社的相关法律法规却漠不关心。

被调查社员的入社时间。最短的入社时间仅有 5 天，最长的入社时间为 17 年，平均入社时间为 2.8 年，其中入社时间 2 年以下的占 26.4%，入社 2—3 年的占 25.3%，入社 3—4 年的占 22.6%，入社 4—6 年的占 18.4%，6 年以上的占 7.3%。从调查结果看，社员入社时间较短，绝大多数社员是在《农民专业合作社法》颁布之后加入合作社的。

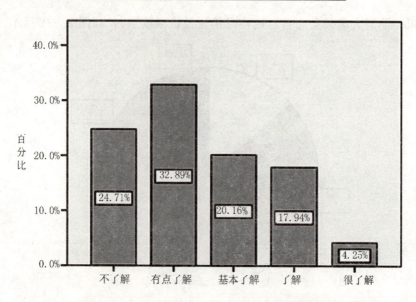

图 2—23　社员对《农民专业合作社法》了解程度的情况分布（单位:%）

　　从入社时是否缴纳股金的调查结果来看，87.2％的社员缴纳了入社股金（含土地、库房等生产资料折价入股）。其中最低股金缴纳 50 元，最高缴纳股金 65 万元，缴纳股金 500 元以下的占 8.3％，500—1000 元的占 27.5％，1000—5000 元的占 25.9％，5000—10000 元的占 11.8％，10000—50000 元的占 19.4％，50000—100000 元的占 5.9％，100000 元以上的占 1.2％。股金缴纳额参差不齐，但多数集中在 5000 元以下，如图 2—24 所示。

　　调查显示，普通社员缴纳股金占总股金的比例，最低为 0，最高为 66.7％，平均为 4.4％。普通社员缴纳股金占总股金的比例分布为：1％以下占 30.2％，1％—2％占了 17.2％，2％—5％占了 18.3％，5％—10％占了 19.7％，10％—15％占了 9.5％，15％—20％占了 3.4％，20％以上占了 1.7％，如图 2—25 所示。被调查普通社员缴纳股金占总股金的比例绝大部分低于 5％。结合社长问卷可知，缴纳股金比例最高的是社长（理事长）或理事会成员。

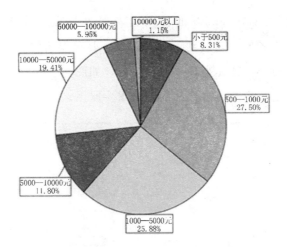

图 2—24 社员股金缴纳额的分布情况 (单位:%)

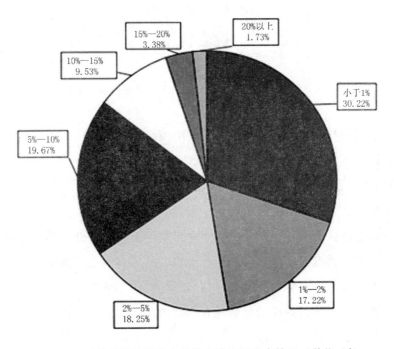

图 2—25 社员缴纳股金占总股金的比例分布情况 (单位:%)

从被调查社员加入合作社的原因来看,17.9%的被调查者回答是在合作社动员下加入的，23.5％的被调查者回答是在政府动员下加入的，54.4％的被调查者回答是看到了好处后自己要求加入的，另有4.1％的被调查者回答是通过其他途径加入合作社的，如图2—26所示。自己看到好处及政府动员是农户加入合作社的两个重要原因。

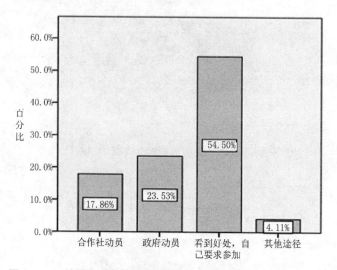

图2—26　被调查社员加入合作社的原因分布情况（单位：％）

上述结果与社长问卷"新社员入社的原因是什么"所调查的结果是一致的，印证了社长回答问卷的真实性。

调查结果显示，有27.5％受访社员称其属于骨干或核心成员，余下72.5％的受访社员称其属于普通或一般社员。如图2—27所示。

调查受访社员所在合作社的主要发起或创立者的身份，46.9％的受访社员称合作社的发起或创立者是生产大户，23.2％的受访社员称其所在合作社的发起或创立者是龙头企业，11.1％的受访社员称合作社的发起或创立者是供销社，10％的受访社员称合作社的发起或创立者是贩销大户，具体情况如图2—28所示。

基于以上调查统计可知，大部分社员的入社时间少于4年。社员大多缴纳股金，但股金金额不大，结合社长问卷可知，合作社中缴纳股金最多的是社长（理事长）与理事会成员。农户加入合作社的动机主要是看到好

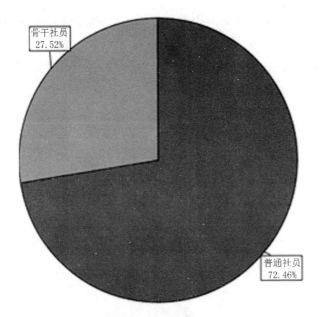

图 2—27　被调查社员在合作社的身份分布情况（单位:%）

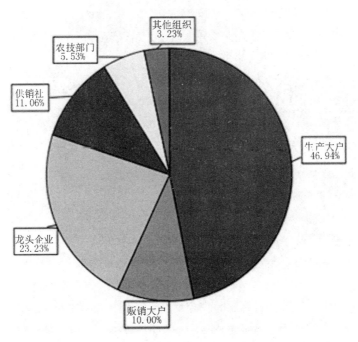

图 2—28　合作社的主要发起者身份的分布情况（单位:%）

处自愿加入。从所加入的合作社来看，以生产大户和企业发起的合作社居多。

被调查社员参与合作社生产经营管理情况。关于问题"是否任何人想参与就可参与"，只有 4.2% 的被调查社员回答是，而 95.8% 的被调查社员回答否。合作社最关心的是申请加入者的资金实力、生产经营规模，个人信用，为人处事品行，周围群众的口碑等。当前，无条件地接受成员的合作社在现实中越来越少，即坚持无条件成员开放原则的合作社越来越少了。

对于社员的主要来源，被调查社员中有 44.6% 来自本村，35.1% 来自邻近村，只有 20.2% 的被调查社员回答来自其他村。绝大多数社员来自同村或邻近村，具体情况如图 2—29 所示。

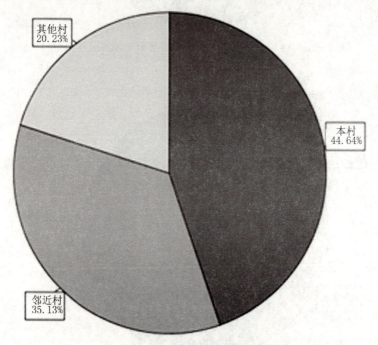

图 2—29　合作社社员的主要来源分布（单位：%）

从被调查社员对所在合作社其他社员的熟悉程度来看，有 45% 的受访社员回答熟悉全部社员，52.1% 的回答熟悉部分社员，仅有 2.9% 的回答只熟悉很少社员。说明农户大多选择加入自己相对熟悉的群体，对自己不熟悉，生产对象及生产方式不类同的群体，农户一般不会选择加入，这也是农业合作社这一特殊生产经营组织对成员同质性的一种内在要求。具体情况如图2—30所示。

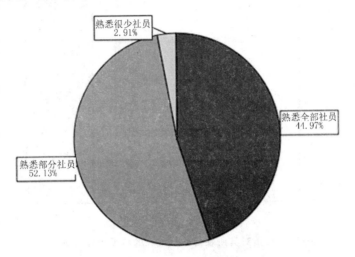

图2—30 社员对所在合作社其他社员的熟悉程度分布情况（单位:%）

调查中，社员对其所在合作社社长（理事长）的熟悉程度，被调查社员中56.7%回答很熟悉，37%回答比较熟悉，有6.3%回答不熟悉，如图2—31所示。

从社员退入社由谁决定的调查情况来看，有20.3%的被调查社员回答由社员（代表）大会决定，47.5%的被调查社员回答由理事会决定，而32.3%的被调查社员回答由社长（理事长）决定。这说明社长（理事长）和理事会分别是合作社最重要的决策者和决策机关，社员代表大会及其制度建设严重滞后，具体情况如图2—32所示。

从被调查合作社的生产经营业务的决定权来看，24.8%的被调查社员回答由社员（代表）大会决定，35.3%的被调查社员回答由社长决定，而39.9%的被调查社员回答由理事会决定。绝大多数合作社的社长（理事长）和理事会对合作社生产经营拥有绝对发言权，这印证了我们上面的分

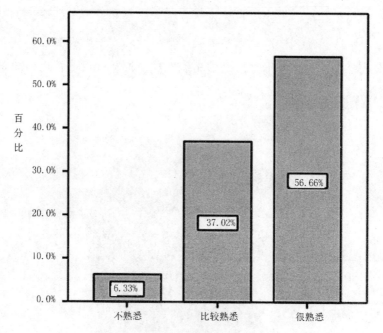

图 2—31　社员对其所在合作社社长的熟悉程度（单位:％）

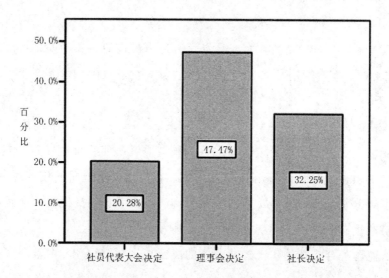

图 2—32　社员入、退社决定权分布情况（单位:％）

析，社长（理事长）和理事会是当前合作社事实上的决策者和决策机关。具体情况如图 2—33 所示。

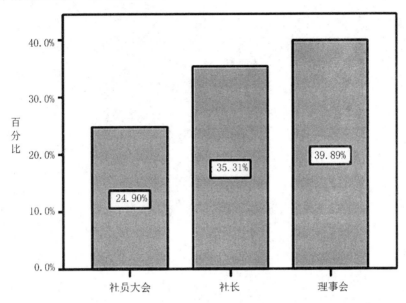

图 2—33　合作社里的生产经营业务的决定权分布情况（单位:％）

从被调查合作社社员意见的表达途径来看：41.3％的被调查社员通过理事会或社长（理事长）反映，20.6％的被调查社员通过监事会，20％的被调查社员是通过社员（代表）大会，15.1％的被调查社员选择不提意见。具体分布如图 2—34 所示。

社员对其所在合作社未来发展的预期：受访社员中持有"很看好""看好""很难预料""不太看好"和"很不看好"态度的比例分别为：21.1％、53.6％、7.4％、11％和 7％，见图 2—35。

对于本地合作社将来是否有必要联合起来，80.1％的社员认为有必要，只有 19.9％的社员认为没必要。

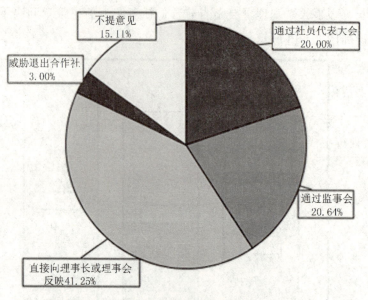

图 2—34　社员意见的表达途径分布情况（单位：%）

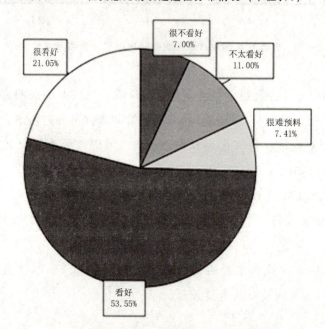

图 2—35　社员对自己合作社前景看法的分布情况（单位：%）

　　上述多方面的调查反映出合作社的社员大部分来自本村和邻近村，大多是生产对象、经营领域相同或相似的农户，相互居住及生产经营场地的距离不远，对彼此生产经营的情况是了解和熟知的。由于社员大多来自本村和邻近村，同社社员大多熟悉其他大部分成员，相互间容易认同和信任，降低了加入者的风险预期，也降低了合作社的组织、协调成本。社员入、退社及合作社事务大多通过理事会或社长（理事长）来解决，社长（理事长）是合作社的主要领导者，社员大多不会选择加入他们不熟悉的社长（理事长）领导的合作社。社员表达意见也大多通过理事会，一部分通过社长（理事长），较少通过社员代表大会，极少通过监事会或其他途径。这反映了现实中的合作社是以理事会为治理中心的，社员代表大会及监事会制度建设严重滞后。对于所在合作社的发展前景，大多数被调查社员看好，对未来充满信心，认为加入合作社能给自己带来好处，只有少部分被调查社员不看好或认为很难预料，这说明农户往往选择加入自己认为发展前景较好的合作社。另外，大部分被调查社员认为本地合作社将来有必要联合，认为联合起来能扩大影响，引起当地政府的关注从而获得政府更多的支持。

　　被调查社员加入合作社的目的，当问到"您家是出于下列哪些方面的考虑参加合作社的"，回答如表 2—6 所示。

表 2—6　社员加入合作社的目的及目的期望程度分布（单位：％）

目的	不同意	有点同意	比较同意	同意	很同意
种源服务	18.3	5.3	20.9	30.4	25.1
技术培训	2.9	11.4	13.8	26.7	45.2
农资供应	12.6	8.4	20.1	27.4	31.5
方便销售	0.2	1.3	7.9	39.8	50.8
获高售价	0.1	0.7	6.4	23.9	68.9
储藏与加工	5.1	8.2	11.6	31.6	43.7
融资	10.6	9.7	8.3	29.6	41.8
交易额返利	10.4	5.6	17.8	28.7	37.5
按股分红	11.6	4.7	16.8	27.9	39

　　社员加入合作社最大的目的是期望获得较高的售价，即实现价格改进，社员对此认同（含有点同意、比较同意、同意和很同意，下同）的比例高达99％；其次是方便销售，社员认同这一目的的比例为98％。方便销售主要是指合作社对市场、下游商家及相关信息的搜寻及市场营销能力等，绝大多数普通社员缺少相关人力及社会资源优势，对市场不熟悉，不同程度地存在农产品难卖等问题。农户还希望合作社在成员生产过程中能给予技术指导与培训，对此的认同程度为97.1％。对农产品储藏与加工目的的认同程度为94.9％。农产品自身的特点使其储藏与运输极易造成直接经济损失，如产品易变质、腐烂、损坏等，所以加入合作社者均希望合作社能在这一方面最大限度地降低农户的损失。认同程度最低的是种源服务与农资供应，部分农户还是认为自己控制种源与农资供给较好，能控制最终产品的质量。调查中，还有一部分社员坚决反对统一种源与农资供应，因其认为合作社在批发购入农资、种子、种苗、化肥与农药等过程中财务不公开，有吃回扣、独占批发折扣，甚至出现提供假种子、假化肥等现象。多数合作社能严把种子、化肥质量关，统一大批量购入种子、种苗、农资等，让广大社员获得折扣实惠。因此多数社员还是认可合作社统一购入种子、种苗、农资等生产资料。

　　从社员得到的好处及得到合作社服务的满意度来看。当问及"加入合作社后，您家从合作社得到了哪些好处"时，调查结果显示，回答产品卖个好价格、方便产品销售、农业技术培训服务的比例最高，分别为92％、89.7％和88.2％。回答按股分红、农资供应服务、提供种源的比例分别为77％、70.6％和68％；得到服务比例最低的是按交易量（额）返利、产品保鲜储存与加工、融资服务，比例分别为58.4％、42％和21％。

　　从社员得到合作社服务的比例来看，获得比例最高的是得到高售价，获得比例最低的是融资服务，这说明当前的合作社的主要功能还是实现价格改进。对实际得到服务的社员进行满意度调查，调查结果显示：卖个好价格、方便产品销售、技术和培训服务的不满意比例最低，很不满意和不满意的比例分别为1.4％、5.3％和5.1％；其次是农资供应服务、种子和

种苗服务、按交易量（额）返利的很不满意和不满意的比例分别为
8.5%、9.9%和9%；很不满意和不满意比例最高的组是按股分红、产品
的储存与加工、融资服务，很不满意和不满意的比例分别为20%、28%
和52%，融资服务是社员反映最不满意的服务项目。如表2—7所示。

表2—7　社员得到合作社服务的比例及对服务的满意度评价情况（单位:%)

目的	得到服务的比例	很不满意	不满意	基本满意	满意	很满意
种源服务	68	4.2	5.7	15.3	42.2	32.6
技术培训	88.2	2.1	3.2	35.4	24.7	34.6
农资供应	70.6	3.2	5.3	35.8	31.8	23.9
方便销售	89.7	0.7	4.6	17.2	30.3	47.2
获得高售价	92	0.3	1.1	20.1	27.4	51.1
储藏与加工	42	7.6	20.4	46.1	19.6	6.3
融资	21	15.9	36.1	31.5	14.2	2.3
交易额返利	58.4	0.1	8.9	29	36	26
按股分红	76.6	2.2	17.8	30.7	20.1	29.2

对农户加入合作社前后，其家庭生产与销售有无变化的回答（可多
选），认为实际收入水平提高的社员占被调查社员的81.3%；认为单位产
品销售价格提高的社员占被调查社员的73.6%；被调查社员中，认为单
位产品成本降低的社员占69.8%；认为平均亩产提高的社员占71.4%，
详情见表2—8所示。

表2—8　加入合作社后实际绩效情况分布（单位:%)

对比项目	实际绩效对比			平均提高或降低百分比
平均亩产是否提高	没有提高		有提高	平均提高百分比
	28.6		71.4	25
生产产量是否稳定	没有稳定	有所稳定	明显稳定	——
	10.6	50.9	38.8	
产品质量是否提高	没有提高	有所提高	明显提高	——
	16.2	44.9	38.9	

续表

平均成本是否降低	没有降低		降低	平均降低百分比
	30.2		69.8	6
平均售价是否提高	没有提高		有提高	平均提高百分比
	26.4		73.6	15
平均售价是否稳定	没有稳定	有所稳定	明显稳定	——
	21.4	57.5	21.1	
收入是否提高	没有提高		有提高	平均提高百分比
	18.7		81.3	10

多数被调查社员对自己所在合作社的发展情况表示基本满意、满意和很满意，同时也比较看好自己的合作社。在对社员服务、社员凝聚力、提高社员收入、合作社自身盈利能力及对当地的社会影响力等方面的不满意率分别达到36.9％、37.7％、26％、37.9％和24％，见表2—9。

表2—9　社员对自己所在合作社发展及服务情况的满意度分布（单位:％）

评价项目	很不满意	不满意	基本满意	满意	很满意
社员服务	15.4	21.5	27.8	29.6	5.7
社员凝聚力	16.5	21.2	30.3	20.2	11.8
产品知名度	1	12.5	32.4	34	20.1
提高社员收入	12.1	13.9	21.8	28.1	24.1
合作社盈利能力	24.7	13.2	36.1	16.4	9.6
带动产业发展	2.4	5.3	29.6	57.6	5.1
社会影响力	7.9	16.1	19.5	52.3	4.2

对社员所在合作社目前发展状况的总体评价，有7.95％的被调查社员回答很不满意和不满意，基本满意的占30.1％，满意的占44.9％，很满意的占17.1％。被调查社员对自己所在合作社发展状况总体是满意的，详情见图2—36。

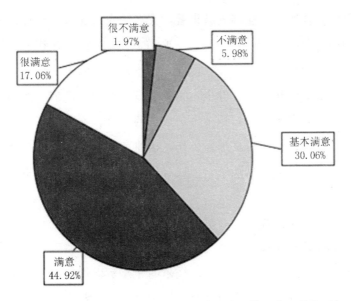

图 2—36　社员对目前所在合作社发展情况的总体评价（单位:%）

（二）结论与启示

（1）由于当前农户家庭从事农业生产比较利益偏低，大多数青壮年及有一定知识文化技能者均外出打工，农村留守的大多是老弱妇孺，普遍缺乏对合作社的认知，这就需要基层相关政府部门加强宣传教育力度。宣传教育要力求通俗易懂，以广大农户能接受、能理解的方式传授合作社知识，要让农户充分意识到合作社知识与他们能从合作社获得的收益密切相关。宣传时可通过各种媒体手段，普及合作社的相关知识，提高广大农户对合作社的认知及合作知识的掌握程度。

（2）社员大多是看到好处自愿加入合作社，合作社解决"小生产与大市场"矛盾的作用在一定范围、一定程度上得到体现。在被调查合作社中，最多的发起者是农业生产、贩销大户，他们主要是农村能人、精英或是村干部，他们思想活跃、社会活动及市场营销能力强（这说明，今后合作社的发展要处理好合作社与大户的关系，同时还要兼顾并维护好众多小农户社员的利益，即大户治社与民主管理不可偏废）。其次是龙头企业和供销社，这一群体往往是为了垄断农业供应链上游生产或出于政治上的考虑而发起成立合作社。从调查结果看，大多数农户加入合作社的时间是在《农民专业合作社法》颁布实施后，加入的原因主要是看到了合作社提供的各项服务能给自己带来好处。因此，合作社要不断提高服务水平，加强对社员的技术培训和服务；健全、完善成员农业生产产前、产中、产后服务，不以盈利为主要目的，积极维护成员的利益；不断提高成员在市场活动中的谈判地位；促使成员加强合作，构建和不断完善风险共担、利益共享的机制；提高成员的惠顾率，形成合作社发展壮大与社员不断获益的良性循环。

（3）合作社成员背景复杂，由于投入合作社的生产资料差异大，现实中合作社成员异质性较强，成员加入合作社的目的千差万别。多数小农户加入合作社的目的是为了解决生产技术问题及实现价格改进。生产大户由于生产经营规模较大，牵头建立合作社，可大批量购入生产资料以获得折扣上的优惠，降低产品的单位生产成本；同时，通过构建合作社来扩大产销规模，可提高市场谈判实力，降低交易风险。贩销大户组建合作社可以提高市场谈判实力，可控制农业一线生产，规范生产过程及农产品的质量标准，以提高产品的市场竞争力。供销社牵头构建合作社是为了尝试进行自身体制改革，以获得传统势力范围内的既得利益，既有政治上的诉求，也有经济利益上的考虑。龙头企业牵头成立合作社，可以通过合作社垄断供应链上游的农业生产过程，控制原料的质量与数量，同时还可获得政府的扶持及各种优惠。由于合作社成员的目的各不相同，投入合作社的资源也各不相同，合作社成员异质性问题突出，成员之间利益冲突可能会激化。如何在成员异质性及异质性增强的条件下发展合作社将是合作社研究的一个重要命题。

（4）我们在调查中发现，对于合作社的服务，社员的希望与实际所得差距较大。希望与实际所得差距最大的是融资服务，差距最小的是卖个好价格、方便产品销售。从实际得到服务的满意度来看，也印证上述结果。满意度最高的是卖个好价钱，最低的是融资服务。合作社成员期望合作社能为其提供农业生产产前、产中及产后的各种服务，可见社员期望合作社提供的服务是全方位和多元化的（一个有趣的现象是，相当一部分的社员对合作社核心分配制度——按交易额分配并不关心，他们大多只关心最直接的收益——产品能否卖个好价钱）。从调查结果来看，社员的期望与其从合作社实际得到的服务存在较大的差距，尤其是融资和农产品的加工、储藏服务。种苗服务、农资供应服务的满意度也不高，部分社员反映合作社购买的种子、种苗，农资质量上有问题，购买的财务也不公开，合作社内部管理有待进一步加强。社员满意度较高的服务有：卖个好价格、方便产品销售、技术培训服务等。但是，社员的期望是全方位的，合作社在提供生产性融资、产品储存加工等服务方面还远不能满足社员的需求。要能提供多项服务，合作社就要有较大的规模与较强的综合实力，但是产权社会化程度低，造成合作社法人财产不稳定，降低合作社融资信度，同时外部又缺乏稳定的资金支持，合作社的综合实力难以在短时内提升，这必然影响合作社服务的拓展。合作社发展初期应适当提高按股分红比例，在一定程度上缓解融资压力，建议有条件的可借鉴新一代合作社的"入股金-交易额权"锁定的产权制度设计①，将按交易额与按股分配相统一，提升产权制度的融资激励效应，同时外部多渠道融资，增强合作社发展后劲，不断提高合作社自身实力，才能为社员提供其所需的多项服务。

（5）尽管合作社提供的服务与社员的期望相去甚远，但是我们在调查中发现大多数成员还是能理解合作社发展面临的现实困境，社员对合作社的发展总体上是满意的。合作社的事务一般由社长（理事长）或理事会决定，这说明合作社基本上被社长（理事长）或理事会控制，因而社员大多只能通过理事会或社长（理事长）反映意见，社员代表大会及监事会制度建设应加强。合作社在发展过程中存在合作社实力弱、盈利能力有待提高、满足社员需求的能力不足、提高社员收入乏力等方面的问题。合作社发展初期应加强政府扶持，同时合作社应不断加强自身建设，特别是内部

---

① "入股金-交易额锁定"的产权制度设计是指：新一代合作社成员用入股金购买交易权（交易额），交易额与入股金相对等、匹配，即高入股金获得高交易额。由于盈余按交易额分配，所以入股金不但确定了交易额，同时也确定了在盈余中的分配比例，这样按交易额分配也就是按股分配，两者相统一。

制度建设。根据《农民专业合作社法》及相关法律法规完善合作社内部治理结构，加强管理，不断提高合作社生产经营效率。理论上，社员（代表）大会是社员表达意见的最主要途径，从调查结果来看，大多数被调查社员直接通过理事会和社长（理事长）表达意见。这说明社员（代表）大会机制尚未完善，应加强社员大会制度建设，健全其功能，使广大社员能即时、全面地反映自己的意见，以贯彻民主管理制度原则。最后，不能忽视监事会及其相关制度的建设，要充分发挥监事会的监督制衡作用。

三、合作社建设与发展中存在的其他问题

当前，合作社发展势头强劲，合作水平逐步提升，覆盖范围逐步扩大，合作社分工协作持续深化，生产社会化程度逐步提升，实力正逐步由弱变强。但在调研中，课题组发现，在合作社蓬勃发展的形势中，还存在一些不尽如人意的地方，如部分已登记注册的合作社没有开展活动；部分合作社实际分配制度安排中没有按交易额（量）返利；部分合作社产权结构中的"一股独大"现象严重等，具体问题如下：

1. 部分已登记注册的合作社没有开展活动

据云南省文山州农经站的杨主任介绍，隶属该州的某县上报有157家农民专业合作社在正常运作，但他经过两个月的摸底调查，发现有近1/3的合作社没有开展活动。我们走访了该县八宝镇的12家合作社，其中1家合作社没有开展活动，农户回到各自独立的家庭生产经营状态，合作社名存实亡；还有一家虽在经营，但周围农户却认为是牵头者自己办的，其他成员是借来凑数的。该合作社实际上是一家农资供应商店，商店挂着合作社的牌子，商店老板（理事长）有合作社法人营业执照，声称自己经营的是合作社。我们按名寻户前往拜访，在他提供的成员名单中没有一人承认是其合作社社员，他们称只是帮朋友的忙，提供了自己的身份证及发起成立合作社的申请书，没有参加过合作社的任何活动。还有一家茶叶合作社，我们按社长提供的社员名单去拜访社员，被访的许多社员全然不知自己已经加入了这一合作社。还有一家种植首乌的合作社（有合作社牌子，

也有营业执照），社长加上成员共 8 人，由于首乌销售行情不好，其余 7 人已到广西、广东和浙江打工，土地全部交给社长一人经营，社长雇有 3 名工人，合作社实际变成了一个雇佣制农场。

2. 部分合作社实际分配制度安排中没有按交易额（量）返利

按交易额（量）返利作为合作社分配制度的核心，是合作社有别于其他类型企业的重要特征之一，在部分合作社中没有被执行。在河南、山东、四川、重庆、广东、广西、云南等地，几乎所有的合作社在其章程中都明确规定，合作社分配主要按交易额（量）返利，返还比例不低于可分配盈余的 60%（合作社需要提交符合《农民专业合作社法》要求的社章才能注册登记）。但我们与一些合作社社员交谈后发现，部分合作社盈余返还比例远低于 60%，甚至没有盈余返还。对这一现象，国内学者做过许多"批判""如此变异下去，合作原则，最后还能坚持什么？"（潘劲，2011）。林坚、王宁（2006），苑鹏（2010），国鲁来（2010），应瑞瑶（2012）也有类似质疑。在实地考察中，我们深刻感受到学者"教条"，而农户"现实"。部分合作社盈余返还比例远低于 60%，甚至没有盈余返还，绝大多数成员却很坦然，没有学者们的"愤怒"。对于大多数成员来说，在农产品难卖的情形下，只要能将其产品销售出去，顺利地收到货款，稍有收益就满意了，至于是否还有盈余返还，他们并不在意。还有一部分成员不知道有"盈余返还"，但得知后也很坦然。富宁县金门八角专业合作社的一名社员告诉我们，社长及理事们是非常辛苦的，每当八角快成熟时，要联系加工单位、运输单位，要动用个人资源找门路、找关系，真是"跑断腿，磨破嘴"，有一点盈余留在合作社也是应该的。此外，由于我国合作社正规化建设的时间较短，合作社发展尚处于成长发育期，大多合作社实力弱、积累少，盈利能力低，可供返还的盈余没有多少；同时，成员与合作社交易后，再按惠顾额（交易额）返还盈余有一定的时滞，为规避风险，成员更倾向进行直接的现金交易，以尽快拿到货款。

农民专业合作社的产生与发展是农业生产力驱动下的，农业生产经营组织形式的一种制度安排，这一制度的建立能使农户得到什么？就实地考察的结果来看：第一，能确保农户产品的销路；第二，能够帮助农户维持和扩大产能；第三，通过合作社提高农户的市场竞争力，获得净额经济回报（包括惠顾返还、股金红利等）。现阶段，中国农户最看重的是第一点和第二点，即农户是能否获得自己的直接劳动收益、只要直接劳动收益大于等于他们的预期收益，甚至只要收益大于成本，他们就会继续留在合作社中。

3. 部分合作社产权结构中的"一股独大"现象严重

一般认为，一个成员（个人或经济实体）的入社股金超过50%，就属于"一股独大"（当前合作社成员平均人数不多，股权分散化程度不高）。按上述标准，在本次课题组调研中，6.1%的合作社属于"一股独大"。第一大股东的入股金超过30%的合作社有37.9%，而张若健2010年对全国10个省29个地（市）的442家合作社的调查显示，这一数据是25%，有增加的趋势。这37.9%的合作社大多由生产大户、龙头企业及供销社牵头成立。对于普通农户来说，由于生产经营规模小，牵头成立合作社的风险、成本相对于预期收益变得很高，自己的努力往往与收益不对等且易被其他成员"搭便车"，因此，广大的普通农户不大可能出来牵头成立合作社。对于大户来说，由于生产经营规模较大，在与合作社交易中所占的交易比例高，自己努力成果的大部分能被自己获得。此外，大户联合众多普通农户实现了规模经营，提高了市场谈判地位也能增加自己的收益，同时，长期的规模生产与市场营销，使大户积累营销经验和人脉关系，利用这些资源能在一定程度上化解组建合作社的风险和成本。最重要的是，上述一切努力和资源利用所获得的收益，大部分能被大户自己获得，大户有了内在激励去发展合作社。除大户外，还有许多工商资本牵头成立合作社。中国的农民专业合作社是在工商资本渗透农业领域、农民高度分化的背景之下产生与发展起来的。合作社的牵头者既有从事农资供应、农业生产、农产品经销、贩运的农户，也有从事资本化经营的龙头企业和供销社，成员异质性较强。这些龙头企业、供销社大多拥有资金、技术以及人力、社会关系等资源，可承担制度创新的成本，出于稳定货源、获得投资收益甚至是政治目的，发起和构建了合作社。此外，《农民专业合作社法》没有排斥工商资本以及期望获得政府的政策优惠也是导致龙头企业及供销社牵头成立合作社的重要原因。

4. 产权结构"一股独大"或"数股独大"下，分配倾向按股分配

在本次课题组调研中，有 6.1％ 的合作社第一大股东的入股金超过 50％，这类合作社按股分配的平均比例高达 96.7％。同时，股权集中度比较高，调查中发现，样本合作社的第一大股东平均持股量占总股金的 20.8％，前十位大股东（绝大多数为核心成员）平均持股量占总股金的 76.4％，这说明合作社产权结构不仅具有"一股独大"的特征，还具有核心成员"数股独大"的特征。当前，许多合作社股权大多集中在人数相对较少的核心成员手中，这与经典合作社大体均等的股权结构不符。但是现阶段，在广大普通农户缺乏资金、技术、信息及社会关系等资源的情况下，再加上政府对合作社规制"宽松"，"一股独大"或"数股独大"的产权结构就成了中国特色的农民专业合作社产权制度演进的逻辑起点。

在产权结构"一股独大"或"数股独大"的合作社中，盈余分配方式采用按股分红的最多。可见，为了维护自己的既得利益，"一股独大"或"数股独大"的股东们采取了按股分红为主的分配方式，绝大部分利润被少数大股东获得。如果合作社的成员主要是农业一线生产者，对合作社投入的股份也大体均等，成员同质性强，那么盈余的主要部分按交易额（量）比例返还是可以被大多数成员接受的。如果成员的来源复杂，既有农业一线生产者，又有纯资金投入者，成员异质性较强，合作社的主要分配方式如何决定，就要看合作社大股东们是何类生产要素的提供者。当合作社大股东们主要是劳动要素提供者，即农业一线生产者时，分配方式的主体必然是按交易额（量）比例返还盈余；当大股东们或主要股东是资金提供者，即纯投资者时，合作社的主要分配方式就只能是按股分配。其实，大股东所获得的股金红利中，还应包含他们对合作社所进行的社会资源及人力资源投资回报。实践中，合作社的大股东们往往就是合作社的主要管理人员，一方面是由于投入的资产较多，更关心自己财产的保值与增

值；另一方面，大股东们只有获得了合作社的管理权，才能控制合作社的盈余分配方式，从而使自己对合作社的投入与其收益相一致，换言之，大股东们只有在能获得合作社管理权的条件下，才有内在激励去牵头成立合作社并持续地向合作社投资。因此，在成员异质性较强的合作社中，特别是主要股东是纯投资者时，按股分红具有一定的必然性。

5. 部分合作社内部民主管理制度形同虚设

经典的合作社内部管理原则是劳动者"一人一票"，否定股本差异。《农民专业合作社法》规定："合作社实行"一人一票"，出资额或交易量较大的成员（个人或经济实体）可享有附加表决权，但不得超过表决权总票数的20％。"问卷调查显示，有15％的合作社大股东表决权总票数超过20％，有的甚至"一股一票"。民主管理形同虚设，成员举手表决仅仅是"走走形式，意思一下"。产权制度决定管理制度，合作社成员民主管理的基础是大体均等的股权结构。但是，大体均等股权结构的合作社往往是那些由农业一线生产者组建、发展起来的，农业一线生产者大多缺资金、缺技术、缺社会资源等。这类合作社往往资金少，实力弱，难以应对日趋激烈的市场竞争。为了吸引更多的投资者加入合作社，《农民专业合作社法》没有限定投资者必须是农业一线生产者，这就可能使悬殊的持股比例差距（如"一股（或数股）独大"）出现，大股东们为了使其投入与收益对等，必然要掌握合作社的管理权。同时，相对于大股东，多数普通成员（小股东）因自身资源有限，对合作社的投入少，承担合作社生产经营的风险、成本也小，去争取合作社的管理权，投入太多不值得，况且还有一部分普通成员加入合作社的目的是为了搭便车，在这样的情形下，就不难理解为什么现实中众多的普通成员不会，也不想去争取合作社的管理权，而默认大股东们完全控制合作社。

6. 部分合作社成员分化严重

由于部分合作社成员入股金存在巨大差异，这种差异演化的一个结果就是成员分化严重，大体形成两类成员：一是掌握大股的少数核心成员（含自然人或经济实体）；二是掌握小股的多数普通成员（多为小农户）。

成员分化严重使得多数普通成员在合作社生产经营中，越来越边缘化，甚至形成少数核心成员与多数普通成员对立的现象。广南某茶叶农民专业合作社成立于 2008 年 6 月 12 日，社长称现有成员 62 人。实际上，按照名册，除 3 名理事还能联系上外，社员大多已联系不上。我们好不容易找到一名社员，据他介绍，这个合作社实际上就是社长及 3 名理事投资成立的，社员不知道合作社的日常运行，也没有得到合作社的帮助，社员对管理层的意见很大，大多已不再交售产品，都是各干各的，许多社员已退社，合作社已不能正常运转。

成员对合作社生产资料占有的差异，导致合作社成员拥有不同的控制权、管理权。核心成员拥有更多的合作社生产资料，也就拥有更多的管理权，如果再加上管理制度不健全，这样就会使广大的普通成员很难了解合作社具体的生产经营情况，相互猜疑、对立、指责。普通成员开始怀疑自己对合作社的投资是否能保值、增值。这时最好的规避风险的选择就是离开合作社，自己单干，博弈的最终结果是合作社瓦解。

第三章 中国农民专业合作社的制度分析

第一节 中国农民专业合作社的产权制度分析

一、产权分析的两种范式兼对新制度经济学结论的评述

目前，对于合作社产权的研究，学术界主要有两种分析范式：一是马克思主义经济学的产权理论；二是新制度经济学的产权理论。产权研究领域的一部分学者存在误解与偏见，他们盲目崇拜新制度经济学产权理论，无视马克思在产权理论方面取得的巨大成就。现今，新制度经济学已成为国内外学术界对合作社进行产权制度分析的主流方法，但事实上，早在100多年前，马克思就有了系统、科学的产权理论。如佩乔维奇在他的《马克思、产权学派和社会演变过程》一文中，高度评价了马克思及其产权理论，认为"马克思是第一位有产权理论的社会科学家"。[①] 对马克思产权理论所取得的成就，熊彼特也赞扬："是以穿透崎岖、不规则的表层，并以深入历史事物的宏伟逻辑的眼光来领会。"[②]

新制度经济学产权理论的主要代表人物阿尔奇安认为："产权是一个社会所强制实施的选择一种经济品使用的权利。私有产权则是将这种权利分配给一个特定的人，它可以同附着在其他物品上的类似权利相交换。"[③]

---

① 吴易风：《马克思的产权理论与国有企业改革》，《中国社会科学》1995 年第 1 期，第 5 页。
② ［美］熊彼特：《资本主义、社会主义和民主主义》，商务印书馆 1979 年版，第 17 页。
③ ［英］科斯等：《财产权利与制度变迁》，上海三联书店 1994 年版，第 166 页。

在这里，阿尔奇安强调产权是社会强制实施的一种权利，即这种权利是由法律法规明确规定的。诺斯认为产权是法定的，人对物品和服务排他性的占有权利，其本质上是界定人与人之间的物权关系，并且这种关系会依法律规则、组织形式、实施行为等的不同而变化。科斯认为"产权是由排他性的使用资产权、运用资产获得收益权和资源自由转让权组成。这三种权利就构成了产权制度的核心。除此以外，其他权利都是由这三种权利派生"①。科斯把产权看作是由一组权利构成的，能使所有者的资产自由转让并获得相应的收益。

由于解析产权的视角不同，上述经济学家对产权本质的解读并不完全一致，但从他们的表述中还是可以发现共同点：第一，新制度经济学按照主观个体主义方法的逻辑，认为产权关系是个人对财产的一种排他性的占有关系，产权反映的不是人与物的关系，而是用来界定人与人之间的社会关系；第二，产权是一种可以协调人们的行为和处理相互之间关系的社会工具；第三，产权是法权，是由法律明确规定的，是人们社会经济活动的基础性规则；第四，产权是一种权利，而且是一组权利，根据人们的需要，这组权利是可以分解的。新制度经济学产权理论正是从产权所包含的上述基本内涵出发，对人们在社会经济活动中所涉及的各种关系进行分析，并以此建立了一套理论体系。但在研究产权时，新制度经济学割裂了产权产生与发展的历史背景，单纯地就产权谈产权，基于主观（唯心主义）视角，运用交易费用、经济利益（效率）和博弈论等理论讨论产权、解读产权。部分新制度经济学的产权经济学家虽然也认识到产权实际上反映的是人与人之间的物质利益关系，但是他们没有认识到生产资料的所有权对其他权能的决定性作用，没有认识到生产资料的所有权对不同所有者之间物质利益关系、经济关系的根本性决定作用，也没有认识到决定产权关系发展演进的根本原因是生产力，所以他们对产权问题的认识是肤浅的。

研究经济问题时，关键是要透过事物现象揭示其本质，以及与其他事

---

① ［英］科斯等：《财产权利与制度变迁》，上海三联书店 1994 年版，第 167 页。

物的必然联系，并将其置于相关联事物中分析其运动、变化与发展。马克思研究产权问题，正是贯彻了这一哲学原则。马克思首先深入分析了商品市场和劳动力市场上的法权关系，"商品是物，所以不能反抗人，如果它不乐意，人可以使用强力，换句话说，把它拿走。为了使这些物作为商品彼此发生关系，商品监护人必须作为有自己的意志体现在这些物中的人彼此发生关系，因此，一方只有符合另一方的意志，就是说每一方只有通过双方共同一致的意志行为，才能让渡自己的商品，占有别人的商品。可见，他们必须彼此承认对方是私有者。这种具有契约形式的法权关系，是一种反映着经济关系的意志关系"①。这说明经济关系产生意志关系，意志关系产生法权关系，即人们的经济关系是意志关系的基础，意志关系是法权关系的基础。马克思认为产权是人们（主体）围绕或通过财产（客体）而建立和形成的经济权利关系。首先，产权表现为人对物的关系，即一定的主体对物质资料的所有、占有、支配或使用。其次，人们对财产履行一定的职能的同时，必然围绕财产同周围有关的人发生一定关系或者要以一定的社会关系作为前提。可见，马克思研究产权时，并非就产权谈产权，而是从产权与意志关系、法律关系、经济关系、所有制关系的联系中，深入揭示产权的本质。既然产权是所有制，特别是生产资料所有制的法律形态，那么生产资料所有制反映的人与人之间的物质利益关系，也必然会通过产权表现出来，即经济关系（经济基础）决定法权关系（上层建筑）。

　　新制度经济学产权理论将产权视为是一种"天然"的法权，把法律看作是决定产权关系的最重要的因素，重点从法权关系上来研究产权问题，这是颠倒了法律与经济这两者的基本关系，表现出其主观的唯心主义分析方法。在分析农业合作社产权制度产生时，新制度经济学认为这一制度的产生是为降低交易费用而选择的一种制度安排。而马克思产权理论认为，产权关系虽然表现为法权，但法权关系（上层建筑）是由生产过程中的经济关系（经济基础）决定的。一种产权关系或产权制度是不能脱离一定的

---

① 《资本论》第 1 卷，人民出版社 2004 年版，第 103 页。

生产力发展水平的，即产权关系或产权制度的起源、发展源于生产力的发展变化。我们认为，农业合作社产权制度的产生是农业生产力发展的必然，是农业生产关系应对农业生产力发展而进行的适应性变革，这与农业合作社产生的历史逻辑是一致的。[①]

综上所述，新制度经济学有其合理成分，但其以个人主义方法论作为生产经营组织理论研究的基础，理论渗透着唯心史观，把生产经营组织问题置于交换领域中研究，使生产经营组织理论仅限于市场运行层面的解释等问题使其存在一个明显的缺陷，即农民专业合作社是农户服务于自己家庭农业一线生产的一个自治组织，但新制度经济学在分析合作社时并没有把最重要的农业一线生产纳入其分析视野，进行系统研究，这是由于其分析范式造成的（强调市场能实现效率，否定生产力的作用）。[②] 而历史事实是，在农业现代化进程中，合作经济组织作为农业生产一线的服务组织，其产生、发展、演进与变革恰恰就是由农业一线的生产方式决定的。我们可以利用马克思政治经济学理论的基本原理研究改革开放后，中国农民专业合作社的产生、发展及变革。在这一进程中对中国农民专业合作社的产权、管理、分配制度、经济绩效，相关制度环境及其与政府的关系等进行深入的制度分析，以期对其演进、变革给予一个相对全面、合理的制度解说。

二、农民专业合作社产权制度的基本性质

改革开放以来，家庭承包责任制的建立（家庭依然是最有效率的农业

[①]　参见娄锋：《农业合作社产生发展原因辨析——兼对"交易费用起源论"的评述》，《经济研究导刊》2013 年第 5 期，第 47—49 页。

[②]　新制度经济学在分析合作社产生时指出，市场的运行是有成本的，通过形成一个组织，并利用层级制度来支配资源，就能节约某些市场运行成本，合作社就产生了。或者说，如果构建一个层级制度组织，可以"内化"部分市场功能来降低交易费用时，合作社就产生了，可见新制度经济学仅基于市场层面来分析合作社的产生，否定分工协作的作用，否定合作社是基于农业一线生产基础之上为提高经营效率进行分工协作而演化出来的经济组织，自然不会将农业一线生产经营纳入其制度分析视野。详细论述参见：娄锋：《农业合作社产生发展原因辨析——兼对"交易费用起源论"的评述》，《经济研究导刊》2013 年第 5 期，第 47—49 页。

一线生产组织单位),《中华人民共和国物权法》①的颁布,明确了在市场经济中,农户家庭生产资料私有制及其对承包土地(集体所有)经营权的持续占有,明确了农户家庭在农业生产经营中的主体地位。《农民专业合作社法》第二条规定:"农民专业合作社是在农村家庭承包经营基础上,同类农产品的生产经营者或者同类农业生产经营服务的提供者、利用者,自愿联合、民主管理的互助性经济组织。"② 这隐含着:加入合作社的农户一定拥有能够自由支配的资源(起码拥有土地的承包经营权),没有任何生产资料的农户很难成为正式社员。对《社员调查问卷》的统计结果也显示,92.4%的社员指出其所在的合作社对申请加入者是有要求的,86.9%的社员加入合作社均缴纳了股份(现金、土地承包经营权、实物或非实物资产等折价入股)。合作是建立在股金联合的基础之上,这一点与西方农业合作社是相同的。与西方农业合作社不同的是,小农户(生产经营规模小、资源禀赋少、能力低的农户)领头组建的专业合作社很少,仅占被调查合作社的 2.1%。牵头组建合作社者往往是那些拥有一定资金、技术、人力及市场资源,具有一定生产经营规模的生产大户和贩销大户(分为农民贩销户和非农民贩销户。农民贩销户也进行农业一线生产,但主要从事农产品贩销业务。非农民贩销户基本不从事农业一线生产,其与前者的区别是没有自己生产的农产品交售给合作社,即不是合作社的惠顾者,但其以合作社的名义对外交易,是合作社的使用者)。同时,由于

---

① 《中华人民共和国物权法》由中华人民共和国第十届全国人民代表大会第五次会议于 2007 年 3 月 16 日通过,自 2007 年 10 月 1 日起施行。其第一百二十四条规定:"农民集体所有和国家所有由农民集体使用的耕地、林地、草地以及其他用于农业的土地,依法实行土地承包经营制度。"第一百二十六条规定:"耕地的承包期为三十年。草地的承包期为三十年至五十年。林地的承包期为三十年至七十年;特殊林木的林地承包期,经国务院林业行政主管部门批准可以延长。承包期届满,由土地承包经营权人按照国家有关规定继续承包。"明确了农户对集体所有的土地具有持续承包经营的权益。

② 这一定义远比"三位一体"定义要宽泛得多,甚至有点含混不清(例如:"生产经营者或者同类农业生产经营服务的提供者、利用者"具体包含哪些人?自愿按什么原则来联合?),但我们认为这是符合中国现实国情的,因为我国合作社发展时间短,尚在探索阶段,现在就给出一个准确的定义是困难的(西方也同样如此,合作社在发展了很长一段时间都没有一个公认的定义),《农民专业合作社法》所做的努力是一个非常有益的尝试。

《农民专业合作社法》没有说明"生产经营者或者同类农业生产经营服务
的提供者、利用者"具体包含哪些人或经济实体？一些涉农企业（如龙头
企业等）和政府涉农部门（如"七站八所"①、供销社等），基于自身的经
济或政治利益考虑，也会积极牵头创办合作社。对调查问卷分析发现，有
55.58%的合作社全部是由农业一线生产者农户入股，包括农业生产大户、
农民贩销大户（既从事农业一线生产者，也进行农产品贩销）或众多的小
农户等，成员都是农业一线生产者，他们全是合作社的惠顾者，我们将其
称为第一类合作社；44.42%合作社有外来人员（非农业一线生产者）或
外来经济实体（如龙头企业等）入股，这些合作社大多是外来人员或外来
经济实体牵头成立的，调查发现，有20.2%、11.4%、5.3%、3.72%的
合作社是企业、供销社、农技部门及非农民贩销大户（不从事农业一线生
产的贩销大户）发起成立的，余下的3.8%是其他人员，如非农业生产者
等。外来人员和外来经济实体均不是合作社的惠顾者，我们将这类合作社
称为第二类合作社。我国的农民专业合作社不全是单纯的农户联合，有不
少外来者或外来经济实体牵头成立的合作社，那么他们还是合作社吗？
《农民专业合作社法》第二条规定："农民专业合作社是在农村家庭承包经
营基础上，同类农产品的生产经营者或者同类农业生产经营服务的提供
者、利用者，自愿联合、民主管理的互助性经济组织。农民专业合作社以
其成员为主要服务对象，提供农业生产资料的购买，农产品的销售、加
工、运输、贮藏以及与农业生产经营有关的技术、信息等服务。"合作社
法没有规定成员必须是惠顾者，第二类合作社属于《农民专业合作社法》
界定的合作社。

农业生产、贩销大户等具有一定实力的经济实体或非农业生产者牵头
成立合作社的出现是由我国农村地区的现实条件决定的：（1）农业生产中

① 所谓"七站八所"是指县、市、区及上级部门在乡镇的派出机构，由乡镇财政发工资。它们
包括：农业技术推广站、林业站、果树站、水利站、渔技站（在沿海乡镇设立）、农业机械
管理站、经管站和财政所、土地所、粮管所、食品所、农电所、物资所、蚕茧所、畜牧兽医
所，现实中的站与所不一定有这么多。"七站八所"是对乡村社会事务实行条块化、专业化、
计划化和集权化管理的产物。

各经营主体在生产技术与生产资料上存在较大差异。当前农村经济的现状是生产技术、资金、信息等相对稀缺。大多数农户承包的土地规模不大，拥有的生产资料有限。农村剩余劳动力转移迟缓，在人均土地少和土地流转机制尚不健全的情况下，农业收入增长十分有限。普通农户或小农户缺乏资金、技术、社会资源，还缺乏市场经营和管理企业的能力等，无力牵头构建合作社。而拥有生产技术、人力资源、资金、技术、信息及社会资源优势的生产大户、贩销大户、龙头企业等才有能力牵头成立合作社。大量资金或人力、社会资源的拥有者或经济实体就成了合作社的主导力量，他们基于自身利益最大化的目的（通过分工协作，提高生产经营效率，如龙头企业牵头成立合作社以便对供应链上游，即农业一线生产实施加工控制技术，以降低风险和生产成本；当然也有部分牵头者是为了获得政策上的优惠），发起构建合作社。农业技术部门拥有技术和推广优势，村干部拥有一定的行政权力和社会关系等优势有利于他们牵头成立合作社。此外，一些涉农的政府组织或准政府组织及其下属机构也出来牵头成立合作社，他们在农业生产经营领域的某一方面具备一定的优势，成立合作社方便对农户开展技术培训、信息交流、生产资料采购、运销农产品等服务；(2) 从农业现代化发展历程来看，自市场化进程开始以来，我国农村经济发展就呈现出与西方国家不同的路径。西方的通常路径是先合作化（横向一体化），后产业化（纵向一体化），而我国是在推行家庭承包责任制之后，先产业化（纵向一体化）后合作化（横向一体化）。先产业化发展，使得大量涉农企业先期进入农业领域，这样合作社一产生就要与这些发展成熟、实力雄厚的企业进行激烈的市场竞争，为了获得生存空间，合作社成立时不得不依托一些龙头企业、供销社等经济实体，以增强自身实力；(3) 我国农民专业合作社是在农业产业化、商品化多年后才开始规范化建设，一出现就面临着激烈的市场竞争，不得不从"以服务成员"为宗旨转变为"以满足市场需求"为导向，不得不吸收有技术、懂市场、会经营、信息灵、有销售网络的非农业生产者或经济实体参与合作。部分合作社为了吸收非农户或经济实体，只有出让合作社的主要控制权以获得市场竞争中的生存机会。基于上述现实国情，相关部门也给予了认可，《农民专业合作社法》第十四条规定："具有民事行为能力的公民，以及从事与农民专业合作社业务直接有关的生产经营活动的企业、事业单位或者社会团体，能够利用农民专业合作社提供的服务，承认并遵守农民专业合作社章程，履行章程规定的入社手续的，可以成为农民专业合作社的成员。"但第十五条同时又规定："农民专业合作社的成员中，农民至少应当占成员总数的百分之八十。成员总数二十人以下的，可以有一个企业、事业单位或者社会团体成员；成员总数超过二十人的，企业、事业单位和社会团体成员不得超过成员总数的百分之五"，[1] 即限制外来者或经济实体的数量。从社长问卷的调查结果来看，农民成员最少 5 人，最多 135168 人，平均92 人；合作社中农民成员比例最少 1%（一个农贸市场合作社，有农民成员退社），最多占 100%，平均占 96.41%；入伙合作社或牵头成立合作社的企业、事业单位、社会团体最少零个，最多 4 个；非农户成员（自然人）最少为零，最多 37 人。

由于合作社各参与主体投入的生产要素存在较大差距，而相对于股份公司，合作社的产权社会化程度低而不能"承载与匹配"各主体的加入目的与加入方式，[2] 所以就产生了所谓成员异质性问题[3]阻碍合作社的发展。合作社成员异质性主要表现在以下两个方面：（1）成员拥有的生产要素有较大差异。由于大部分小农户成员拥有的资源少，生产经营能力有限，其惠顾额（量）不会很大，收益按惠顾额（量）比例分配的情况下，小农户成员努力投入的全部成果还有可能会被其他成员分享，即小农户的投入与收益可能会不对等，过多的投入对小农户来说并不划算（特别是收益可预

---

① 参见《中华人民共和国农民专业合作社法》。

② 既没有土地，又缺乏资金，但拥有管理才能者要加入合作社，合作社完整的产权中必须分离出管理权权能，否则专业化管理人才难以进入合作社。成员异质问题实际上是各成员拥有的不同生产要素在空间和时间上向合作社集聚造成的，这是符合农业生产社会化内在要求的，这就要求合作社进行产权社会化变革，相应地分离出各项权能，使专业化分工协作得以顺利进行，合作社的生产经营效率得以提高（关于这一问题，后文将详细论述）。

③ 实为成员拥有和投入的生产要素差异造成，但为了不引起误解，与其他文献的称谓一致，这里仍称成员异质性问题。

计的情况下，小农户将完全追求投入成本最小），再加上小农户也无能力投入太多，基于投入成本（风险）-收益比的考虑，小农户往往会成为牵头大户、经济实体的"搭便车"者，因此小农户投入的要素大多很少。拥有资金、技术、人力和社会资源、有一定生产经营规模的生产、贩销大户或者是拥有一定资金、技术实力的龙头企业往往会出来牵头成立合作社，他们牵头成立合作社的最终目的是拓展其利润空间。怎样保住利润，使自己的投入与收益对等，那就是对合作社注入大量生产要素，以控制合作社，从而获得到合作社的剩余索取权以维护自己的利益。所以，生产、贩销大户，龙头企业等牵头者投入的要素往往最多；（2）不同参与主体由于拥有的生产要素不同，导致各主体参与合作社的动机与目的不同。企业拥有资金、加工设备、技术与市场营销能力，牵头成立合作社可以控制农业一线生产，稳定初级农产品来源和控制产品质量，同时还有可能得到财政扶持和税收减免，以降低生产经营成本；生产大户拥有资金和技术上的优势，生产经营规模比较大，通过组建合作社可以批量购入生产资料，获得折扣、折让优惠，降低成本，同时可以控制一定规模的商品供给，提高谈判地位，更有效地抵御市场风险；贩销大户拥有信息、资金和市场营销上的优势，牵头组建合作社可以充分利用自身优势，提高质量标准、增加销售量等；供销社拥有资金、销售网络和社会关系上的优势，领办合作社主要是为自身体制改革寻找出路。为经济利益、服务农民、提高政绩等因素，一些政府基层部门利用自身的资源优势也出来牵头组建合作社。多数小农户基本上没有什么资源优势，所以他们参与合作社的目的就是为了解决自己产品的销路和增加收入，实现价格改进，参与合作社的动机往往是为了"搭便车"。

综上所述，我国的农民专业合作社既有农业劳动者联合形成的第一类合作社，即那些全部由农户（包括农业生产大户、农民贩销户或众多的小农户）入股构建的合作社，相对而言它们更具经典合作社的特征，但同时也有成员投入生产要素差异较大的合作社（多为非农户、企业等经济实体牵头成立的合作社），即第二类合作社。在第二类合作社中，由于各成员在生产要素投入上存在较大差异，导致各成员的入股动机、追求目标等也存在较大差异，从而使得第二类合作社的成员异质性要远强于第一类合作社。

拥有的生产资料不同将决定生产资料所有者在生产过程中扮演的角色。合作社异质的成员大体可以分为惠顾合作社的成员（包括众多的小农户、农业生产大户、农民贩销户等，将合作社作为自我服务、自我管理的经济组织）和非惠顾合作社的成员（供销社、龙头企业、非农户个人等，将合作社作为获得经济利润或政治利益的经济组织）。上述两类成员由于掌握的农业生产资料及生产技术等不同，决定了他们在合作生产经营管理过程中，生产资料结合或耦合的方式不同，分工协作角色也不同，这就导致所谓的合作社成员异质性结构。成员异质性结构决定了成员入股的目的与动机（是劳动的联合还是为利润而来的要素联合），从而决定了合作社产权的基本性质。例如，文山八宝贡米种植专业合作社是由 1 个种粮大户（社长）牵头成立，22 个种粮户（社员）加入的合作社，除社长拥有 113 亩水田外，其余成员拥有 10—57 亩不等的水田，除两台小型机械外，几乎没有什么现代化设备，劳动力富余。面对激烈的市场竞争，他们在家庭生产的基础上进行了分工协作，为社员的家庭一线生产经营提供产、供、销服务，这是建立在家庭生产资料私有制基础上的劳动联合。广南凯鑫惠农八宝米种植专业合作社是由凯鑫公司牵头成立的合作社，公司资金雄厚，技术先进，拥有大型联合收割机（28 台）等设备，并雇佣 41 名有专业技术的工人。在合作中，其与农户生产资料的结合方式是，公司提供资金、技术、工人劳动力和农户提供土地（农户获得土地租金），这是建立在农户家庭生产资料私有制（土地集体所有，承包经营）基础之上的农户与企业的要素联合。

依上述分析，我国农民专业合作社产权制度的基本性质大致可分为以下两大类。

（1）我国农民专业合作社产权制度的基本性质（Ⅰ）

建立在农户家庭生产资料私有制（土地集体所有，承包经营）基础之上的农户劳动联合。

这一性质中的"农户"指的是从事农业生产经营的生产大户、农民贩销户及众多小农户，他们是合作社的惠顾者，同时也是合作社的所有、控制和管理者。基于这一基本性质建立的合作社占被调查合作社的55.58%。农户联合是建立在农户个人私有制基础上的劳动联合。

上述性质有两层含义：第一，农户生产资料属于农户家庭私有，即合作者须拥有或掌握能够自由支配的资源，这是形成合作社的前提。第二，合作者及其拥有并可以自由支配的经济资源在一定程度上具有同一性。首先，合作的主体（即生产大户、农民贩销户及众多小农户均是从事农业一线生产的劳动者）在一定程度上具有同质性；其次，合作者生产经营的对象具有相同性或相似性，如水稻生产大户（核心成员）牵头，众多水稻生产小户（普通成员）加入的合作社，生产经营对象相同。最后，合作要求合作者同时拥有劳动（主要从事农业生产活动）和资金（或实物资产），并按约定将这些资源集中起来加以合理利用。相对于西方经典农业合作社，我国农民专业合作社成员投入的生产资料的同质性要低，例如，课题组调查的安徽省涡阳县农联种植专业合作社、福建省邵武市洪顺养殖专业合作社，农户分别以现金或者农机、土地、库房甚至化肥和农药折价入股，[①] 生产资料的同质性不强，并且生产资料的投入数量存在一定程度的差异，通常核心成员的投入量要远高于普通成员。此外，我国合作社大多不排斥不同质、不同生产资料所有者的入股，这一点与西方经典合作社也不同。

（2）我国农民专业合作社产权制度的基本性质（Ⅱ）

建立在农户家庭生产资料私有制（土地集体所有，承包经营）基础之上的农户与非农户或经济实体（企业，供销社等）的要素联合。

非农户或经济实体是指希望从生产经营中获得利润（剩余价值）的非

---

① 为解决发展合作社资金不足的问题，《农民专业合作社示范章程》第三十八条规定："本社成员可以用货币出资，也可以用库房、加工设备、运输设备、农机具、农产品等实物、技术、知识产权或者其他财产权利作价出资。成员以非货币方式出资的，由全体成员评估作价。"

农户个人或企业等，他们要么加入已成立的合作社，要么直接牵头成立合作社。课题组调研中发现第二种情形要多于第一种情形（原因后述）。第二类合作社就是基于上述基本性质（Ⅱ）建立的，占被调查合作社的44.42%，其实力要强于第一类合作社。

产权制度的基本性质（Ⅱ）具有以下特征：第一，基本性质（Ⅱ）表明合作社产权形成的基础是要素的联合，这与基本性质（Ⅰ）不同，也与西方经典农业合作社以劳动联合为基本产权制度特征的性质不同；第二，非农户或经济实体不是合作社的惠顾者，这与经典的合作制原则要求不同，也与西方经典合作社作为一类农户自我服务、管理的经济组织的性质完全不同；第三，由于成员拥有的资源不同，导致加入或牵头构建合作社的目的不同，产权制度的基本性质（Ⅱ）表现出较强的异质性，这表现在合作者及其生产经营的对象存在较大的差异。首先，合作的主体具有较大异质性。合作社的本质是构建在农户家庭农业生产基础之上，农户民主自治并自我服务的经济组织，它是为农业一线生产经营服务的。合作的主体应全部来自农业一线生产经营的农户。由于中国农业产业化特殊发展路径及合作化内、外部条件的限制，使许多拥有资源优势的非农户或经济实体（如企业等）出来牵头成立合作社。大多数农户拥有的资源较少，品质低，在当前我国农产品市场格局中，往往迫于利益和能力，希望非农户或经济实体加入或牵头组建合作社，结果导致合作社的参与主体具有了较大的异质性。产权制度基本性质（Ⅱ）说明，合作社已偏离了经典合作社产权制度的基本性质。其次，合作者生产经营的对象也具有较强异质性。在合作中，非农户、相关组织与部门或经济实体（如企业等）并不从事农业一线生产，他们大多是从事农产品收购、储藏、加工、销售或供应农资、种子和种苗等，与农业一线农户社员的生产对象有较大差异。

非农户及外部经济实体主导或牵头成立的合作社其实质是非农户或外部经济实体＋农户进行纵向一体化分工协作。专业化社会大生产必然带来专业化风险。如果从事专业化生产的主体在获取专业化经济收益和抵消专业化风险带来的损失之后还有剩余，分工协作的专业化生产就可以进行。

因此农户与非农户或外部经济实体联合从事农业专业化生产决策。合作社需要在专业化和家庭安全之间进行权衡，而家庭生产方式下单个农户往往面临着专业化风险过高，陷入威胁其家庭生计安全的困境。因此，非农户或外部经济实体＋农户这种合作旨在通过提高单个农户的风险规避能力，降低单个农户的专业化风险而使农户获得更多专业化净收益。只要这种净收益大于零，农户就不会退出这种合作。

尽管产权制度的基本性质（Ⅱ）已经偏离了经典合作原则，但我们并不认为这一现象的出现是合作化的"障碍"，甚至是一种"倒退"（见文献综述）。对于这些合作社的价值判断不能基于合作社自身，仅用经典合作制原则教条地判断，应基于农业生产力及农业现代化发展的视角来分析研判。基于农业生产力发展的视角，建立在产权制度基本性质（Ⅱ）基础之上的合作社仍然是农户家庭私有制与农业社会化大生产矛盾的产物，只不过是由于条件的不同，农业社会化大生产对组织制度形成的影响，演化出一条与产权制度的基本性质（Ⅰ）形成机理完全不同的发展路径。前者（Ⅱ）是从农业外向农业生产上游的一体化推进，而（Ⅰ）是在农业内农户横向联合后，再向农业生产下游一体化推进。两者不同方向的一体化推进均是农业生产力发展的内在要求，是农业社会化大生产下分工协作的产物，均能提高农业生产经营效率，实现农业现代化。

基于产权制度（Ⅱ）基础之上形成的第二类合作社已经偏离了经典的合作社性质，还有部分研究者认为这些合作社是中国农业合作化"乱象丛生"的根源，需对这些合作社先规制，后发展。本研究认为既没有这个可能也没有这个必要。西方农业现代化进程中，农业商品化、产业化与合作化几乎同时进行，欲加入合作社的农户分化不严重，生产资料差异不大，资源大体均等且合作文化普及，因而生产资料大体均等，劳动者人人平等，尊重劳动成果是西方农业合作社制度发展演进的逻辑起点，依该起点结合西方农业合作化成功的实践探索，总结出经典合作制原则：农户或惠顾者拥有、民主管理、盈余按交易额返还及股金收益有限。这既符合西方当时的实际情况，又顺应了当时农业生产力发展的内在要求。因此，西方将依据该原则建立的生产经营组织定义为农业（农场主）合作社（如 ICA 所做的工作），但如今，时过境迁，在中国已寻不到西方农业合作社产生的条件。这意味着经典合作制原则不一定适合中国（至今尚未有人证明经典合作制原则在中国是放之四海而皆准的真理）。第二类合作社是在中国现实国情下产生的，符合中国农业生产力发展的现实要求，进而我们不能简单机械地按经典合作制原则或《农民专业合作社法》的要求，先规范后发展，这不可行（可能重蹈人民公社的覆辙）。对第二类合作社的价值研判，应看其是否能让广大农户社员满意（即能否得到广大农户社员的支持），能否提高农业生产力水平并有利于农业现代化的发展，这才是农业合作社存在的价值和意义，不能重教条，轻实效。

三、农民专业合作社产权制度的基本模式

合作行为的产生要有一定的物质基础，即首先是以资金的联合为基础。为了实现这种联合，每一家合作社必须要有入股金（往往形成在工商部门的注册资金）。《农民专业合作社法》第十条规定，设立合作社，应当具备的重要条件之一，就是有符合章程规定的成员出资。第十八条规定，农民专业合作社成员承担下列义务之二：按照章程规定向本社出资。第十二条规定，合作社章程应当载明事项时，也规定必须注明成员的出资方式、出资额等。这种由成员的财产投资（即投入合作社）所形成的合作社的初始入股金，是合作社最初，也是最核心部分的产权制度框架。初始股金有以下特点：（1）合作社明确规定该股金的所有权归其投资者，成员资格终止时可以带走。《农民专业合作社示范章程》（以下简称《示范章程》）第六条规定，本社为每一个成员设立个人账户，主要记载该成员的出资额。同时第十五条规定，成员资格终止的，退还记载在该成员账户内的出资额。《农民专业合作社法》第二十一条也有类似规定，但与西方大多数国家不同的是，《农民专业合作社法》没有规定社员缴纳股金的最低与最高限额，这为合作社产权制度的演化拓展了较大的空间；（2）西方多数农业合作社规定对入股金支付红利，但分红利率一般不超过银行活期利

率。我国《农民专业合作社法》及《示范章程》在这方面没有具体规定，是否支付红利以及利率的高低完全由合作社民主决定；（3）合作社内部施行民主管理，采取"一人一票"制，出资额或交易量大的社员可享有受限附加表决权。《农民专业合作社法》第十七条详细地规定，合作社成员大会选举和表决，实行一人一票制，成员各享有一票的基本表决权。出资额或者与本社交易额（量）较大的成员按照章程规定，可以享有附加表决权。本社的附加表决权总票数，不得超过本社成员基本表决权总票数的百分之二十。享有附加表决权的成员及其享有的附加表决权数，应当在每次成员大会召开时告知出席会议的成员。章程可以限制附加表决权行使的范围。

合作社重视内部治理制度建设，相对细化治理制度安排，而入股金制度却相对模糊，每一个社员是否必须缴纳入股金，入股金的上下限，入股及入股资产的具体形式等均未有明确规定，留给我国合作社入股金制度安排一个较大的拓展空间。为什么西方许多国家都规定社员须缴纳入股金，并规定入股金的最低和最高限额（特别是最高限额），而我国却不规定，这样的法律制度安排可能来自我国理论界一个"根深蒂固"的认识，即合作社既非财产关系，也非分配关系，而是治理关系。这是因为对于合作社而言，所有权与治理是无关的，治理才是最重要的（即通过治理制度安排可以实现民主控制）。现实中的中国农民专业合作社却不是这样。课题组调研时发现，在"一股独大"的合作社中，大股东不要说有20％的表决权，即使仅有1票表决权，其意见在合作社中也是起决定性作用的，因为大股东一旦撤走资金，合作社很有可能就"土崩瓦解"，况且许多成员还要"仰仗"大股东的财力、人力和社会资源等。现实中想通过治理制度安排来实现民主控制是很困难的。还有部分学者认为，在当前的现实国情下，合作社构建、发展的资金极度稀缺，不规定入股金上限是希望资金雄厚的经济实体或个人来牵头成立合作社，合作社发展壮大后，政府再通过法律法规途径进行内部治理规制，并限制股金上限，以实现合作社的民主管理，最后"打造"出真正意义上的合作社。本课题组认为，这种"实现"经典合作社的方法在中国的现实国情下是很难行得通的，资金雄厚的经济实体或个人牵头成立合作社的根本目的是为了利润，因此他们必须通过掌握合作社来控制农产品供应链上游生产，以稳定购销关系，一旦他们不能成为合作社的控制者，必然抽走资金，合作将不复存在。课题组调研中也发现，第二类合作社，即龙头企业、供销社、非农户个人牵头成立的合作社，成员入股金差异极大，占成员 98.27％的一般农户，出资额仅占总股金的 2.19％，而占成员 1.73％的龙头企业、供销社、非农户个人的入股金却高达 97.81％，如此高的入股金比例，一方面是一般农户为规避风险，不愿多出；另一方面是牵头者也不愿意让他们多出，其目的就在于控制合作社，使合作社剩余以有利于自己的方式分配，如果失去这种控制权，他们将会抽走所有投资，合作社将会倒闭。

第一类合作社中，29.2％的农业生产、贩销大户（也是合作社的惠顾者）等牵头者，其出资额占总股金的 58.45％；而占 1.73％的第二类合作社中的牵头者，其出资额占总股金的 97.81％，牵头成员与普通成员入股金的差距，第一类合作社要远小于第二类合作社。由于第一类合作社的社员也是合作社惠顾者，受"囚徒困境"的影响（尽量规避风险与降低成本，实现个人收益最大化），社员缴纳股金呈现"随大流"、股金"扎堆"的现象，特别是"扎堆"在最低入股金附近，如广南县康祥蔬菜种植专业合作社，除社长出资 15 万元，8 位理事每人 10 万元，127 位普通社员的股金"扎堆"在 5 万元—8 万元之间，其中出资 5 万元（最低入门股金）的社员最多，有 84 人。

由于牵头成员与普通成员所拥有的资源存在较大差异，导致合作社在产生过程中，其产权制度的基本性质发生分化，形成两类基本性质完全不同的产权制度基础，与合作社入股金的法律制度安排相结合，就形成了两类完全不同的产权制度基本模式。

（一）源于基本性质（Ⅰ）的产权制度基本模式（Ⅰ—1）

建立在农户家庭生产资料私有制（土地集体所有，承包经营）基础之上的农户个人在一定范围内资源有限差异的个人所有。

产权制度基本模式（Ⅰ-1）建立在劳动联合的基础之上，在这一点上与西方传统合作社的产权制度基本模式相似。模式中"农户"指的是从事农业生产经营的生产大户、农民贩销大户以及众多小农户等，他们全部是合作社的惠顾者，同时也是合作社的所有者和管理者。"在一定范围内"是指在合作社股权（或财产）范围内。合作社成员之间，特别是牵头者们形成的核心社员与众多的普通社员之间的股金差异，在小农户牵头成立的合作社中最小，其次是生产大户、农民贩销大户（他们也是合作社的惠顾者）等牵头成立的合作社，股金差异最大的是中间批发商或龙头企业等经济实体牵头成立的合作社。这里的"有限差异"是指前两类合作社相对于最后一类合作社，成员间的股金差异是有限的、相对较小的。个人所有指各成员（惠顾者）对自己投入的股金或资产拥有所有权，但出让了占有、管理、使用等权利。《农民专业合作社法》第四条规定，农民专业合作社对成员的出资，……享有占有、使用和处分的权利。这里使用的是"占有"，表明成员出资归出资者所有，最终表现为成员退出合作社时可以带走自己的出资。

（二）源于基本性质（Ⅱ）的产权制度基本模式（Ⅱ-1）

建立在农户家庭生产资料私有制（土地集体所有，承包经营）基础之上的农户与非农户（如中间批发商等）或经济实体（企业、供销社等）在一定范围内资源差异较大的个体所有。

产权制度基本模式（Ⅱ-1）完全建立在要素联合的基础之上，与西方传统合作社的产权制度基本模式大相径庭。非农户或经济实体（龙头企业，供销社等）不是合作社的惠顾者，他们大多为利润或政治目的而加入或牵头成立合作社。加入或牵头成立合作社的非农户或经济实体为了控制合作社往往投入较大股金（有的甚至会限制其他成员增加股金），因而对合作社股金投入这一部分资源的个体所有存在较大差异。同样，个体所有指各成员对自己投入的股金或资产拥有所有权，但出让了管理、使用等权利。

两类合作社的股金集中起来就构成了合作社生产经营活动的基础，它们或被用来为成员集中购买生产资料，或者用来提高、完善生产技术和促销产品等，并由此使广大成员得到合作收益（合作收益可能是出售社员自己劳动成果的收益，也可能是入股的股金、土地、房屋、农机等要素的收益，甚至可能是社员出卖劳动力的工资）。因此，促成这个基础并由此体现的产权制度，就成为我国农民专业合作社的核心产权制度。对此，我们称之为股金制度，前者称为股金制度（Ⅰ），后者称为股金制度（Ⅱ）。后面将要论述的合作社产权制度和管理、分配等制度，就是以此为基础展开的。

从合作社股金制度可以看出，合作社是以大部分成员提供差额不等的股金作为合作社产生的先决条件。但是，在激烈的市场竞争中，合作社要生存、发展，要不断提高实力，不能仅仅靠成员的股金投入。股金的集聚使合作社能够建立，但不能保证让合作社正常运行下去。因此，筹措资金支撑合作社的发展是合作社生产经营首先要解决的问题。资金筹措有内、外两个渠道。与股份制公司相比，合作社向金融机构贷款较难。社长问卷调查表明，仅有22.7%的合作社以自身的名义贷过款，其余合作社资金不足时大多是以个人（生产、贩销大户以房产证、林权证或实物资产抵押）的名义贷款，或是以经济实体（牵头成立合作社的龙头企业、供销社等）的名义贷款，以增加自己在合作社中的股本。因为贷款机构往往认为没有足够的信息进行评估（如不能通过股票市场对合作社的资产市值进行评价等），同时由于农业生产经营领域的比较利益偏低，许多贷款机构不愿投资农业领域。因此，合作社比较关注内部融资。我国合作社内也有社员对合作社直接投资，如现金购买普通股，形成社员对合作社的股权。课题组在对社员的调查中发现，有34.86%的被访社员承认除入股金外，他们对合作社进行过两次及两次以上的股本投资。

与西方农业合作社内部融资相类似，我国农民专业合作社也有内部融资。（1）直接投资。即社员用实物等资产折价入股或用现金购买普通股、股金缴纳后，大多发放普通股股权证并将其增投的股金数登记在其合作社的股本户头上。直接投资为成员是否认同合作社，成员对该合作社未来发展的预期提供了一种重要的测试手段。当合作社要扩大再生产时，直接向社员筹资能迅速确定社员是否真诚地支持合作社发展，同时直接投资保证合作社具有适度的资金水平以实现其生产经营的收益最大化。在调研中我们也发现，直接投资是我国合作社使用最多的内部融资方法，合作社往往会根据成员的交易额（量）来决定投资的多少，但是这一方法对老社员缺乏吸引力，因为合作社资金投资报酬有限，直接投资只能带来有限的收益（有时甚至没有），再增加投资就意味着机会成本更大，特别是这种投资所带来的规模经济、价格改进等收益不能弥补股金利息损失时，老社员就会反对；（2）收益留成是西方合作社使用得最多的增加成员股本的方法。①
这种方法最大的好处是使社员的股本与其对合作社的惠顾（合作社对其提
供的服务）大体成正比，即多受益多留成（投入）。同时，收益留成也能
用来吸引非社员惠顾者成为合作社正式成员，因为他们可以使用收益留成
来购买社员资格股。但这一方法在我国合作社中使用得不多，一是由于合
作社大多实力弱，缺少产品深加工能力，合作社收益很少，难以进行惠顾
返还，无论是社员还是非社员，合作社往往只与其进行一次性交易；二是
大多数普通社员的目的主要是拓展市场和价格改进，能够弥补成本并稍有

---

① 收益留成，还有后面将要提到的单位资金预留、循环资金融资和基本资金计划等制度设计均
　来自西方，是西方农业合作社在生产经营实践中创造的一种实现"权、责、利"关系一致动
　态调整的制度安排。收益留成（Retained earnings）是指财务年度结束时，合作社将收益按社
　员与合作社的交易额比例返还给社员（即按惠顾额返还收益），具体的分配方案由理事会
　（或董事会）草拟并提交成员大会审议批准后执行。大多数合作社至少有 20% 的收益以现金
　的形式返还，还有部分合作社会根据合作社发展的情况将收益全部或部分转增社员的股本，
　转为社员股本的部分即形成社员对合作社的所有权，余下的部分可转为社员的债权或合作社
　的待分配收益；单位资金预留（Reserved unit fund）是指合作社在销售结束后，从销售收入
　中按一定比例（社员大会民主讨论决定）扣留一部分收益。同收益留成相同，这部分收益也
　有四种分配方法，转增社员股本、社员债权、现金发放或转入待分配收益。如果是转增社员
　股本或社员债权，往往再将这部分收益按每个社员与合作社的交易额（量）比例，转增为每
　个社员对合作社的股本投资或债权投资。合作社要有剩余才能进行惠顾返还，而社员只要与
　合作社进行交易就能实现资金预留。因此，不论合作社是否盈余，通过资金预留合作社均
　可获得足够的投资以支持其发展。在欧美，收益留成与单位资金预留的纳税结果不一样，所
　以这两种方法被广泛应用。循环资金融资（Revolving Fund Method of Financing）就是要让合
　作社现有的使用者为合作社提供权益股金（含普通股和证券）。为了达到这个目的，合作社
　会将先前发行的或是已经死亡的成员股份赎回，然后再发行新的成员份额。这样，每年通过
　发行新股票（普通权）或证券，同时赎回旧股票，合作社就可以保证由大多数当前合作社使
　用者对合作社提供权益资金。基本资金计划（Basic Fund Plan）是对循环资金融资方式略微
　加以改进。合作社要求其成员按照与合作社的交易额投资合作社，使其在合作社的股本金与
　其交易额成正比（即使社员在与合作社的交易活动中权、责、利关系对等）。每一年，董事
　会都会判断一下当年合作社的股本需求量，以及每位成员根据其实际交易量应投资合作社的
　份额，然后再与当前每位成员的实际股本金相比较，多退少补，最终使得每一位成员投资的
　股本金都与其和合作社的交易量成正比。投资额过高的成员将会被返还一部分股本，投资少
　的要求补足股份。参见：The Cooperatives of United States. U. S. Rural Business-Cooperative
　Service Report, 2007. p. 217；A. Baker, Orlen Grunewald, William. D. Gorman. Introduction
　to Food and Agribusiness Management. Published by TSINGHUA UNIVERSITY PRESS, 2005.
　p120；ohn J. VanSickle and George W. Ladd. A Model of Cooperative Finance. American Journal of
　Agricultural Economics, Vol. 65, No. 2, （May, 1983）. pp. 273-281；USDA. Cooperative
　Equity Redemption. Research Report 220，June 2010. pp. 1-2.

盈余就满足了，不追求二次返还，也就谈不上收益留成。此外，由于收益留成与净收益有关，会随着合作社的市场经营情况而变化，当合作社急需资金，而该年度只有较少的净收益时，该方法显然就行不通；（3）单位资金预留，即合作社帮助成员销售产品结束后，从应付给成员的销售收入中，按成员的交易量（额）的一定比例，如2％或5％，留下一部分收入作为该成员对合作社的投资。这种方法不受合作社净收益水平的影响，股本来源比收益留成更加稳定，不需要社员直接的现金支出，是一种简单、系统的增加股本的方法。单位资金预留在西方合作社中运作起来并不顺利，因为这相当于是提高了采购或服务价格。单位资金预留相当于合作社对成员产品的收购价格下降，成员可能认为合作社缺乏价格竞争力而放弃惠顾该合作社。这一方法在国内更少见，其往往被视为是"截留"成员的产品销售收入。广东省阳东县大沟镇顺风农副产品产业合作社社长说："只有拿到手里，放到兜里，农户才会放心、踏实，才会认可合作社"。认同度不高，心理上不易接受，同时国家又没有税收政策上的支持，国内农户大多不接受单位资金预留；（4）未分配收益是指那些没有分配给任何成员、惠顾者以及其他个人账户的净收益保留，也是一种股份积累的方法。这些收益来源于三个方向：一是来源于非经营性收益（合作社财产所产生的利息等）；二是来源于税费优惠等返还；三是非社员惠顾留下的盈利。合作社可以与非社员、其他合作社或非合作社组织开展业务，由此产生的盈利作为合作社的未分配收益。未分配收益可弥补以前年度的亏损，并可提升合作社的实力与竞争力，拓展盈利空间。

上述方法是合作社股本"只进不出"的方法，当社员与合作社的交易下降或有社员要退出合作社时，如何减少其股本，使其接受合作社的服务或者说与合作社交易额（量）的比重与其股本占总股金的比重一致，西方农业合作社是通过循环资金融资和基本资金计划来实现。国内合作社也有类似的方法，如云龙县宝丰胜得种植专业合作社设计了"社员交易记录表"与"股金调节表"。社员与合作社签订合同，合作社推销成员产品后将所得收入按合同价返还给成员，剩余的按交易比例记入成员各自的户头，收益好时可以发放现金，即有二次返还。当社员与合作社的交易比例下降时在"社员交易记录表"中就会反映出来，"股金调节表"就会在年底做相应调整，让该社员领走其户头上多余的现金。但更多的合作社没有循环资金融资和基本资金计划，也没有类似的调节手段。一是《农民专业合作社法》及《示范章程》均未有涉及这方面的规定，更重要的是在实践中，社员与合作社交易所产生的收益，几乎一次全部返还给社员，按社员交易比例划归其个人户头上的不多，交易量下降或不交易时，成员一般会离开合作社，撤走自己户头中的股本；二是实践中，循环资金融资和基本资金计划操作起来有一定的技术难度，社长及理事会均觉得不易掌握，实践中的合作社大多采用更简单易行的方法。如四川省梓潼县凤凰山桔梗专业合作社，社员入社时每人交 2000 元的入股金（作为保证金，对合作社的一种承诺）。交易时，根据交易量收取手续费（根据生产经营成本等确定），合作社推销成员产品后按交易量比例将货款全部返还给成员，没有二次返利，多交易多交手续费，不需循环资金融资或基本资金计划。总体上，在课题组调查的合作社中，绝大多数合作社均认为成员交易额（量）比例应与其股本比例保持一致，只是应用何种方法实现目标要具体情况具体分析，因地制宜才会有好的效果。

综上所述，社员的入社股金和股本投资形成了社员对合作社的产权。两类产权制度基础与入社股金制度和股本投资形式相结合就形成两类产权制度模式。

（三）农业合作社产权制度基本模式（Ⅰ－2）

建立在农户家庭生产资料私有制（土地集体所有，承包经营）基础之上，通过股金制度（Ⅰ）联合起来的劳动者对劳动的个人所有（按份共有）。

其中：按份共有中的"份"是指农户与合作社的交易额占合作社总交易额的比例，入股金及交易收益记录在成员的合作社账户户头中。

合作社基本产权制度模式（Ⅰ－2）可以从合作社生产经营的各个阶段的经验资料中得以证明，换言之，由农业生产者组成的合作社中，有关劳动成果的分配以及再分配制度等，都是基于这个模式发展出来的。

非农户、企业或供销社等（往往是第一大股东）牵头成立的合作社是以要素联合的方式构建产权关系，他们成立或加入合作社的目的不是为了实现劳动价值，而是为了利润。处于合作或"被"合作地位的大多数小农户要么向合作社提供土地、房屋甚至劳动力等生产要素，要么按合同要求向合作社（实际上是企业或供销社等经济实体）交售产品，他们之间的经济关系有的类似公司＋农户的契约关系，也有的类似合伙制企业甚至股份公司中的大、小股东间的合作关系。由于绝大多数小股东（农户）在合作社中的地位低，大多数小股东不会增加自己的股本。需要增加投资时，这类合作社的牵头者（非农户个人、企业或供销社等经济实体）多以自己的名义融资。

（四）农业合作社产权制度基本模式（Ⅱ－2）

建立在农户家庭生产资料私有制（土地集体所有，承包经营）基础之上，通过股金制度（Ⅱ）联合起来的要素所有者对投资的个人所有（按股所有并以此获取剩余价值或租金）＋劳动者对工资的个人所有。

上述产权制度基本模式可以分为两个部分：建立在农户家庭生产资料私有制（土地集体所有，承包经营）基础之上，通过股金制度（Ⅱ）联合起来的要素所有者对投资的个人所有（按股所有并以此获取剩余价值或租金）和劳动者对工资的个人所有。前一部分农户是仅以生产要素（如土地）与牵头者进行生产资料联合，构建合作社并外聘农业工人。农户与牵头者之间是资本合作关系，共同获得农业雇佣工人的剩余价值。由于在部分合作社中，农户除向牵头者个人或企业提供土地要素外（获得租金），有的还提供劳动力（牵头者或企业向其支付工资），同时合作社可能还有外聘工人，这一情形在后一部分中反映，即劳动者（社员及外聘工人）对其工资的个人所有。

产权制度基本模式（Ⅰ－2）的产生，从主观上看是农业生产或贩销大户为了获得规模经济，实现价格改进而将分散、弱小的农户联合起来，在股金制度（Ⅰ）的基础上构建合作社。从客观上看，这一行为改善了分散、弱小社员的农产品交换条件，直接销售农产品和供应各种农业生产资料，抵御工商业资本的入侵，实现社员的价格改进。社员进入市场与未加入合作社的农户将有本质的不同，社员不再以个体生产经营的形式进入市场，而是以联合生产经营的形式进入市场。

产权制度基本模式（II－2）的产生，从主观上看是非农户、龙头企业或供销社等控制供应链上游生产，扩大生产经营规模、稳定购销关系，获得利润或政治利益。从客观上看，非农户、龙头企业或供销社等牵头者与农户的生产要素在时间与空间上集聚，非农户、龙头企业或供销社等牵头者出资金、技术、设备等要素，农户出土地或劳动力等要素，资源优化配置并进行广泛的社会化分工协作，大大提高了生产经营效率。如富宁宏达油茶种植专业合作社是由富宁宏达有限责任公司牵头成立。公司投入1500万元，政府补助120万元，进行油茶产品的开发及市场开拓。先后租赁农户土地1752亩，涉及农户462户。当地农户有世代种植油茶的传统，但受限于技术及资金，油茶产量及质量均不高，土地大多用来种粮食，辛苦一年，每亩土地的年纯收入仅在800元左右。与公司合作后，每亩土地的租金是2000元/年，农户大多到广西、广东打工，平均每人每月收入3000—4000元，留下的老、弱、妇孺还可在出租的土地上劳动，公司支付每人每天30元。公司拥有资金、技术优势，并已购入先进生产线，已注册品牌并获得绿色认证。租赁土地实现了规模经营，资源优化配置的结果是大大提高了生产效率，农户也获得了实惠，分工协作后，其劳动生产率也得到了提高。

上述两种联合生产经营是怎样形成的？显然，它首先是农业生产力发展的内在要求（提高了生产经营效率，也提高了各自的收益）。但是，如果没有实现资源的优化配置并达到一定规模的生产经营条件，这种联合生产经营是不能成为现实的。因此，从根本上说，上述两类产权模式均是以在合作社范围内集中起来的规模生产经营为基础的，而这一基础，又是前面已经揭示的两类股金制度作用的结果。正是以这种特定含义的规模生产经营条件为基础，联合生产经营才能扬弃农户"单门独户"小生产条件下生产经营的独立性（即出让其生产资料的部分使用权、管理权等），并最终使农业生产力发展要求由可能变为现实。

与西方相似，我国合作社除内部融资外，还向外部融资。课题组调查显示，有 22.72％的合作社以自身的名义贷过款，其中向信用社贷款的占 14.85％，向商业银行贷款的占 5.67％，余下的是向其他对象贷款。认为从信用社和商业银行贷款不困难、困难、很困难的比重分别为：18.2％、35.3％和 46.5％，即 81.8％的社长认为从信用社和商业银行贷款很不容易。由于合作社特殊的产权结构使其股票不能上市流通，贷款机构无法判断其市场价值，再加上合作社从事的农业生产具有周期长、风险大等特点，使得合作社对外融资困难。相对于现代股份公司，合作社融资要困难，在一定程度上需要政府或热心于合作事业的企、事业单位和个人的支持。依当前的现实国情，对合作社的支持主要来自政府，我国国家财政以及部分省、市、县的扶持资金。如浙江省省级财政自 2001 年起每年安排一定资金用于扶持合作社的发展。2007 年《农民专业合作社法》颁布实施后，不少省、市、县也相应安排了扶持资金，这些资金有力地促进了该地区合作社的发展。《示范章程》第四十五条规定，本社接受的国家财政直接补助和他人捐赠，均按本章程规定的方法确定入账金额，作为本社的资金（产），按照规定用途和捐赠者意愿用于本社的发展。在解散、破产清算时，由国家财政直接补助形成的财产，不得作为可分配剩余资产分配给成员，处置办法由国务院规定。显然国家财政直接补助和他人捐赠（依捐赠意愿）将会形成合作社集体共同管理、经营的财产，这不是合作社共同共有财产，而是共同共管财产，财政直接补助形成的财产所有权归国家，但是这在一定程度上形成利益"纽带"，连接成员间的共同利益，以缓解"合作社悖论"①对合作社发展的困扰，同时在一定程度上避免"融资抑制问题"，提高合作社的风险抵御能力和可持续发展能力。

与西方合作社类似，我国合作社也提取公积金和公益金。《农民专业合作社法》第三十五条规定，农民专业合作社可以按照章程规定从当年盈余中提取公积金和公益金。《示范章程》第四十三条规定，本社从当年盈余中提取一定比例（比例由合作社民主决定）的公积金，用于扩大生产经营、弥补亏损或者转为成员出资。"《示范章程》第四十四条规定，本社从当年盈余中提取一定比例的公益金，用于成员的技术培训、合作社知识教育以及文化、福利事业和生活上的互助互济。《农民专业合作社法》第三十五条最后规定，每年提取的公积金按照章程规定量化为每个成员的份额。可见，我国的公积金可用于增加成员按份共有的股本。当然，调查中我们也发现有的合作社章程中规定提取的公积金是不可分割的，这将会形成合作社的共同共有财产。公益金是具有特殊用途的专项资金，由合作社集体拥有，民主决定其如何提取与支配。

此外，课题组调研中还发现，有许多合作社将股份出售给与该合作社存在利益关系的企业、个人，甚至其他合作社。如富宁红都油茶种植专业合作社将其股份出售给广西百色市的一家油茶加工企业，以获得管理与技术支持，实现一体化经营和规模经营；云南省武定县高桥正朝烟草种植专业合作社将其部分股份出售给烟草站的技术人员，以获得技术支持。重庆市益保西瓜专业合作社将合作社部分股份出售给当地农技站的技术人员，也是为了获得技术支持。此外，我们还发现有部分合作社会将其股份低价出售，甚至"白送"给当地政府官员、行政部门领导，以换取官员、领导在政策及资金上的"关照"，这种寻租行为也使得这些官员、领导成了合

---

① "合作社悖论"的困扰是指现实中的合作社实际上是由两个经济利益体组成：一是农户家庭，二是农户组成的合作社。农户为了解决"小生产与大市场"的矛盾，获得集体行动的好处，就要多投资合作社，提升合作社实力为自己提供更多更好的服务，而多投资合作社意味着降低自己家庭生产的投资。实践中，多数合作社成员更关注自己的家庭生产，如有共同共管（有）财产，成员之间有了利益"纽带"，会吸引更多的成员关注合作社的发展，能在一定程度上解决"合作社悖论"的问题。

作社"颇具影响力"外来的股东。

　　综上所述，社员的入社股金、股本投资以及外来成员投资形成了社员及外来成员对合作社的产权。两类产权制度基础与入社股金制度和内外股本投资形式相结合就形成两类产权制度模式。

　　（五）合作社产权制度基本模式（Ⅰ—3）

　　建立在农户家庭生产资料私有制（土地集体所有，承包经营）基础之上，通过股金制度（Ⅰ）、公积金与公益金制度联合起来的劳动者对劳动的个人所有（按份共有）和集体所有（共同共有）＋国家所有＋外来投资者（包含政府部门相关人员）所有。

　　这时需要注意：第一，社员的集体所有与集体所有制企业的成员集体所有是不同的，前者是建立在生产资料私有制基础之上，后者是建立在生产资料集体所有制（公有制）基础之上；第二，我国《农民专业合作社法》中的公积金、公益金制度安排，已放弃了罗虚戴尔以及ICA的95原则要求"创立不可分割的共有财产"的思想。与许多西方国家《农民专业合作社法》严格要求按比例提取公共的公积金、公益金不同，我国《农民专业合作社法》及《示范章程》的制度安排是希望最大限度地降低共有财产，在理论上有库克（1995）对合作社公共所有权问题的著名论述，国内外许多学者也有类似表述。实践上有人民公社失败的教训，国内许多研究者担心合作社被"过度使用"，出现"公地的悲剧"，或者合作社少数大股东利用公积金、公益金制度侵害多数小股东利益，支持将所有财产划分到个人。我们认为对该问题还是应具体问题具体分析，应留给合作社民主决定。国内外许多合作社拥有共同共有财产，但并未被公共所有权问题困扰，而且运行得很好。在实地调查中我们也发现，拥有公共财产并不必然导致公共所有权问题，这与合作社的内部治理有很大的关系，即关键在于合作社内部民主管理制度是否健全、完善。

　　（六）合作社产权制度基本模式（Ⅱ—3）

　　建立在农户家庭生产资料私有制（土地集体所有，承包经营）基础之上，通过股金制度（Ⅱ）、公积金与公益金制度联合起来的要素所有者对投资的个人所有（按股所有并以此获取剩余价值或租金）＋劳动者对工资的个人所有＋集体所有（共同共有）＋国家所有＋外来投资者（包含政府部门相关人员）所有。

在上述模式中：第一，该类合作社的集体所有同样与集体所有制企业的成员集体所有是不同的，前者的主体是按股所有（私有制），是建立在按股所有基础之上的集体所有（共同共有），与后者有本质的不同。第二，集体所有（共同共有）财产在该类合作社中极少，非农户或企业等经济实体牵头构建或控制的合作社，其目的是为了各自的利润，大多不会提取或积累集体所有（共同共有）财产，在课题组调查中仅有11家该类合作社有集体所有（共同共有）财产，不到总数的3%。

四、农民专业合作社产权制度基本模式演进的原因

农业合作社产权制度的分析，实质上是从所有者权益构成的角度对合作社内部资源的所属关系的分析。从生产力的角度看，任何经济组织都是基于一定的生产技术对若干种投入要素进行组合、处理、加工、生产出产品。从生产关系的角度看，每一种要素都有其所有者，因此，经济组织的生产必然导致各要素所有者之间形成某种经济关系，这种经济关系的不同造成了各种经济组织的质性差异。这就意味着，经济关系的变化将会造成经济组织性质的改变。从单个农户私有制的自我封闭、自给自足生产模式到建立在家庭生产资料私有制基础之上的劳动或要素联合，两类合作社产生，基于各自不同的股金制度，最终分别演进到产权模式（Ⅰ-3）或（Ⅱ-3）的经济联合体，各主体之间的经济关系发生了一系列的变化，如由个人或经济实体私有制一直演进到产权模式（Ⅰ-3）或（Ⅱ-3），最终体现出农业横向或纵向一体化生产经济联合体的本质规定性。那么这种变化的本质是什么？为什么会发生这样的变化？我们认为这种变化本质是合作社组织的产权社会化，而驱动合作社组织产权社会化的根本原因是农业生产的社会化。

何谓产权社会化？马克思曾论述道："要是不把这些有限的生产资料

变为社会的生产资料，即只能由一批人共同使用的生产资料，就不能把它们变成强大的生产力。"[1] 随着生产社会化的发展，"新的生产力已经超过了这种生产力的资产阶级利用形式，使社会的生产和资本主义占有的不相容性这一基本矛盾，也愈加鲜明地表现出来"。[2] 这就迫使资产阶级对资本主义产权关系的实现形式做社会化的调整，"使大量生产资料不得不采取我们在股份公司所遇见的那种社会化形式"。[3] 虽然这并不能从根本上解决资本主义的基本矛盾，"但是它包含着解决冲突的形式上的手段，解决冲突的线索"[4]，那就是私有制向公有制的变革。这里马克思从资本主义所有制的变迁来论述了所有制的实现形式——产权关系的变化，即产权的私人性向社会性转化，是一个必然趋势和过程。可见，产权社会化是指为适应生产社会化的内在要求，私人产权全部或部分分裂、分化和重组，分裂、分化和重组后的权能被社会范围内越来越多的成员按社会认可的方式获得、交易并受益的过程。[5] 进而，合作社产权社会化是指为适应农业生产社会化的内在要求（或者说在农业生产社会化的驱动下），农户的私人产权全部或部分分裂、分化和重组，分裂、分化和重组后的权能被社会范围内越来越多的成员按社会认可的方式获得、交易并受益的过程。这里，"社会化"包含：（1）农户必须拿出一部分资产投入合作社，否则合作社不会形成，这样这部分资产由农户私人的变成集体的、多数人共同共有或按份共有（"份"指的是各社员拥有的、其户头的股本，股本的终极所有权归社员，但管理与经营权归集体）；（2）人们依据各自的分工协作关系，获得不同的产权权能并行使相应的职能。因此，产权社会化的内涵主要有以下两个方面：第一，产权的所有或所属关系社会化。即生产社会化的客观要求，生产资料在空间和时间上的聚集，进行专业化分工协作、

---

[1]　《马克思恩格斯选集》第 3 卷，人民出版社 1972 年版，第 43 页。

[2]　《马克思恩格斯选集》第 3 卷，人民出版社 1972 年版，第 753 页。

[3]　《马克思恩格斯选集》第 3 卷，人民出版社 1972 年版，第 760 页。

[4]　《马克思恩格斯全集》第 46 卷，人民出版社 1979 年版，第 108 页。

[5]　娄锋：《试析生产社会化与产权社会化及其实现形式》，《学习与探索》2008 年第 5 期，第 137 页。

规模化经营，以提高生产效率。这内在地要求完整的私人个体产权在所属关系上突破原来的私有性，完整的私人产权分裂、分化出各项权能。各项权能可以通过社会认同的方式（如合作制等）转为其他主体所有（按份所有或共同共有）；第二，产权的行使不再由某一固定的主体来完成，即产权的"行使社会化"。完整的产权分裂、分化为各项权能后，这些权能由更多的成员按既定的生产方式，通过分工协作的职能安排来行使，具体的行使者可能是全体成员选举出来的委托代理人（如合作社理事会、监事会等）、经理或者是外部的社会化机构。这样，产权的各项权能由合作社内、外部专业人员或机构来行使，这种权能的社会化行使将会受到更多的社会化制约，但产权主体的生产力水平将得到进一步提升，生产经营效率将会大大提高。

在两类农业合作社产生、发展演进中，产权的私人性逐步向社会性转化。首先，这种过程和趋势表现为农户家庭私有制在自身性质所允许的范围内对产权关系进行了社会化调整，这个调整过程表现出私有制自我否定、逐步扬弃的性质，但这种否定与扬弃不会动摇家庭财产私有制与家庭承包经营的基础地位；其次，农户家庭（或与各经济实体）的财产集中到合作社，形成合作社财产后，意味着各成员财产的产权"突破了纯私人性"与个体性（或独有性），随着合作社财产的形成与发展，合作社财产产权将会发生一系列分裂与分化，使得合作社财产产权的控制和行使由具有相应技术、资源的成员，甚至由分散的外部多元化主体来完成，以实现专业化分工协作，不断提高合作社的生产经营效率。在这一进程中，合作社财产产权逐步具有了开放性、共有性等特征，这样突破自给自足生产关系限制的人们，在广泛而密切地农业生产经营活动中，不同个人（或与个体）聚合起来的私有产权经过一系列的分裂、分化，并发生重组合并，依次出现"按份共有"和"共同共有"财产，并以最终的产权模式占有生产资料、共同支配、控制、管理和经营合作社财产并分享收益，这就使得财产产权关系的社会性不断深化发展。在产权模式1中，合作社财产划归成员名下；在产权模式2中，合作社出现的"按份共有"财产，即成员除狭义所有权外，出让了自己财产的部分甚至全部管理权、经营权、使用权等权能归合作社集体所有；到了产权模式3，出现了不归任何个人所有，只归合作社集体所有的"共同共有"财产，即所有成员拥有了共有财产，可见产权模式的演进表明由私有制向公有制演变的过程，也是使产权关系的社会性获得发展的过程。合作社产权社会化就给予了每个人（或经济实体）以合作社认可的方式拥有、行使合作社财产的各项产权权能的机会，更多的社会成员、经济组织或机构都可以通过既定程序来拥有和行使合作社的产权。最终，合作社产权的拥有和行使在私有制允许的范围内从私人性权利逐步演化为社会性权利。①

合作社的财产产权社会化后出现以下情形：（1）财产产权分化。财产产权分裂与分化，即从广义的所有权中分裂、分化出合作社狭义所有权（社员行使，表现为退社时可以抽回股金）、经营权或使用权（理事会、合作社聘请的经理或雇员来行使）等各项权能，分裂、分化后的各项权能都可以由分工协作的人们按合作社认可的方式来拥有和行使；（2）财产产权主体多元化，即合作社财产产权分裂、分化后，产权的拥有和行使主体的范围扩大，并且可以是分散的、多元的，因为同一财产产权分裂、分化出的各项权能可被不同的主体所拥有和行使。如入股财产在所有权上依然归社员"按份"拥有（表现为社员离开合作社时可以带走自己的入股财产），而控制权与管理权的行使则归社员代表大会；（3）财产产权开放化。由于产权拥有和行使的主体多元化，产权改变了原有封闭的私人性质（即家庭农场主完全拥有），不再是某个主体专有的权利（欲加入合作社者均能以合作社认可的方式获得这些权利），合作社产权的拥有和行使具有了开放性；（4）财产产权流动化，即产权甚至产权分裂、分化后的各项权能都可以在一定范围内，在不同主体之间自由流转；（5）财产产权商品化，由于产权开放、流动，产权成为商品，可以在一定范围内交易，如部分专业合作社的股权可以在成员间交易，甚至有部分合作社的股权卖给了生产链上

---

① 娄锋、杨文安：《生产与产权的社会化及其实现形式》，《云南民族大学学报（哲学社会科学版）》2008年第5期，第92页。

的合作伙伴（多为农产品加工企业）；（6）财产产权收益社会化，即产权的收益不再完全由单个私人分享。产权社会化为每一个社会成员或经济实体提供了能参与合作社财富分配和分享的制度安排和条件。产权社会化使得社会财富的产权对社会上的每个成员或经济实体都是开放的，他们可依据自身的条件拥有和行使合作社产权的一项或多项权能，并以此获得相应的收益，即合作社的收益分配也逐步社会化了。

五、农业生产社会化是推动合作社产权社会化的根本原因[①]

什么是生产社会化？根据马克思的论述，生产社会化是一个动态过程：多数人的小财产变为少数人的大财产，生产资料日益集中，劳动过程的分工协作形式不断发展，劳动日益社会化。从生产力方面来看，劳动过程专业分工协作形式日益发展，劳动逐步实现了社会化并不断深化；从生产关系的变革来看，由于生产资料逐渐集中，引起生产资料使用的社会化，生产资料逐步转化为"只能共同使用的"的资料。在马克思的视野中，生产社会化是一个不断运动的过程，表现出资本主义生产力与生产关系的矛盾运动。基于马克思的生产社会化思想，恩格斯进一步指出，生产的社会化包括两层含义：一是"生产本身从一系列的个人行动变成了一系列的社会行动，而产品也从个人的产品变成了社会的产品"，[②] 即生产本身的社会化；二是"生产资料从个人的生产资料变成只能由大批人共同使用的生产资料"，[③] 即生产资料脱离了纯粹的私有属性（起码生产资料的使用权归集体），其使用实现社会化。

合作社产权社会化的根本原因来源于农业生产社会化。农业生产社会化决定合作社产权社会化，产权社会化又反作用于生产社会化，两者的本质是生产力与生产关系的辩证统一。马克思曾指出："生产社会化及其发展就是由少数人的生产协作到许多人的生产协作以至打破地域界限的社会

---

① 除特别注明外，本段资料均引自娄锋、杨文安：《生产与产权的社会化及其实现形式》，《云南民族大学学报（哲学社会科学版）》2008年第5期，第91—94页。
② 《马克思恩格斯选集》第3卷，人民出版社1972年版，第309页。
③ 《马克思恩格斯选集》第3卷，人民出版社1972年版，第309页。

大协作的发展过程，就是人们共同使用生产资料，进行紧密而广泛的生产协作的社会性生产活动。"[①] 对于专业合作社来说，成员的生产协作越多，生产协作分工越细，协作就越紧密，协作范围就越广（有更多的成员加入生产序列），这样合作社生产经营的社会化程度就越高，成员在合作社生产经营中所结成的责、权、利关系就会越来越复杂，结合范围越来越广（越来越多的社员成员、经济主体等会加入合作社的生产经营过程），即合作社产权关系的社会性越来越强。

自然经济时代，我国农业生产中的分工协作不发达，商品生产规模小，交换范围狭窄，生产社会化程度很低。到了近现代，中国的社会形态也没有出现过真正意义上的资本主义和资本主义市场经济，从半殖民地半封建社会到解放后至改革开放前，我国农户小生产者的财产产权都未达到过现代意义上的商品化、开放化、流动化的程度。

改革开放后，市场经济的确立，在农业领域经历了土地承包责任制下的家庭小生产到土地承包责任制下的合作生产，农户小生产者的财产产权才正真向现代意义上的商品化、开放化、流动化方向发展，即现代意义上的产权社会化方向发展。其间，在不同的生产组织形式中，产权制度也是不同的，但总的变化趋势是逐步实现产权社会化。在推行家庭联产承包责任制时，个人开始占有生产资料，实现自给自足的家庭小生产，生产资料产权私有性极高，各项权能没有分裂与分离。随着农业生产商品化程度的不断提高，生产和管理以及市场营销过程变得越来越复杂，风险也增加了，这就要求农业生产资料所有者们构建一个经济组织，并将其拥有的生产资料聚集在该组织内，生产资料所有者们在组织内进行专业化分工，共同协作劳动、管理、经营，以提高生产经营效率，共同进入市场，以降低市场交易成本及风险，即解决"小生产与大市场"的矛盾，而这内在地要求生产资料产权的社会化（不仅是农户的个人生产资料要实现社会化，合作的任何一方的生产资料都要实现社会化），生产资料完整的产权发生一系列分化与分离，分离出各项权能，使得加入组织的各经济主体能依据自

① 《马克思恩格斯选集》第3卷，人民出版社1972年版，第309页。

身的优势获得相应的权能,组织内的分工协作才能得以顺利进行。可见,生产力的提高内在地要求完整的私有产权发生分离与分化,即生产社会化推动了产权社会化。合作社正是在这种生产资料产权社会化过程中形成并被生产社会化持续驱动,向更高层次的产权社会化程度演进的。如合作社产权制度模式1→2→3演进就反映了其产权社会化程度的不断提高,又如合作社生产经营规模的不断扩大,受专业技能、知识和信息等限制,财产拥有者(合作社成员)自己来经营合作社变得越来越困难、为了提高生产经营效率和市场竞争力,就需要聘请受过专业训练的人员来经营、管理合作社,这样就要求管理权的社会化。此外,为解决融资抑制问题,合作社需要实现所有权社会化,如部分农业合作社出售股权给与其有密切经济、技术联系的企业或个人,以获得更多的资金或技术支持。

最后需要说明为何人民公社会失败。关于人民公社失败的原因,前人的相关分析文献已经很丰富,本书仅从社会化的视角进行解析。从私有制进步到公有制是一个质的飞跃,但关键是,人民公社的集体所有制是否是与农业社会化大生产相适应的产权社会化实现形式?[①] 虽然传统公有制有利于生产资料的积聚,但我们认为,低生产力水平下的公有制(与生产社会化水平、农业生产方式不相适应的公有制),其产权社会化程度较低。主要原因有:①农户生产资料的终极所有权归国家,产权主体单一,生产资料必须作为一个整体而存在,产权存在严重的集中性(集权、产权没有分裂、分化,所有的权能集中为一体)、封闭性、凝滞性(在农户、村、地区之间不流动)等非社会化特点,产权的社会化程度不适应生产社会化的要求,也不适应生产力发展的要求,更不适应当时的农业生产方式。行政指令配置各种资源,统一计划,统一价格,统一供、产、销,统一核算,统一报酬等。该产权体制下,存在着严重的激励不足与信息不对称等问题,以及过高的监督、管理成本造成了资源计划配置的低效率结局;②土地产权关系模糊。土地产权关系界定不清,权、责、利关系不明,如前

---

① 娄锋:《试析生产社会化与产权社会化及其实现形式》,《学习与探索》2008年第5期,第136—138页。

所述，产权社会化将无法推进。①

六、农民专业合作社产权社会化进程中面临的主要问题

当前我国农民专业合作社产权社会化进程中面临两个主要问题：一是随着合作的发展，合作社内部股东产权关系模糊化；二是产权社会化进程迟缓导致成员异质性问题困扰合作社的建设与发展；三是国家财政直接补助形成的财产所有权的归属不明。

（一）合作社内股东产权关系模糊化

无论是第一类，还是第二类专业合作社，即使在建立初期就将产权清晰界定到社员个人，在随后的生产经营中，由于缺乏科学而完整的股权运作机制，如大多没有类似循环资金融资和基本资金计划等运作机制来不断界定、明晰合作社内各经济主体间的产权关系，导致合作社内股东产权关系模糊。在合作社发展中，原股东社员会再投资，各类期望获利的生产资料拥有者会不断加入，合作社资产会不断增加，生产资料以及社员的异质性逐步增强，各种利益关系纵横交错，产权关系变得越来越复杂。在成员股权投资、收益留成、单位资金预留之后，由于没有循环资金融资和基本资金计划动态调整，使成员的股本与其交易额成比例变化，从而不能使成员在与合作社的交易活动中权、责、利关系对等和匹配，合作社的收益就难以界定其拥有者，这将导致合作社产权关系模糊，尤其在"一股（或数股）独大"产权结构、"内部人控制"严重的合作社中，会导致共同共有财产，甚至按份共有财产与核心层社员的产权归属不清的问题。核心层社员往往会"浑水摸鱼"，利用管控共同共有或按份共有财产为自己或核心层小集团牟利，甚至侵吞、瓜分共同共有财产和广大普通社员的按份共有财产。

（二）产权社会化进程迟缓导致成员异质性困扰合作社的建设与发展

产权社会化进程迟缓导致成员异质性困扰合作社的建设与发展。为什

---

① 娄锋、杨文安：《生产与产权的社会化及其实现形式》《云南民族大学学报（哲学社会科学版）》2008 年第 5 期，第 93—98 页。

么是产权社会化进程迟缓导致？首先需要解释成员异质这一现象形成的原因及其本质，进而就可以说明为什么是产权社会化进程迟缓导致成员异质性问题困扰合作社的建设与发展。

传统合作社的一个基本的特征是成员具有高度的同质性，即成员投入合作社的生产资料在质与量上大体相当，成员在地缘上接近，是生产相同或相似农产品的生产者，并且全是合作社的惠顾者，"志同道合"的人才易"同舟共济"，社员同质性有利于合作社的经营决策，有利于合作社的制度建设，这已被许多中外学者研究证实。

与西方国家不同，我国农业合作化一开始，合作社成员就是高度异质的，成员异质性问题极为突出。从我国合作社形成的过程来看，是先进行农业产业化后进行合作化，合作化时农民已分化，少数先进入市场的农业生产、贩销大户积累了较多财富，而大多数小农户没有积累多少财富。同时，小农户家庭经营规模小，资金、技术等资源有限，再加上他们进行农业生产的比较利益偏低，这使他们既无能力也无内在动力成立合作社。因此，原本是合作社构建主体的小农户由于实力弱和激励不足，不大可能牵头构建合作社，而有能力和动力牵头构建合作社的是具有一定生产或经营规模的专业大户或贩销大户。这样就导致我国合作社成立伊始，成员就具有较强的异质性。此外，我国《农民专业合作社法》还允许非农户、企业等经济实体成为合作社的成员（对他们的数量进行了限制，但没有限制其投资额），甚至同意他们牵头成立合作社，[①] 这样从事农产品加工经营的龙头企业、供销社等经济实体凭借资金、技术、市场营销能力以及人力和社会资源等优势，也成为牵头组建合作社的主要力量（参见调查问卷分析），这必然进一步增强合作社成员的异质性。总之，我国农业合作化形

---

① 我国《农民专业合作社法》允许非农户、企业等经济实体成为合作社的成员，这样合作社成员的异质性就更强了，非农户、龙头企业等经济实体凭借自身的资金、技术、人力及社会资源优势牵头成立并控制了合作社，拥有合作社多数甚至全部股权，结果合作社产权结构中"一股（或数股）独大"现象十分突出，出资多的核心成员会获得合作社的控制权、管理权，形成有利于资金优势成员的制度安排，这也是导致经典合作社管理制度与分配制度难以建立的一个重要原因。

成的特殊历史背景及路径（先产业化后合作化），导致我国许多合作社成立伊始，成员就是高度异质的。

随着我国农业现代化的发展，合作社成员的异质性增强，是农业生产力，或者说是农业社会化大生产的内在要求。不仅中国如此，西方农业合作社成员异质性也呈现逐渐增强的趋势，这是农业生产技术上的要求造成的。在新经济、新技术条件下，西方农业生产中的一体化（战略联盟、转包合同和特许等）、食品安全控制、供应链管理、对生产一线加工控制技术的采用等，使得合作社不得不合并或被兼并，或被嵌入供应链管理中等，这些均会导致不同生产资料的所有者以不同的形式加入合作社，拥有合作社的部分产权、债权或以其他形式与合作社联合进行社会化分工协作，以提高合作社的生产经营效率（其最终目的是为了提高整个一体化供应链的生产经营效率），共同应对激烈的市场竞争。由于加入者投入合作社的生产资料、技术、人力及社会资源等有很大的不同，进而加入合作社的目标、动机等也存在较大的差异，随着分工协作者的不断加入，合作社成员异质性会逐渐增强。可见，合作社成员的异质性渐强只是表面现象，成员异质性源于农业生产社会化下，不同生产资料在空间和时间上向合作社聚集，导致其所有者在合作社中形成联合。加入的所有者越多，其来源越复杂，各自的追求目标差异就越大，异质性就会越来越强。不同生产资料的所有者以不同的方式进入合作社进行广泛的分工协作和联合生产，这为提高合作社的生产力水平，以及提高农户成员家庭农业的生产经营效率创造了不可或缺的条件。合作社的加入者异质性增强是合作社在农业生产力驱动下发展的必然趋势，是农业生产市场化、商品化深度发展的要求，归根到底是农业生产力发展的要求，也是农业现代化发展的必然。这一结论已被西方农业合作社发展的实践历程所证实。在新经济、新技术条件下，异质性渐强是合作社发展演进的大势所趋。

成员的异质性渐强是合作社在农业生产社会化下发展的结果，而异质性又会困扰合作社的发展——这似乎是矛盾的。其实，成员的异质性是合作社生产关系发展的必然，异质性与农业生产社会化本质上是生产关系与生产力发展的辩证统一。农业生产社会化导致异质性渐强，而对异质性（属于生产关系范畴）调整迟缓必然影响合作社进行社会化生产。异质性调整迟缓是表象，它是由合作社产权社会化进程迟缓导致的。我们前面已谈到，不同生产资料在空间和时间上向合作社聚集，这样其所有者在合作社中就可形成联合，进行广泛的分工协作以提高生产经营效率。这内在地要求合作社的产权进行一系列的分裂与分化，将各项权能科学、合理地配置给拥有不同资源禀赋的异质成员，各得其所、各司其职，最大限度地避免他们在合作社生产经营中的矛盾冲突与内耗，这样才能使广泛的分工协作得以顺利进行。否则，合作社的发展就要被成员异质性问题所困扰。如一个在供应链中，与合作社有供销关系的股份企业资金实力雄厚，并且愿意投资合作社，以促其提高生产经营效率。如果该企业以普通股东的身份加入合作社，在合作社管理中很有可能出于自身的利益需要，利用雄厚资金实力胁迫合作社的生产经营目标转向有利于自己的方向（有时甚至会侵害社员的利益），这样合作社经营管理中的争执将会变得非常激烈，甚至严重影响合作社的正常生产经营，造成成员异质，出现困扰合作社发展的问题。如何破解？这就要求合作社进行产权社会化变革。股份制企业大多不了解合作社特殊的经营管理制度，担心自己的利益受到侵害。合作社可将股东所有权分裂为普通股股东所有权（拥有生产经营决策权）与优先股股东所有权（无生产经营决策权，但拥有固定利率的股利优先分配权），这样大大降低了企业投资的风险，保证了企业的利益。企业不再参与合作社的经营管理，这既降低了企业参与管理的成本，又解决了异质性问题。可见，成员异质性困扰合作社建设与发展的关键是合作社没有因地（时）制宜，适时进行产权社会化变革以顺应农业生产社会化发展的内在要求。

　　如果合作社就是股份制企业、供销社以及生产、贩销大户牵头成立的，那么这样的合作社成立时，成员就是高度异质的，并且成员异质性越大，合作社股份化产权结构、治理和分配模式的倾向就越强，① 越偏离经典合作社制度。但是，只要各方能实现合作共赢，我们就应该鼓励一部分人（合作社的核心成员）先富起来，然后合理引导，让其带领大家共同致富，不断提升合作各方的收益水平。原因如下：如前所述，我国合作社成立伊始，成员就是高度异质的。这是因为我国的农业合作化是在先农业产业化、后合作化，农户已分化以及工业资本大量渗入农业领域的大背景下完成的。由于农户已分化以及工业资本、商业资本对农业的渗透，在农业社会化大生产中，合作社生产资料必然是高度异质的，这意味着生产资料所有者也是高度异质的，这必然在合作社成立伊始就会影响其产权制度的构建。核心社员是合作社多数或者全部生产资料的所有者，同时也是技术、人力及社会资源的投入者，如何保证这些投入的多数收益被自己获得，股份化的产权结构设计就成了核心社员构建合作社时的必然选择，即通过投入生产资料的多少来安排产权结构，进而控制合作社的管理权、分配权。这样就保证了生产资料以及非物质性的技术、销售网络、人力及社会关系等资源的投入收益（含剩余收益）的大部分甚至全部被自己获得。课题组的调研也发现，合作社的核心成员在合作社中拥有的股份比例较高，这些合作社更倾向采取股份化产权结构和治理模式，特别是第二类合作社，不但按股投票，还按股分配（详见调查问卷分析）。而对于这种产权制度安排和治理模式，受限于资金、技术、人力及社会等资源，广大普通社员往往只能接受，况且还要"仰仗"核心成员销售自己的农产品和以优惠的价格获得生产资料。只要合作社能为普通社员实现价格改进或降低生产成本，对于合作社采用股份化的产权结构以及合作社内部治理被核心成员控制，他们均不会强烈反对。由此可见，在社员异质性条件下，核心社员（少数大股东）与多数普通社员（小股东）并存，这类合作社的股权结构比重必然是向大股东倾斜，内部治理形式必然是核心成员治社，投票

---

① 相对于经典合作社，这样的合作社实际上成立伊始就进行了产权社会化变革（合作社成员不再局限于农业一线生产者，合作社产权的拥有者范围扩大），这种合作社的建立在一定程度上突破了经典的合作社制度，而前例中是在经典合作社制度的框架内进行变革。如果我们不允许这类突破性的产权社会化变革，那么在国内一些地区根本就不会有合作社产生。

制度上也倾向于按股投票，这给合作社法定、规范的管理制度实施带来困难。从中国的现实国情来看，多数合作社股权结构向大股东倾斜，核心成员治社不可避免。在这一情形下，必然是核心成员谋大利。广大的普通成员谋小利，只要大股东不侵害小股东的利益，双方各自尊重对方的利益诉求，基于提高农业生产经营效率的目的，在我国的农业合作化运动中可以允许一部分人（合作社牵头者或核心成员）先富起来，然后合理引导与规范，不断激励先富起来的牵头者或核心成员带动广大农户共同致富，不断提高合作各方的收益水平。

关于成员异质性下的合作社内部管理，《农民专业合作社法》对合作社产权制度的安排是"宽泛"的（没有规定股金投入的上下限），而对治理结构生产及治理机制安排却是明确的，基本上遵循了经典的合作制原则，但经过上述分析不难发现，现实中，产权制度形成的内在逻辑与法定内部治理制度存在冲突。《农民专业合作社法》规划的合作社规范治理模式不是也不可能是现实中合作社治理模式的主流。"一股独大"或"数股独大"的产权结构，不同程度的"内部人控制"（后述）必然是现在和今后一段时间内我国合作社的主导治理模式。在这一主导模式下进行农业社会化大生产，治理权就会向稀缺或重要生产资料所有者倾斜，否则各种生产资料，特别是稀缺生产资料就无法实现在空间和时间上向合作社聚积，广泛的分工协作将无法进行，合作社的生产经营效率无法提高，也就不可能为实现农业现代化做贡献。因此，我们不能简单地否定所谓不规范合作社内部治理制度对经典合作制的偏离，只要这种偏离能提高合作社的生产经营效率，并且不侵害普通社员的合法权益，那么这种偏离就应得到认可。

（三）国家财政直接补助形成的财产所有权的归属不明

国家财政直接补助形成的财产法定所属关系不清晰。《农民专业合作社法》第四十六条规定，农民专业合作社接受国家财政直接补助形成的财产，在解散、破产清算时，不得作为可分配剩余资产分配给成员，处置办法由国务院规定。由这条规定可知，国家财政直接补助形成的财产在合作社解散、破产清算后不能分配给成员，这类财产的所有权只能由国家享有。这就引出两个值得思考的问题：一是从第四十六条的规定来看，只隐含了"合作社接受国家财政直接补助形成的财产在解散、破产清算时，不归合作社成员所有"合作社及其成员无处分权，那么在合作社存续期间国家财政直接补助所有权归谁？如果归合作社或归其成员，那岂不成了在解散、破产清算时归国家所有，而在存续期间归合作社或其成员所有；二是如果国家财政直接补助形成的财产无论何时所有权都归国家所有，合作社及其成员只拥有管理权和使用权，那么我们就很难理解《农民专业合作社法》第四条的规定，农民专业合作社对由成员出资、公积金、国家财政直接补助、他人捐赠以及合法取得的其他资产所形成的财产，享有占有、使用和处分的权利，并以上述财产对债务承担责任。这岂不是认可合作社用国家所有的财产去偿还自己的债务？国家财政直接补助形成的财产在解散、破产清算时归国家处分、所有，而在合作社偿还自己的债务时，却归合作社处分、所有？此外，在合作社生产经营中，国家财政直接补助形成的财产所产生的收益归谁所有也没有清晰界定。

七、小结

我国农民专业合作社产权制度的基本性质大致分为两大类：（1）产权制度的基本性质（Ⅰ）。建立在农户家庭生产资料私有制（土地集体所有，承包经营）基础之上的农户劳动联合；（2）产权制度的基本性质（Ⅱ）。建立在农户家庭生产资料私有制（土地集体所有，承包经营）基础之上的农户与非农户或经济实体（企业、供销社等）的要素联合。基于基本性质（Ⅰ），又演化出了合作社产权制度基本模式（Ⅰ－1）：建立在农户家庭生产资料私有制（土地集体所有，承包经营）基础之上的农户个人在一定范围内资源有限差异的个人所有，我们将基本模式（Ⅰ－1）又称为股金制度（Ⅰ）。源于基本性质（Ⅱ）的产权制度基本模式（Ⅱ－1）：建立在农户家庭生产资料私有制（土地集体所有，承包经营）基础之上的农户与非农户或经济实体（企业、供销社等）在一定范围内资源差异较大的个体所有，基本模式（Ⅱ-1）又称为股金制度（Ⅱ）。两类产权制度基础与入社股金制度和成员股本投资形式相结合就形成两类产权制度模式，第一是农业合作社产权制度基本模式（Ⅰ-2）：建立在农户家庭生产资料私有制（土地集体所有，承包经营）基础之上，通过股金制度（Ⅰ）联合起来的劳动者对劳动的个人所有（按份共有）；第二是农业合作社产权制度基本模式（Ⅱ-2）：建立在农户家庭生产资料私有制（土地集体所有，承包经营）基础之上，通过股金制度（Ⅱ）联合起来的要素所有者对投资的个人所有（按股所有并以此获取剩余价值或租金）＋劳动者对工资的个人所有。社员的入社股金、股本投资以及外来成员投资形成了社员及外来成员对合作社的产权。两类产权制度基础与入社股金制度和内、外股本投资形式相结合就形成两类产权制度模式，第一是合作社产权制度基本模式（Ⅰ-3）：建立在农户家庭生产资料私有制（土地集体所有，承包经营）基础之上，通过股金制度（Ⅰ）、公积金与公益金制度联合起来的劳动者对劳动的个人所有（按份共有）和集体所有（共同共有）＋国家所有＋外来投资者（包含政府部门相关人员）所有。第二是合作社产权制度基本模式（Ⅱ-3）：建立在农户家庭生产资料私有制（土地集体所有，承包经营）基础之上，通过股金制度（Ⅱ）、公积金与公益金制度联合起来的要素所有者对投资的个人所有（按股所有并以此获取剩余价值或租金）＋劳动者对工资的个人所有＋集体所有（共同共有）＋国家所有＋外来投资者（包含政府部门相关人员）所有。从单个私有农户自我封闭、自给自足生产模式到建立在家庭生产资料私有制基础之上的劳动或要素联合，两类合作社产生，并基于各自不同的股金制度，最终分别演进到产权模式（Ⅰ-3）或（Ⅱ-3）的经济联合体，各主体之间的经济关系发生了一系列的变化。如由个人或经济实体私有一直演进到产权模式（Ⅰ-3）或（Ⅱ-3），最终体现出农业横向或纵向一体化生产经济联合体的本质规定性，这种变化的本质是农业合作社的产权社会化，而驱动产权社会化的根本原因是农业生产的社会化。当前我国农民专业合作社产权社会化进程中面临三个主要问题：一是随着合作社的发展，合作社内部股东产权关系模糊；二是产权社会化进程迟缓导致成员异质性困扰合作社的建设与发展；三是国家财政直接补助形成的财产所有权的归属不明。

第二节 中国农民专业合作社的管理制度分析

《农民专业合作社法》颁布实施，使长期以来困扰合作社发展的合作社法律地位、组织性质、产权制度安排、内部管理等一系列重大问题在一定程度上得到了明确与澄清。目前，合作社正处于一个分化、裂变期，合作的发展形式丰富多彩。伴随着产权制度的多样化（如产权性质的多样化，产权结构中的"一股（或数股）独大"等现象的出现），合作社内部管理中的一些问题也渐渐凸显出来，成为影响合作社凝聚力、活力以及持续健康发展的主要因素。当前要按西方经典合作制的要求来统一合作社的产权性质，改变合作社"一股（或数股）独大"的产权结构几乎是不可能的，能做的是不断健全合作社内部治理机构，完善治理机制，强化民主管理建设以提高合作社生产经营效率，实现合作各方的共赢，因此合作社的管理制度分析应是合作社制度分析的重点。下面我们将对合作社的管理制度进行深入地解析，以实现健全合作社的管理模式，完善合作社内部治理结构及治理机制，最终实现提高合作社生产经营效率的目的。

一、农民专业合作社管理制度的基本模式：从等级管理制到合作管理制

《农民专业合作社法》第十七条规定："农民专业合作社成员大会选举和表决，实行一人一票制，成员各享有一票的基本表决权。出资额或者与本社交易额（量）较大的成员按照章程规定，可以享有附加表决权。本社的附加表决权总票数，不得超过本社成员基本表决权总票数的百分之二十。"同时，第二十六条又规定："理事会会议、监事会会议的表决，实行一人一票。"这样看来"一人一票或受限一人多票"的合作管理制应该是我国合作社管理制度的基本模式。现实如此吗？在课题组调查的 387 家合

作社中，几乎所有的社长声称其合作社是按国家相关要求来管理的，并出示了规范的合作社章程（章程绝大多数是国家《示范章程》的翻版，因合作社注册时，工商部门要求提供合规的章程），但私下与社员交流却发现，387家合作社中有58家合作社基本上是按股投票，其中有17家合作社社员每人一票，然后再根据社员入股金的多少增加投票权，没有上限；余下的41家基本上是"一股一票"，大股东或核心成员（包括龙头企业或供销社等）说了算，这些合作社内的社员大多从未听说过可以投票，对合作社的事务也从未投过票，都是听大股东或核心成员的安排。可见，现实中的合作社有两份章程：一份是有形的，是名义章程，另一份是无形的，是实际章程。名义章程与实际章程多是分离的。名义章程多来自政府的《示范章程》，是写给政府相关主管部门看的，后者是给合作社每个成员看的，要求每个成员记在脑子里。

体现在管理权上的经济关系的性质最终是由生产资料所有制的性质决定的。[①]"一人一票"的合作管理制是与产权制度上的"社员对合作社生产资料大体均等的个人所有制"相匹配。但在《农民专业合作社法》中，对成员投入合作社的资产没有上限限制（许多西方国家合作社法均规定上限）。实践中，在我国农村当前的现实约束条件下，许多合作社对于如何实现"大体均等的个人所有制"也没有相应的制度安排。结果，由于合作社生产资料所有权结构的不同，现实中合作社的管理模式呈现出纷繁复杂的态势：从"一人一票""受限（20％的上限）一人多票"的合作管理制到"不受限一人多票"，直至"一股一票"的等级管理制。

如前所述，第一类合作社社员既是农业一线生产者，也是合作社的所

---

① 马克思认为，体现在管理权上的经济关系的性质最终是由生产资料所有制的性质决定的，这是因为：（1）生产资料所有制是社会进行生产必不可少的前提和条件，它决定了生产资料与劳动者的不同结合方式，直接生产过程中人们的不同地位和他们的相互关系以及人们在交换和分配中的不同关系。生产资料所有者最有权力决定谁是管理者以及如何管理；（2）生产资料所有制决定了一定社会的生产目的和社会成员的经济利益关系，从而决定了生产关系的基本特征和本质；（3）生产资料所有制的变化是生产关系变化的根本原因。一旦生产资料所有制发生了变化，生产关系的其他方面也会随之发生变化。吴宣恭等：《产权理论与比较——马克思主义与西方现代产权学派》，经济科学出版社2000年版，第54—55页。

有者、惠顾者、管理者，并在合作社产权结构中占据主导地位。这类合作社产权制度的特征是成员投入的生产资料是"有限差异"，这类合作社管理制度的基本模式主要是"一人一票"或"受限（20％的上限）一人多票"的合作管理制。第一类合作社还可进一步分为众多小农户社员控制的合作社和少数大户社员控制的合作社。众多小农户社员控制的合作社管理相对规范，这类合作社大多是由众多小农户发起建立，投入合作社的生产资料大体均等，管理制度的基本模式通常是"一人一票"的合作管理制，相对符合经典合作制原则。在现实中，这类合作社并不多。而由少数大户（核心农户社员）控制的合作社较多，这类合作社通常是由掌握资金、技术、社会及人力资源的农村生产、贩销大户或能人，围绕农业生产的产前、产中、产后各环节，提供中介服务或以自我服务为宗旨而建立的。这类合作社的主要特点是：相对于众多小农户组建的合作社，其股份集中度比较高，"一股独大"或"数股独大"，其管理制度的基本模式大多是在"一人一票"的基础上，有附加表决权，实行"受限一人多票"（但少部分合作社已超出了20％的上限，个别也有按股投票的）。在大户牵头成立的合作社中，还有一些类似于西方的新一代合作社以"股金-交易额锁定"制度为其产权制度的基本特征，社员根据自己与合作社的交易额（量）占总交易额（量）的比例来确定其投入的股金比例，这类合作社大多是"一人一票"和"受限一人多票"，个别有按交易额（量）投票，也就是按股投票。按交易额（量）投票，也是按股投票的，如江川江城春晓蔬菜产销专业合作社，该合作社统一供应种子，统一种植技术，成员根据预计交售的蔬菜价值按比例投入股金（个别年份按种植蔬菜的面积投入股金），并签订《交售责任合同》。交易时社员按投入股金的比例向合作社交售蔬菜，合作社统一包装销售，销售后合作社扣除生产经营成本和2％的公益金、3％的公积金后，将净盈余按交易额比例（也是入股金比例）返还给成员。社员想多交售产品时，合作社可增股；想少交售产品时（合作社视其为不合作行为），交易权（股份）可以转让给其他成员，如无成员购买，合作社会低价收回，造成损失的将用其投入的股金弥补。合作社按成员提交的劳动产品，即按交易额（量）投票（也是按股投票），他们称为"按劳投票"。

第二类合作社是指非农户个人、企业或供销社等经济实体加入控股，甚至牵头成立的合作社，比第一类合作社成员异质性更强。非农户个人、企业或供销社牵头组建合作社，主要目的是为了控制农业一线生产，以稳定农产品质量和保障供应数量。非农户个人、企业或供销社通常以一定的优惠条件，通过契约与农户（社员）建立起稳定的供（供应生产资料）、产（农业生产）、销（产品销售）关系。无论是加入还是牵头成立合作社，这类联合体合作社主要特点是：农民与非农户个人、企业或供销社进行要素间的联合，联合模式一般为"企业（或非农户个人、供销社等）＋合作社＋农户"，相对而言这些合作社技术好、资金实力强，实行规模化经营，市场营销水平高。这类合作社通常是非农户个人、企业或供销社注资，产权结构上"一股独大"或"数股独大"，农户社员不出资或少量出资。合作社被资本控制，实行"一股一票"的等级管理制，具体的生产经营活动完全由企业（或非农户个人、供销社等）直接管理，选举往往不起作用，法定管理制度被建立极少。此外，第二类合作社中还有一些是由涉农的政府或准政府组织及其下属机构牵头成立的，如"七站八所"或村委会等主导成立的合作社，这些机构大多是合作社的投资主体，"一股独大"现象也很普遍，管理制度的基本模式从"一人一票"合作管理制至"一股一票"等级管理制均有。这类合作社主要是为农户家庭生产经营提供产前、产中及产后的生产资料及种畜、种苗供应，技术指导，信息咨询等服务，每年会向社员收取会费，或依靠当地政府职能部门、某个涉农企业的有限资助。这类合作社内部管理相对松散。《农民专业合作社法》颁布实施近10年来，这类合作社数量已下降很多。

二、农民专业合作社的内部治理结构

经典合作社内部治理结构一般是由社员（代表）大会（合作社的最高权力机构）、理事会（合作社的决策机构，对社员（代表）大会负责）、监事会（合作社的监督机构）、经理层（执行机构履行理事会的决议）所构成。

第二类合作社在长期的企业管理实践中，已形成或正在形成股份制企业治理结构的基本框架。由于核心成员（如龙头企业、供销社等）在合作社中处于主体地位，核心成员往往会将其所在企业的内部治理结构及治理方法"移植"到合作社，甚至将合作社直接"纳入"其企业治理结构中，形成"两块牌子，一套班子"的格局。无论是前者还是后者，均属于具有严格隶属关系的等级制治理结构，如图 3—1（左）所示。

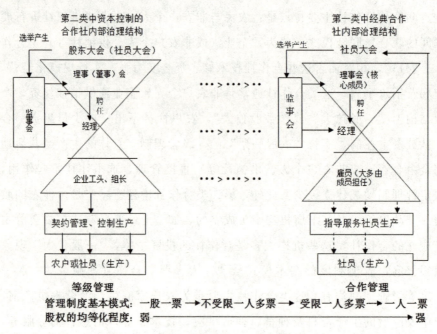

图 3—1　我国农民专业合作社内部治理结构

注：虚线箭头表示一种服务及建设性指导。

第一类合作社也在长期的实践摸索中，特别是《农民专业合作社法》颁布实施后，正在逐步构建或完善内部治理结构，部分合作社已建立了以社员代表大会为最高权力机构，理事会为治理、决策核心机构，监事会为监督制衡机构，经理为管理执行者的治理结构的基本框架，如图 3—1

（右）所示。

由于两类合作社产权制度呈现梯度变化，从第二类合作社至第一类合作社，股权的均等化程度由弱变强，生产经营组织由股份制企业（公司）的等级管理制逐步渐进到合作社的合作管理制，管理制度的基本模式也呈现出由"一股一票""不受限一人多票""受限一人多票"向"一人一票"的模式转变，合作社的内部治理结构也由等级管理制向合作管理制过渡。由于中国的现实国情，实践中的等级管理治理结构要多于合作管理治理结构，绝大多数合作社根据其股权的均等化程度，其内部治理结构模式大体对应分布于两个极端之间，多数合作社偏向等级管理治理结构。在课题组的调研中，属经典、规范的合作管理治理结构的合作社较少，这些合作社大多由小农户发起，股权均等化程度高且股本总额少，这些合作社相对要弱小。与大多数研究者的结论不同，我们认为在现有的内、外部条件下，经典的合作管理治理结构不是，也不可能成为当前中国合作社内部治理结构的主流，中国合作社内部治理结构的发展演进一定是非经典的。

三、农民专业合作社内部治理中存在的主要问题

早期合作社完整的财产管理控制权没有分离、分化，而是轮流由合作社成员来行使或者由合作社中有管理、经营能力者来行使。随着合作社的发展壮大、业务不断增加，专业化分工以提高生产经营效率的内在要求，合作社财产完整的管理控制权发生了一系列分离与分化，分离出了最高控制决策权（战略层）、生产经营管理决策权（战术层）、生产经营管理执行权（执行层，执行上级决议，直接对合作社财产进行管理与经营）和对生产经营管理活动的监督权（监管层），上述四项权能必须由四个相互独立的治理机构：社员大会、理事会、经理层与监事会分别行使，同时还要协调好这四个机构之间的关系。这就要构建和完善相互激励、相互制衡的治理机制，使得合作社产权社会化得以顺利进行，以顺应生产社会化的内在要求。我国《农民专业合作社法》《示范章程》对合作社制度安排的规定也响应了合作社产权社会化的发展趋势，设计的治理结构也由社员大会、

理事会、监事会和经理层组成，规定社员大会是合作社全体社员民主管理、决定合作社重大事项并直接行使控制权的最高权力机构，理事会是合作社生产经营的决策机构，监事会是合作社的监督机构和经理层是经营管理的执行机构，同时详细规定了上述四个机构的具体职能及相互间的监督制衡关系。

《农民专业合作社法》没有对合作社产权制度安排进行清晰的界定（如没有限定成员的来源、成员的最高与最低入股金等），而对内部治理（各机构的职能安排及其相互间的制衡关系等）却做了非常详尽的要求，这是希望吸引全社会的力量来办好合作社，同时希望利用相对完善的内部治理制度来规范合作社不偏离"民有、民管、民受益"的原则，即不动摇合作社民主管理的根基。但是，由于《农民专业合作社法》没有限定成员的来源以及成员入社的最高股金，导致成员分层、分群，异质性很强，产权结构中的"一股（或数股）独大"现象十分普遍，内部组织结构及管理方式多种多样。《农民专业合作社法》内部治理制度的理想设计与合作社的发展现实有很大的出入。下面我们以《农民专业合作社法》为标尺来分析当前合作社内部治理中存在的问题，深入解析理想与现实不能契合的原因，进而找寻解决治理中存在问题的对策与措施，实现提高合作社治理效率的目的。

（一）合作社各机构治理活动中存在的问题

本课题组曾先后三次组织学生对全国部分省、市合作社的发展、生产经营情况、治理制度安排等信息进行实地考察（详见上一章的内容）。这些合作社均已在工商部门注册登记，制定了规范的章程，大多建立了符合法律规定的治理结构。从课题组调查的情况来看，有99.4%的合作社成立了理事会，61.2%的成立了监事会，80%的合作社成立了社员（代表）大会，即大多数合作社都设立了社员（代表）大会和理事会等组织机构，并且在章程中较为明确地规定了各机构的权利、责任和义务，但大多失效或流于形式。

（1）社员（代表）大会失效

根据《农民专业合作社法》的规定,社员(代表)大会是广大社员对合作社实施民主管理的最高权力机构。现实中,社员(代表)大会真实的地位和作用往往体现在大会商议的内容以及投票的方式、决议执行的情况等信息中。《农民专业合作社法》第二十二条规定,合作社社员大会行使"决定与管控生产经营活动中的重大事项"。课题组在调查中却发现,许多合作社成员大会的主要议题是种植或养殖的品种与规模,服务的标准,购买多少农药、化肥等内容。合作社生产经营的重大事项,如未来生产经营的总体规划、章程修改、选举和罢免各机构负责人、品牌建设、批准年度业务报告、盈余分配方案、亏损处理等问题列入社员大会议事内容的合作社并不多。从表决方式看,虽然规定"一人一票",但由于核心成员拥有大部分股份,普通社员的表决、异议大多不起作用,"只是叫你来听听,告知一下他们(核心成员)的决定",导致普通社员对参加大会大多不感兴趣。由于我国合作社法实施时间不长,合作社内部治理规范化、民主化建设刚刚起步,现实中内部治理相对规范,社员大会能基本正常运行的合作社并不多,大多数合作社的社员大会不能正常运转与履行其职能。

(2)监事会形同虚设

作为合作社的专职监督机构,监事会召开的次数反映了其监督的力度与功能的发挥。就课题组调查的情况来看,监事会会议平均召开0.5次/年,最多召开10次/年,有48.3%的合作社自成立至今从未召开过监事会会议。社员表达不满大多通过理事会,一部分通过理事长,较少通过社员代表大会,极少通过监事会,可见实践中监事会功能已大大弱化,监事会形同虚设。

(3)管理层(理事会和经理)健全机构与完善治理的内在激励不足

当前,除少数合作社外聘专职经理外,大多数合作社的管理层是由生产、贩销大户或能人社员、企业代表等组成,他们既是理事会成员,也是合作社生产经营的管理者,在合作社治理中发挥着主导作用。因此激励他们健全、完善合作社内部治理对提高合作社的生产经营效率具有十分重要的意义。在课题组调查的387家合作社中,仅有45家规定理事长、理事或经理可以在效益中提成，多数合作社对理事长、理事或经理等管理层人员常采用精神而非物质激励。例如云南省曲靖平寨生态稻米种植专业合作社于 2007 年成立，主要是解决稻米的销售问题。现有成员 43 人，全为壮族，且来自同一个村。经理由理事长熊杰锋兼任，他不在合作社里领取任何报酬。据他介绍，壮族是该地区人数最少的一个民族，团结很重要，成员间要相互尊重，遇事不能斤斤计较，人心散了就会被别人欺负，为了生存就必须加强团结。同时又受该民族传统文化及道德观念的影响，合作社理事及经理将其工作视为是一种荣誉，是成员们对自己的能力的认可，干得好会得到寨老们的赞许、其他社员的认可和村民们的赞扬。但这是一个特例，合作社对管理者的强激励与合作社的外部环境及民族文化有关，而对大多数合作社来说，精神激励往往属于弱激励，不如物质激励来得强烈、直接。在信息不对称和监督失效的情况下，难免会引发管理者的机会主义行为。

（二）合作社民主治理制度建立与完善中存在的问题

（1）合作社内部民主治理制度无法落实

我国《农民专业合作社法》规定，社员享"一人一票"的基本表决权，在此基础上可实行 20% 上限的"一人多票"。据本课题组对社长（理事长）的调查，"一人一票"的表决方式占 64.71%，"一人一票，但不超过总投票数的 20%"的占 20.29%，"一股一票"和不受限"一人多票"的占 15%（详见调查问卷分析），从理事长的表述来看，绝大多数合作社构建的民主管理体制符合《农民专业合作社法》的规定，但现实并非如此。虽然制定了规范的民主管理制度，但合作社内部各机构是否能按制定的规则运作？从与广大普通社员核实的情况来看，真正按照《农民专业合作社法》规定操作的合作社并不多。由于产权结构上的核心成员"一股（或数股）独大"，在组织管理和重大事项决策上，往往还是这些少数核心成员说了算（这一现象在第二类合作社中相当普遍），普通社员普遍感觉没有话语权，参与民主管理的意识不强，参与合作管理的普通成员很少，多数普通社员在合作管理中被边缘化。在课题组调查的合作社中，有部分合作社社员反映，他们所在合作社从未投过票，生产经营完全由理事长（社长）或理事会决定，民主管理制度形同虚设。此外，一些合作社机构不健全，职能、作用不明确，权力过于集中，缺乏有效的民主监督与管理制度，财务管理制度、公开信息制度等也不完善，均没有实施细则。

经典的合作社内部管理原则是劳动者"一人一票"，否定股本差异。但调查中，有15%的合作社社长直白地表述，其所在合作社的表决票数并不受20%的限制，有的甚至是"一股一票"。民主管理流于形式，"民主决议"成了通告大股东们的决议结果。成员民主管理的基础是大体均等的股权结构，但绝大多数合作社的章程并没有限定单个社员的最高持股比例，这就使得股权结构中"一股独大"或"数股独大"现象十分普遍。尽管《农民专业合作社法》规定20%的投票权上限，但大股东并不满足这20%的表决权，他要全面控制合作社以确保自己的利益。退一步说，即使大股东没有掌握超过20%的表决权，但由于大股东持有合作社大部分股份，且控制合作社的大部分交易，拥有各种信息及社会资源，普通成员也只能默认大股东有更多的实际表决权和话语权。

（2）不民主的治理制度也难以改善

由于合作社内部民主治理制度无法落实，包含民主治理制度、相对公平合理的合作社示范（名义）章程也就无法得到贯彻，"一股（或数股）独大"产权结构下建立起来的不民主的治理制度也难以改善。现实中的许多合作社对外有名义章程，对内有实际章程。实际章程是合作社核心成员为维护自己小集体的利益，根据合作社实际情况制定的，而名义章程是核心成员以《示范章程》为蓝本来制定的，对成员特别是普通成员来说是相对民主和公平合理的。核心成员往往是大股东，他们在人力、社会资源等方面拥有关键性生产要素，普通成员还要"仰仗"他们（或者说还要搭他们的"便车"），相对民主、公平合理的合作社名义章程往往难以得到贯彻和落实。这样，核心成员出于自身利益的考虑，不愿意改善实践中不民主的治理制度，广大普通成员由于在很大程度上要依靠核心成员，他们也没有内在动力要求改善不民主的治理制度，所以要按《示范章程》的要求来改善不民主的治理制度有相当的难度。此外，在部分合作社中，一些普通社员不知道什么是章程，也不知道本社是否有章程，或者根本就不关心这类问题，这样也就无法争取自己的合法权益。在这样的环境下，民主协商的合作机制不容易形成，这必然使《农民专业合作社法》规定的、理想的合作社制度难以建立。

实践中，对于多数合作社来说，不民主的治理制度能否得到完善与普通社员和核心社员之间的实力对比有很大关系。实际章程是由核心成员制定，并根据自身的收益情况随时变化，是核心成员控制，普通社员听从的章程。实际章程与名义章程有偏差，偏差的大小由核心社员与普通社员的博弈实力及基于实力的各自成本—收益比来决定，当双方实力相差悬殊，而弱势方的普通社员又能接受其获得的成本—收益比时，这种偏差就会很大，反之就小。

（三）合作社会计内控制度缺失，财务管理混乱

我国合作社会计内控制度大多不健全甚至完全缺失。大多数合作社在生产经营中，没有建立规范的会计工作和审计制度；也没有按《会计法》与《农民专业合作社财务会计制度》的要求建立财务管理制度，会计账簿不完整、不规范，有的甚至没有会计账簿，会计工作的审核、控制流程就无从谈起。财务方面，少部分合作社有内部收支流水账，但外来的原始凭证和自制的原始凭证过于简单且不规范。在会计核算中，由于会计人员业务素质差，其所编制的会计凭证、明细账、总账及会计报表等不能准确、合理的反映合作社生产经营的实际情况。绝大多数合作社根本没有内部控制机制，财务管理工作混乱，财务活动、生产经营完全失去会计上的考量与监督。上述问题的出现主要是合作社管理层文化水平普遍较低，能力不足，同时也没有意识到财务管理对合作社发展的重要性。此外，缺少有效的激励制度，管理层构建、完善与规范财务管理的动力不足也是一个重要的原因。当前实施的《农民专业合作社法》及《农民专业合作社财务会计制度》中均未涉及如何激励合作社管理者规范、完善财务管理及会计内控制度的条款。实践中，大多数合作社没有对管理层规范与完善财务管理及会计内控制度的激励机制，课题组调查发现，80.38％的理事长在从事合作社的经营管理工作时没有酬劳，也没有绩效提成，从而管理者完善财务管理及会计内控制度的动力不足。关于这个问题在合作社分配制度分析一章还会有详细论述。

（四）合作社治理中普遍存在"内部人控制"现象[①]

"内部人控制"（Inside Control）这一概念首先是由美国斯坦福大学青木昌彦教授提出，其原先是指东欧、苏联等国有企业的经理或工人在国有企业公司化的过程中获得相当大一部分控制权的现象。[②] 将其原理引入合作社管理是指合作社内部，拥有多数股份的理事（大股东核心成员）利用自己掌握的较大决策控制权，在日常生产经营及决策中损害广大普通社员的权益，以权谋私的现象。

合作社治理实际上就是合作社所有权安排的具体化。"一股独大"或"数股独大"是与治理中的"内部人控制"密切相连。在我国合作社产权结构中"一股独大"或"数股独大"的现象比较普遍，根据对《社长调查问卷》的统计，70.92％的合作社前10大股东的出资超过50％，而众多普通社员出资总额占总出资的比重10％以下的合作社占25.3％，比重10％—30％的合作社占42.9％，比重30％—50％的占22.4％，50％以上的占9.4％。大多数普通成员的总出资占合作社总出资的比重低于30％。从《社员调查问卷》来看，单个普通社员缴纳股金占总股金的比例，最低为0，最高为66.67％，平均为4.44％。缴纳股金比例最高的是核心成员，特别是社长（理事长）或理事等核心成员（详见上一章调查问卷分析）。核心成员常常是合作社资金、技术、人力及社会资源的主要提供者，拥有合作社的多数甚至全部股权，自然就拥有了合作社的控制权与经营管理权，因此，他们是合作社事实上的控制者，是合作社生产经营中拥有实际控制权的"内部人"，他们在合作社经营、管理中处于"核心"地位。

---

① 娄锋：《农民专业合作社内部治理机制研究》，《云南电大学报》2008年第3期，第63—67页。

② 参见［日］青木昌彦：《比较制度分析》，周黎安译，上海远东出版社2004年版，第274—275页。

广大的普通会员大多缺乏资金、技术以及人力和社会资源，自然对合作社的投入少，缺乏参与生产经营决策和监督的内在激励。这样，在许多合作社中就形成了以处于控制地位的大股东为核心社员层，处于依附和被控制地位的广大小股东（普通成员）为外围社员层的"核心-外围"结构。从客观的角度看，"内部人控制"能提高合作社在生产中或市场营销中的应变能力，提升生产经营的决策效率，在一定程度上降低合作社的生产经营成本。由于合作社的控制权掌握在少数人手里，合作社民主制度建设往往难以实施或完善，信息公开制度也难以建立，这样就不能排除少数核心成员利用职务之便以权谋私。如部分核心成员通过资产转移、内部交易、转移定价等方式将合作社的资产转移到自己手中，从而使得多数普通成员的利益受到侵害。例如，在实地调查云南省富宁县某养鱼专业合作社时，部分社员反映，由于他们的加入，合作社可批量购入鱼饲料和其他生产设备。每购 1 吨饲料，饲料厂返还 1 袋饲料和现金 1 元，而每年合作社购饲料均在 1000 吨以上，合作社所得返利都被理事长和理事会成员私分了，普通社员对此意见很大。根据委托-代理理论，合作社的社员大会与理事会之间是一种委托代理关系，但实际上由核心成员构成的理事会作为"内部人"控制或完全控制了合作社，在合作社缺乏有效激励机制、民主制度建设滞后或监督不力的情况下，合作社核心成员往往就会侵害广大普通成员的利益。

2008 年我们考察了云南省通海宏达洋桔梗专业合作社。该合作社成立于 2003 年 10 月，合作社的注册资金 27 万元中，理事长刘明出资 9 万元，其余 6 位理事每人 3 万元。合作社从乡里争取到 180 亩苗圃基地的援助（其中 80 亩无偿提供）。7 位理事的经营规模为理事长刘明 95 亩，副理事长兼会计申金龙 72 亩，秘书王凡 57 亩，副理事长周胜忠（监事会负责人）60 亩，理事赵启明（监事会成员）52 亩，理事刘超（监事会成员）44 亩，理事张贵 40 亩。此外，在镇里为合作社提供的 180 亩苗圃中，理事长"代管"60 亩，其余理事各"代管"20 亩。该合作社虽然有健全的组织机构，规范的规章制度，但实际上已被专业大户控制，合作社的一切生产经营决策权完全掌握在由专业大户组成的理事会手中，大家争取得到的土地援助主要被理事会成员所分享就是一个明显的例证。同时，上例还反映出"内部人控制"易导致监督失效，监事会成员由理事会成员兼任，等于自己监督自己，违背了监督的基本原则。在合作社治理结构中，社员大会是代表社员意志的最高权力机构，但该合作社从未举行过社员大会，究其原因，主要是因为合作社成员大多是由文化程度不高的农民组成，他们对合作社不是很了解，合作社的经营管理及相关财务知识更是匮乏，同时生产经营规模小，对合作社的投资少，承担的风险小，相应地能从合作社获得的收益也很有限，这样，广大社员对理事会成员的监督就变成了一件成本高昂、个人努力可能会被集体共享的工作。实践中，合作社在进行一些重大决策时，由于个人投入与其收益不对等，许多普通社员往往会放弃自己的参与权与监督权，一般没有人会坚持要求召开社员大会进行表决，基于"一人一票"的民主管理制度当然也就无法落实。

（五）"经济实体＋合作社＋农户"模式中，合作社往往丧失治理权[①]

"经济实体＋合作社＋农户"模式中，合作社往往被经济实体控制，部分甚至全部丧失了治理权。资金是合作社发展中最重要的生产要素，如果仅靠社员缴纳的股金，远远不够合作社正常生产经营直至扩大再生产的资金需求。为了解决资金瓶颈的制约，许多合作社与一些拥有资金、技术优势的经济实体进行联合，如与龙头企业、供销社等经济实体进行纵向联合。从农产品供应链的角度看，这些优势股东投入了供应链所需的大部分资金并承担了关键技术、产品加工、销售等服务工作，而合作社投入的资金较少，合作社主要是提供劳动力与场地。2006 年，我们曾到禄劝县奶牛协会调研。[②] 该合作社主要业务是奶牛养殖、良种繁育，对农户进行养殖科技培训，传递市场信息等，有社员 411 户。受资金与技术的制约，合作社仅仅靠自身的力量难以完成日常的生产经营工作。在 2006 年年初，

---

① 娄锋：《农民专业合作社内部治理机制研究》，《云南电大学报》，2008 年第 3 期，第 63—67 页。

② 参见娄锋：《农民专业合作社内部治理机制研究》，《云南电大学报》2008 年第 3 期，第 63—67 页。

合作社联合当地龙头企业——跃进乳业有限公司，公司提供资金与技术支持，形成双方合资的利益联合体。在 2006 年年底，跃进公司的投资为11.5 万元，占总资产的 41.4％。2010 年，我们再次到该合作社调研时，跃进公司的注资已增至 132 万元，占总资产的 87.33％，不仅如此，公司的技术与管理人员已被派到合作社生产一线进行管理，合作社已完全被企业控制，名副其实的"公司第一车间"。这种联合股权结构的集中化必然表现出决策权的集中化，公司在相当程度上拥有了合作社的生产经营决策权，联合营运中，合作社往往处于从属、被动地位。在这种格局下，对于广大社员来说，合作社内部治理是外生的，是由合作企业决定的。为了获得合作带来的收益，广大社员往往会放弃合作社全部或部分经营和管理决策权，而将其让渡给合作的企业。

（六）监督机制缺失或失效

社员大会是反映全体社员意志的最高权力机构。理事会、监事会分工协作，又相互牵制，并最终受制于社员大会。但实践中的合作社往往"三会"（即指社员大会、理事会与监事会）残缺，"三会"健全的大多也不能有效实施科学的监督、制衡机制，主要还是靠血缘、亲缘、地缘及传统文化上的道德约束，当前整体素质有待提高的农民社员在合作社制度建设中还很难做到科学理性、客观公正和监督有效。

1. 社员大会监督失效

《农民专业合作社法》第三十三条规定："合作社的理事长或者理事会应当按照章程规定，组织编制年度业务报告、盈余分配方案、亏损处理方案以及财务会计报告，于成员大会召开前十五日，置备于办公地点，供全体成员查阅。"首先，社员加入合作社往往将自己设定为被服务者，更关注自己的生产资料供应和产品销售，而忽视监督者的角色；其次，许多合作社存在"内部人控制"现象。在这类合作社中，核心成员不大可能支持社员大会监督机制的完善以充分发挥其功能，甚至有可能为了自身的利益压制社员大会监督机制的构建与完善，相当一部分合作社自成立以来，理事长或理事会几乎没有主持召开过社员大会就是一个明显的例证。最后，为大集体的权利而努力的收益-成本比过低且易被其他社员"搭便车",广大普通社员没有内在动力建立、完善社员大会的监督机制,而是想"搭其他人的便车",这将会导致众多普通社员在社员大会监督活动中的边缘化,这一现象将会随着合作社规模的扩大而更显著。总之,上述各种原因交织在一起,导致社员大会的监督机制无法建立或完善,甚至已经建立起的监督机制也会逐渐弱化。课题组在对合作社调查中也发现,经常参加社员大会监督活动的普通社员极少,普通社员很少向社员大会反映合作社存在的问题,因为广大社员觉得向社员大会反映问题,不会有多大作用。

2. 监事会监督乏力

首先,监事会的重要职能之一就是负责对理事会的生产经营行为进行监督,依据《农民专业合作社法》的理想设计,监事会与理事会应是两个相互独立、均对社员大会负责的平级机构。但实际上监事会与理事会并不相互独立,监事会成员与理事会在经济上存在利害关系。《农民专业合作社法》第二十六条规定,执行监事或者监事会成员由社员大会从合作社社员(合作社的所有者)中民主选举产生(这说明监督权还没有从所有权中分离出来),而这些监事在其家庭生产中要接受理事会及其管理下的合作社提供的服务,在经济利益上利害攸关,这样即使理事长或理事会其他成员有徇私舞弊的行为,监事会也不大可能实施有效的监督,甚至还可能与理事会产生"合谋"行为,共同侵害广大普通成员的利益(这说明合作社产权社会化有待进一步深化与完善)。其次,监事会与理事会也不是平级机构。《农民专业合作社法》第二十六条规定:"理事长为本社的法定代表人",在社员大会监督机能失效的情况下,理事长就可以以法定代表人的身份对监事会实施管理,监事会的权力受到控制与制约,很难有效地发挥监督作用。现实中,广大社员对生产经营中的违规行为表达不满,大多找理事长或理事会反映,而几乎不找监事会。最后,监事会成员大多来自核心成员,甚至是理事会成员,这导致监事会的独立性差甚至丧失独立性。《农民专业合作社法》第二十六条规定:"理事长、理事、经理和财务会计人员不得兼任监事。"但核心成员组成的理事会是合作社实际上的控制与管理中心，使得这一条规定往往难以落实。例如上文中提到的通海宏达洋桔梗专业合作社3名监事均来自理事会，就出现了自己监督自己的局面，监事会完全丧失独立性。当前，最关键的问题是要民主选举合作社法定代表人，并对执行监事或监事的来源及其职权做出明确的规定，同时加强广大社员和社员大会对执行监事或监事会的监督，而现行《农民专业合作社法》的相关规定过于笼统、简单，可操作性不强，监事会难以发挥有效的监督作用。

3. 外部监督缺失

首先，当广大普通成员难以实施监督时，部分地方政府的主管部门却无所作为。《农民专业合作社法》第十六条规定："农民专业合作社成员享有下列权利：……（四）查阅本社的章程、成员名册、成员大会或者成员代表大会记录、理事会会议决议、监事会会议决议、财务会计报告和会计账簿；……。"合作社管理层要本着公平、公正、公开的原则处理合作社的一切事物，允许成员对其关心的合作社生产经营活动记录进行查阅与质询。但这一法定要求在现实中往往得不到执行，从社长问卷的回答来看，仍然有41.7%的合作社从未向全体社员公开过财务和营运情况，实践中合作社管理层的活动得不到广大社员的有效监督。在"内部人控制"下，广大社员的监督努力又难以实现，如果这时当地政府的相关主管部门"袖手旁观"，那么合作社管理层的机会主义行为就难以得到有效的约束。其次，国家对管理层约束机制的制度设计不健全。《农民专业合作社法》及《示范章程》均没有明确当理事长、理事或监事等管理人员违反有关合作社的法律法规，侵害了合作社或广大普通社员的利益时，应该如何处罚。当前，尚没有一个详细的、具有可操作性的规定。最后，合作社会计内控制度的缺失与财务管理混乱，除合作社管理层不重视会计工作以及从事会计工作的人员业务素质差外，没有政府相关部门进行监督、指导或培训也是导致会计内控制度建设严重滞后的一个重要原因。

四、农民专业合作社内部治理问题的原因解析

(一) 农民专业合作社法定治理制度设计上存在的不足

1. 社员大会的负责人没有明确

《农民专业合作社法》没有明确社员大会由谁负责，仅是在《示范章程》第二十三条规定："理事长主持召开成员大会"，这就使得理事长的权力过大。当前，产权结构中的"一股（或数股）独大"往往导致合作社经营管理的权力偏向以理事长为代表的大股东或核心成员，如果让理事长在议事程序上控制了社员大会，往往就会使得公平合理——保护广大普通社员的法定实体制度难以得到贯彻落实。西方农业发达国家的农业合作社成员大会常常民主选举大会主席负责大会的工作，进行民主评议并主持召开社员大会，理事会（董事会）中任何一个成员均不得干预，这样用科学的程序制度安排来保障公平、合理的实体制度[1]安排可以顺利实施。此外，社员大会没有具体的负责人，使得社员大会的制度建设无法开展，也无法强化社员大会的作用，广大社员形同"一盘散沙"，造成在"经济实体＋合作社＋农户"的联合模式中，合作社往往丧失内部治理权。

2. 没有强制设立执行监事或监事会

《农民专业合作社法》第二十六条规定："农民专业合作社可以设执行监事或者监事会。理事长、理事、经理和财务会计人员不得兼任监事。"这就是说合作社可以根据自身的发展情况决定是否设立执行监事或监事会。[2] 产权社会化下，合作社所有权与经营权分离，普通社员与理事会及其成员之间形成了委托代理关系，这一关系中，普通社员（委托人）关心

---

[1] 实体制度指要制定的制度及制度的内容。关于实体制度与程序制度的相关理论参见吴小英：《对"程序优先原则"合理性的几点思考——兼论程序制度的价值》，《学术论坛》2007 年第 6 期，第 151—154 页。朱永红：《程序公正简论》，《河北法学》2002 年第 3 期，第 136—139 页。万毅：《程序法与实体法关系考辨——兼论程序优先理论》，《政法论坛》2003 年第 6 期，第 101—110 页。王烨：《"程序先于权利"原则对中国现代法治的借鉴价值》《安阳师范学院学报》2004 年第 4 期，第 27—30 页。

[2] 可能顾及当前多数合作社生产经营规模较小、实力弱，为降低经营的管理成本而没有强制设立执行监事或监事会。

的是自己财产的增值及惠顾收益，而理事们（代理人）可能有着自己的利益驱动。现实中，理事们作为替普通社员理财的经纪人，既掌握合作社及市场的充分信息，又有较大的权力，同时还要考虑自己的利益，如没有监督，很有可能会出现以权谋私的行为。为最大限度地降低这种现象出现的可能性，保障广大普通社员的合法权益，实践中的合作社需要强制设立监事会或执行监事（人数少的合作社可设一名执行监事），以强化监督约束，维护广大普通社员的利益，顺应合作社产权社会化的内在要求。从问卷调查中我们得知，61.2%的合作社成立了监事会，可见现实中多数合作社认为监事会是很重要的。

3. 合作教育的制度设计缺失

西方农业发达国家的合作社成功发展演进的历史事实证明：合作文化及相关知识的教育是合作社生存直至健康、持续发展的支柱与灵魂。西方农业发达国家在进行合作社及其相关法律法规制度设计时均非常重视对合作教育的制度设计，有专门的条款陈述对合作教育的要求。在我国的《农民专业合作社法》中没有合作教育的规定，合作教育、合作奉献精神的培养，以及合作社生产经营及市场营销的相关人才培训等还未引起政府足够的重视。对于"生不逢时"的我国农民专业合作社来说，一产生就面临着与工业资本的激烈竞争。学习合作社相关知识，特别是合作社生产经营与管理知识和培养合作奉献精神，对合作社的生存与发展显得尤为重要，合作教育的制度设计缺失往往使得合作社在激烈的市场竞争中处于弱势。

（二）理事会的权力过大且大多不受约束

现实中理事会的权力过大且大多不受约束，这是造成合作社内部民主治理制度无法落实，不民主的治理制度难以改善以及"内部人控制"等现象的主要原因。理事会的权力过大且大多不受约束，究其原因有客观与主观两个方面。从客观原因来看，主要是由于我国农业合作化形成的特殊路径造成的（如先产业化后合作化、龙头企业先期进入农业领域以及农户分化严重导致产权结构上的"一股（或数股）独大"等）。主观原因是合作社理事长为代表的理事会（管理层）民主合作管理意识不强，广大普通农户社员文化素质不高，对合作社及其相关治理知识不了解等使得普通社员不会积极、主动地争取、维护自身的合法权益。显然，我们无法改变我国农业合作化形成的特殊路径，只能最大限度地降低主观原因造成的负面影响。下面，我们具体解析主观原因。

1. 管理层的原因

（1）合作社管理层民主合作管理意识不强

随着我国《农民专业合作社法》和农业部《示范章程》的颁布及实施，理事长及理事会管理层的产生、性质、作用等都得到了相应的清晰界定。在内部治理方面，《农民专业合作社法》与《示范章程》对理事长及理事会的职能权限均进行了清晰地界定。作为舶来品的合作社及其内部治理制度安排对多数合作社理事长及理事会其他成员还是一个新鲜事物，理事长及理事会其他成员大多不会按《农民专业合作社法》与《示范章程》的要求来治理合作社。而是按其长期农业生产经营中形成的认识与习惯，再加上当地村社文化下的行为准则来治理合作社，如许多合作社的负责人说："我投入了那么多资金、时间、精力，合作社的管理当然应由我说了算。"可见，他们还是不了解合作社。当前，由于多数合作社理事长及其他理事会成员缺乏对合作社内部治理的正确认识，导致其民主合作管理意识不强，规范的合作社民主管理制度难以建立，这说明今后亟待加强对合作社管理层人员民主合作意识的教育与培训。

（2）合作社管理层的合作管理能力也亟待提高

我国绝大多数合作社的构建和发展特点是：大股东牵头，小股东跟进，处于合作社日常生产经营治理中心的理事长及其管理下的理事会成员大多来源于大股东，其能力对于合作社的合作管理制度的建立至关重要。合作社是一类特殊的生产经营组织，有自己独特的文化和价值追求，其内部治理也与众不同。我国合作社理事长及其他理事会成员大多来源于农村，受自身文化水平限制，再加上合作社相关知识宣传滞后，他们大多缺乏对合作社价值目标及特殊治理方式的了解，民主协商、民主控制生产经营的能力低，简单、武断，甚至是专制的治理常常导致合作社核心成员与普通成员间的矛盾激化。因此，在合作社知识的相关培训与教育中，对理事长及其他理事会成员的合作管理能力的培训很重要。

2. 普通农户自身的原因

(1) 普通农户社员文化素质不高

从课题组调查的情况来看，被调查合作社普通社员文化程度在小学及以下的占 28.19%，初中占 40.36%，高中占 24.67%，高中以上的占 6.78%，这个结果表明，目前合作社成员的文化程度大多为初中及以下文化，而高中以上学历者仅占被调查人数的 6.8%。普通社员的文化水平低必然会影响其对市场经济及合作社相关知识的了解，普遍缺乏合作社经营管理和市场营销知识，这就造成普通成员对核心成员依赖性很强。因此，在课题组调查的许多合作社的内部治理中，广大普通社员往往不是治理的主体，他们在合作管理中只能被动地服从于核心成员。

(2) 普通社员追求风险最小化而不是收益最大化

市场经济或商品经济追求的目标是收益最大化，而自给自足的小生产追求的是风险最小化。当前我国农民的整体收入水平还不高，多数农户家庭经营正从自给自足的小农经济向商品经济转变，但长期以来自给自足的封闭生产"固化"了农户的生产行为模式，农业生产经营中追求风险最小化而不是收益最大化。就课题组调查的情况来看，当前多数合作社没有收益留成或单位资金预留，合作社不能根据普通社员的交易额（量）来动态调整其在合作社的股本金与其交售额（量）一致（即让普通社员承担部分市场风险），这样普通社员把农产品交售合作社几乎是没有风险的（即不管普通社员交售多少产品，合作社都得接受，尽力帮其销售）。而社员投入股本金有投资风险，而且这种风险是小农或普通社员要规避的（小农或普通社员存在追求风险最小化的路径依赖），因此对农户来说最优的选择就是少出资甚至不出资，只要获得交售权即可，这样就可以最大限度地规避投资风险。由于没有收益留成或单位资金预留来根据社员的交售额（量）动态调整其在合作社的股本金（投资）。为规避投资风险，普通成员就尽量少出资，当然合作管理中也就没有多少话语权，这就使得合作制人人参与的民主管理原则难以落到实处。

（3）普通农户对合作社及其相关治理知识不了解

我国农民专业合作社正规化发展已经走过了 10 个年头，但广大普通农户依然缺乏对合作社及其治理方面知识的了解。广南县坝美镇龙卜食用菌栽培农民专业合作社、重庆宝裕西瓜种植农民专业合作社、成都好嘉土鸡养殖专业合作社、百色兴兴畜禽养殖农民专业合作社的许多社员反映，发起者曾向他们介绍，成立合作社可以得到国家的优惠政策支持，有很多好处，甚至能获得当地供销社或企业的注资。结果合作社成立后，四家合作社都没有获得任何资助，后三家已倒闭，第一家合作社还在勉强运作。社员不了解合作社的相关知识，有的甚至连"合作社为何物"都不知道，当然也就不可能去考虑如何参与合作社的治理，如何构建、完善合作社内部机构以及如何进行相关制度设计等问题。现实中，大多数普通社员不会主动要求合作社公示生产经营情况，更不关心合作社的内部治理，大多只关心他们的最表面、最直接的利益，如合作社供应种子、种苗、种畜的价格，产品的收购价格等。《农民专业合作社法》赋予了每一个普通社员参与合作治理的权力，但由于社员对合作社及其相关治理知识不了解，这种权力难以得到有效的发挥，这说明对合作社及其相关治理知识的普及与宣传工作还任重道远。

（三）合作社的外部环境因素

1. 部分基层主管部门人员缺乏对合作社内部治理的正确认识

随着我国《农民专业合作社法》和农业部《示范章程》的颁布及实施，合作社的内涵、性质、基本原则等得到了清晰界定。在合作社内部治理方面，《农民专业合作社法》与《示范章程》均有相应的规定。目前，由于专业合作社的部分基层主管部门人员缺乏合作社及其内部治理的相关知识，这就导致他们无法正确指导农户建立、发展内部治理相对规范的合作社，同时也无法对合作社内部治理是否规范进行监督，也无法对内部治理不规范的合作社进行整改指导。在课题组调查的一些地区，合作社的主管单位中有不少干部不了解《农民专业合作社法》，更不了解合作社及其内部治理的相关知识，这说明对基层主管部门人员合作社相关知识的教育与培训也亟待加强。

2. 传统村社文化的负面影响

合作社的产生和发展，与农户的自我意识、平等意识、民主参与意识、竞争和创新意识等有着不可分割的必然联系。就中国农村目前的情况来看，有知识、有文化的农村青壮年劳动力已大量外流，留守农民整体素质偏低，对合作社的基本知识缺乏足够的了解。这使得长期自然经济生产模式下形成的传统村社文化，就在合作社建设的非正式制度安排中处于主导地位。传统村社文化强调的是个人理性而非合作制下的集体理性，合作社业务处理中更多的是看重血缘关系、人际关系而非正式规章制度，这不利于合作社制度的形成。因此，当合作社制度作为舶来品被引入中国农村时，受制于对合作社相关知识的了解，农户依然沿用着传统村社文化下的非正式制度，依靠血缘或亲缘关系来处理合作社事务，这与合作社发展所要求的人人遵纪，按纪律或规则去处理合作社事务的制度要求格格不入，即中国农户更习惯用传统的做法、习俗来代替正式制度，这种状况不利于合作社制度的形成。总之，在我国合作社的内部治理建设中，由于缺少对合作社知识的了解与认同，传统的村社文化在非正式制度安排中必然占据主导地位，这使得实践中的合作社内部治理要符合经典的合作制要求变得困难重重。

五、小结

当前，我国合作社内部治理存在的问题主要表现在以下六个方面：（1）从合作社各机构治理活动中存在的问题来看，社员大会失效；监事会形同虚设；管理层健全与完善治理的内在激励不足；（2）从合作社民主治理制度建立与完善中存在的问题来看，合作社内部民主治理制度无法落实，并且不民主的治理制度也难以改善；（3）从财务管理工作来看，合作社会计内控制度缺失，财务管理混乱，会计工作完全失去了对合作社经济活动进行考量与监督的作用；（4）从合作社民主治理工作实施的情况来看，治理中普遍存在"内部人控制"现象，这导致民主的管理、决策制度难以推行；（5）在"经济实体＋合作社＋农户"模式中，合作社往往丧失治理权；（6）从合作社内部治理的监督工作来看，监督机制缺失或失效，表现为：社员大会监督失效；监事会监督不力；外部监督缺失等。

我国合作社治理出现的问题，可从内部治理制度设计、理事会及普通农户自身、合作社外部环境等几个方面来分析原因。从合作社内部治理制度设计来看：（1）法律条款中对社员大会的负责人没有明确，分工不明则责任不清，易导致社员大会失效；（2）没有强制设立执行监事或监事会，合作社治理结构安排中忽视了内在监督机制的健全与完善。由于理事长是合作社法定的法人代表，这突显了理事长在理事会及合作社生产经营决策中的重要性，权力过于集中，如果这时又缺失了监事会或执行监事的监督，这对于合作社进行民主管理制度建设是极为不利的；（3）合作教育的制度设计缺失。从理事会自身来看，理事会的权力过大且大多不受约束，究其原因有客观与主观两方面，客观原因是我国农业合作化形成的特殊路径造成的，主观原因包括管理层和普通农户自身两个方面。从管理层来看：（1）管理层民主合作管理意识不强；（2）管理层的合作管理能力也亟待提高。从成员自身来看：（1）普通农户社员文化素质不高，影响了他们对合作社治理的认知和理解；（2）普通社员受长期自给自足生产方式的影响，对生产经营行为的路径依赖，普通社员追求风险最小化而不是收益最大化，对合作社投资少，没有多少话语权。上述普通社员自身存在的问题导致其在合作社治理中的边缘化，这不利于合作社民主管理制度的建设，也不利于合作社内部管理水平的改善与提高。从影响合作社内部治理的外部环境因素来看，存在部分基层主管部门人员缺乏对合作社内部治理的正确认识，传统村社文化的负面影响等问题。

第三节 中国农民专业合作社的分配制度分析

分配关系是生产关系的重要组成部分，是产权关系在经济上的最终实现形式。对合作社来说，分配制度是合作社实现社员所有者权益的重要保证，体现了合作社"农户所有、民主管理、农户受益"的重要属性。一个科学、合理的分配制度既能有效激励成员努力工作，又能吸引优质资源进入合作社，可以说，有效、合理的分配制度是实现合作社可持续发展的关键。因此，深入解析我国农民专业合作社分配制度存在的问题，结合合作社内、外部各种影响因素，进行科学的分配制度设计，对合作社持续、健康发展具有十分重要的意义。

通过第二章的调查问卷分析发现，我国合作社大多处于建设初期，发展水平不高，缺乏资金支持，在成立时只能吸纳有限的股金，对外融资又困难，生产经营规模难以扩大，业务大多只能停留在初级产品的生产流通领域。合作社作为农户与农产品加工企业或市场的中介，带动农民增收的能力不强。从合作社内部看，存在着社员的总体综合素质偏低，管理和技术人才缺乏等问题。因此，在低生产力水平下，大多数合作社内部专业化分工协作难以形成，表现出合作社内部许多工种是兼职的，甚至是无偿兼职，经理层与雇员层就不可能形成，也就不存在经理与雇员的收入分配制度（分配主体层尚未形成）。当前，我国绝大多数合作社的分配主要是盈余分配，内容包括合作社的公共积累、盈余返还、股金分红等。

一、农民专业合作社盈余分配的含义、性质及法定分配制度的特征

（一）农民专业合作社盈余分配的含义及盈余的来源

1. 农民专业合作社盈余分配的含义

依据《农民专业合作社财务会计制度（试行）》（以下简称《会计制度》）的规定，盈余是指合作社一定时期内已实现的收入与生产经营过程中相关成本费用之间的差额。（盈余可分为税前盈余与税后净盈余，由于税收具有强制性，合作社的盈余应是税后净盈余）；收入主要指合作社一定时期内实现的经营收益和其他收入；合作社的生产经营成本是指合作社直接组织生产或对非成员提供劳务等活动所发生的各项生产费用和劳务成

本。据此,《会计制度》定义了合作社的本年盈余＝经营收益＋其他收入－其他支出。

2. 农民专业合作社盈余的来源

由于合作社的特殊性,相对于股份制企业,合作社盈余来源的渠道多,如以集体的力量进入市场,批量购入生产资料以获得折扣或折让,相当于降低了合作社的生产经营成本;集体议价,获得一个高于当地市价的收购价格,直接增加了合作社的收益。同时,合作社还可获得国家、地方各级财政及税收政策的支持(能间接或直接增加合作社的盈余),《农民专业合作社法》从第四十九条至第五十二条对国家、地方财政资金与政策扶持、政策性金融机构支持以及税收优惠等方面做了具体规定,这些支持政策相当于降低了合作社的经营成本增强了合作社实力以促其提高收益。从理论上讲,合作社的盈余是多样化的,有国家、地方相关机构和部门的扶持资金,由于合作社的特殊性,还可能有企业或个人的捐赠。此外,对非成员、其他合作社或其他经济实体提供以盈利为目的服务,也是合作社盈余的一个重要来源。多样化的盈余来源是吸引和激励农户加入合作社的重要动因。

(二) 农民专业合作社盈余分配的性质

生产资料所有制是构成生产关系总和的基本经济范畴。社会经济性质首先由生产资料归谁占有来决定。生产资料所有制不只表示生产资料的占有、使用,还在经济运行中对分配、交换、消费等起着制约作用。由此可以揭示企业经济组织的分配制度得以形成的基本逻辑:生产资料所有制决定企业的分配结构或分配制度。(这一逻辑将贯穿我国农民专业合作社分配制度分析的整个过程)

正如本章第一节所述,由于我国发展合作经济特殊的内外部条件,合作社存在两类产权制度基础,导致两类产权制度模式,从而形成了两类合作社。由于产权制度不同,这两类合作社的分配制度有着重要区别:第一类合作社分配制度的核心是盈余分配;第二类合作社,特别是企业等外来经济实体牵头成立的合作社,其分配制度核心是利润分配。这里,第一类与第二类合作社分配制度并非泾渭分明，两类合作社差异的大小主要由两类合作社产权性质与结构的差异来决定。投入的股金差异小、均等性高，股东成员的异质性小，合作社分配制度就越接近经典合作社的分配制度，即盈余按交易额（量）分配的比例高，股金利率有上限要求的可能性就越大。相反，投入的股金差异大、均等性低，股东成员的异质性大，合作社分配制度就越接近股份制企业的分配制度，即按要素分配，盈余按交易额（量）分配的比例会很低甚至没有，股金红利无上限的可能性就越高。如图3—2所示。

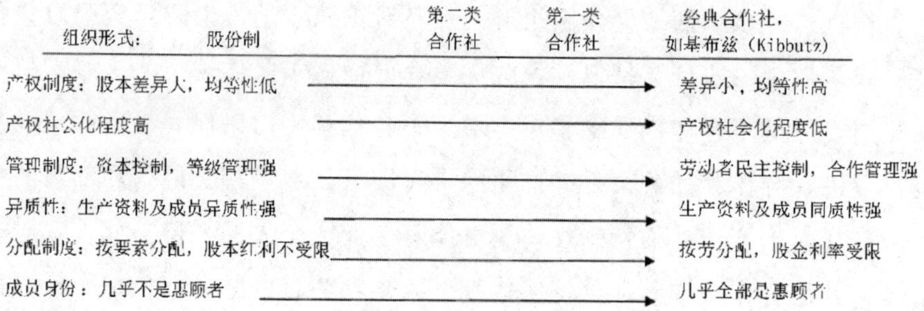

图3—2 我国农民专业合作社分配制度分布

（三）农民专业合作社法定分配制度的特征

从盈余分配的原则、顺序、分配的权力行使及分配的方法与对象等方面来看，我国《农民专业合作社法》基本上遵循了经典合作社分配制度的要求。

1. 合作社为成员设立账户以记录分配的盈余

在罗虚戴尔公平先锋社时代，合作社就已经设立了账户登记成员的惠顾额（量）并记录分配至社员名下的盈余，在西方这一传统一直延续至今。我国《农民专业合作社法》也要求以设立账户的方式记录分配至社员名下的盈余（具体账户格式及要求参见《会计制度》），可以方便合作社及社员对盈余分配进行核算，同时便于监督检查。

2. 盈余按劳分配为主，按股分配为辅

盈余主要按劳分配，即主要按交易额（量）分配。《农民专业合作社

法》第三条第五款规定："盈余主要按照成员与农民专业合作社的交易量
（额）比例返还。"基于我国农村的现实情况，由于对稀缺要素——资金的
需求，合作社激励社员或非社员个人、经济实体向合作社投资，合作社法
没有禁止盈余分配中可以按股分红，但可供按股分红的盈余比例受到限
制，即按股分配为辅。依《农民专业合作社法》第三十七条规定，可分配
盈余中，至少有 60％要按成员与合作社的交易量（额）比例分配。盈余
主要按交易额（量）分配后，余下的可按股分配。

3. 按交易额（量）分配后的盈余按成员户头股金比重分配

《农民专业合作社法》第三十七条规定："在弥补亏损、提取公积金后
的当年盈余，为农民专业合作社的可分配盈余。可分配盈余按照下列规定
返还或者分配给成员，具体分配办法按照章程规定或者经成员大会决议确
定：（一）按成员与本社的交易量（额）比例返还，返还总额不得低于可
分配盈余的百分之六十；（二）按前项规定返还后的剩余部分，以成员账
户中记载的出资额和公积金份额，以及本社接受国家财政直接补助和他人
捐赠形成的财产平均量化到成员的份额，按比例分配给本社成员。"上述
两项规定，明确了盈余按交易额（量）分配后的剩余部分，按成员当时户
头股金的比重进行分配。《农民专业合作社法》没有规定如何动态调整户
头股金，使其所有者在与合作社的交易中实现权、责、利关系对等、
匹配。

4. 对农民专业合作社法定分配制度的认识

可按股分配盈余，即"按预付股金、入股土地等要素投入的比例分配
盈余"——这不是按资分配吗？马克思、恩格斯提出的社会主义按劳分配
原则是建立在全体劳动者共同占有生产资料，共同进行生产劳动，这时的
分配原则自然就是按劳分配。但是，按照马克思、恩格斯的设想，合作社
按劳分配原则应建立在生产力水平较高的社会主义社会，而在社会主义发
展初期，合作社可"按投入生产资料的比例分配收益"。[①] 在这里，马克
思、恩格斯对社会主义制度下合作社分配制度的设计坚持了生产力标准，

---

① 《马克思恩格斯全集》第 4 卷，人民出版社 1995 年版，第 310 页。

即分配制度要有利于合作社对各种生产要素的吸纳，要有利于合作社生产力水平的提高。可见，对合作社分配制度的考量，要基于生产力标准，考察该制度是否有利于合作社生产经营效率的提高和成员收益的增加。

二、农民专业合作社盈余分配制度存在的问题：理想与现实的冲突

合作社盈余分配制度包括：（1）分配的原则、对象、方式等制度安排；（2）分配的决策过程、分配的执行程序等制度安排。对于（1）的制度安排中最重要的是盈余分配原则，其中社员分配原则及公共积累分配原则是盈余分配原则的两项重要内容。因此，本研究以《农民专业合作社法》规定的社员分配原则及公共积累分配原则为依据，对比分析法定制度安排与现实的差异，从而得到启示。

（一）农民专业合作社盈余分配的法定制度安排与现实的差距

1. 合作社盈余分配原则

依据我国《农民专业合作社法》第三十七条第二款的规定，合作社盈余主要根据社员与合作社的交易量或交易额（农户提供的劳动产品多少）比例来分配给社员，分配总额不得低于可分配盈余的百分之六十，① 即按交易额（量）分配（按劳分配），这是我国合作社盈余分配的主要原则。此外，第三十七条第二款还规定了盈余分配的补充原则：在按交易额（量）返还后，如还有剩余，可按成员账户中累积的股本占总股本的比例分配，即按股分配，这样的制度安排，体现了以农户为中心，为农民服务的宗旨。但从课题组调查的情况来看，当合作社采用两种及两种以上分配方式时，总盈余中按交易额（量）分配的部分平均占40.4%，按股分配的部分平均占48.8%，盈余偏重于按股分配，现实与理想制度设计相冲突。

2. 合作社公共积累的分配

《农民专业合作社法》第三十五条规定："农民专业合作社可以按照章

---

① 《示范章程》第四十六条第一款也有类似规定。

程规定或者成员大会决议从当年盈余中提取公积金。公积金用于弥补亏损、扩大生产经营或者转为成员出资。每年提取的公积金按照章程规定量化为每个成员的份额。"第四十六条又规定:"农民专业合作社接受国家财政直接补助形成的财产,在解散、破产清算时,不得作为可分配剩余资产分配给成员,处置办法由国务院规定。"由此不难发现合作社法中有关公共积累的分配具有以下特点:第一,关于盈余分配的顺序是首先提取公积金,弥补亏损、扩大生产经营后再分配给社员。《农民专业合作社法》第三十七条规定:"在弥补亏损、提取公积金后的当年盈余,为农民专业合作社的可分配盈余。"部分研究者仅从这一规定来分析,错误地认为合作社的盈余分配顺序为:"先弥补亏损,后提取公积金,再将余下的可分配盈余返还给成员。"结合公积金的性质及第三十五条的规定,可推理出《农民专业合作社法》的本意是先提取公积金(基于财务管理的审慎原则,会计准则要求公积金每年都要提取,以弥补可能出现的亏损),再弥补亏损、扩大生产经营规模后,如有剩余可转化为成员出资,或按照章程规定量化为每个成员的份额。① 立法本意是要尽量减少"共同共有"财产,因此公积金的提取一定是满足弥补亏损、扩大生产经营等需要,否则全部按章程规定转化为社员财产了。现实中,许多合作社轻视优先提取公积金,没有公积金积累,结果导致本年如无盈余,亏损就无法弥补的问题。基于财务管理的审慎原则,建议新修订的《农民专业合作社法》应直接明确:在提取公积金,弥补亏损、扩大生产经营规模后,如有剩余可转化为成员出资,或按照章程规定量化为每个成员的份额;第二,合作社特定来源财产形成的公共积累在合作社解散、破产清算时不能分配给成员。《示范章程》第四十五条规定:"本社接受的国家财政直接补助和他人捐赠,均按本章程规定的方法确定金额入账,作为本社的资金,按照规定用途和捐赠者意愿用于本社的发展。"补助的"规定用途"是哪些,规定的主体是谁等没有明确和细化,如让合作社自己决定,随意性太强,在"内部人控

① 从这里可以看出,合作社的公共积累可分到成员名下,即我国合作社的公共积累不是"共同共有"财产,而是"按份共有"财产。

制"的合作社中，普通社员的利益可能会受到损害。"在解散、破产清算时，由国家财政直接补助形成的财产，不得作为可分配剩余资产分配给成员，处置办法按照国家有关规定执行"。具体的规定，特别是如何收回的处置办法还尚未出台，易激发部分合作社的机会主义行为，如在合作社存续期间尽量将国家财政的直接补助用完，让国家无法收回。"接受他人的捐赠，与捐赠者另有约定的，按约定办法处置"，即接受社会上个人或其他经济实体捐赠的财产依捐赠者的意愿办理，但这些捐赠财产在没有约定的情况下如何处理，《农民专业合作社法》《示范章程》没有涉及。现实中，在课题组调查的 387 家合作社中，有 73 家称获得过国家财政扶持，由于对国家财政直接补助形成财产的用途还未出台，73 家合作社中除 28 家用于购买生产资料外，其余的基本上将财政扶持资金分配给成员，多是按股分配，还有个别合作社仅仅只是在核心成员中分配，且分配账目混乱，国家财政扶持资金大多已"不知所踪"。有 11 家合作社接受过当地政府、企业、个人和当地供销社的捐赠，捐赠者大多没有指定用途，而合作社基本上是将捐赠分给成员，也有个别合作社核心成员私分捐赠，没有用于合作社的生产经营。极个别合作社，当获得政府、企业等的捐赠后，私分捐赠随后解散合作社，使合作社成为敛财的工具。

　　3. 合作社盈余分配的规制

　　对盈余分配的规制，《农民专业合作社法》第十二条规定："农民专业合作社章程应当载明下列事项：……（七）财务管理和盈余分配、亏损处理。……"第十六条规定："合作社成员享有下列权利：……（三）按照章程规定或者成员大会决议分享盈余。"再根据《农民专业合作社法》第十八条第四款的规定，成员大会行使"批准年度业务报告、盈余分配方案、亏损处理方案"的职权。由此可见，决定合作社盈余分配方案及程序的最高权力机构是成员大会。盈余分配的执行机构是理事会，《农民专业合作社法》第三十三条规定："农民专业合作社的理事长或者理事会应当按照章程规定，组织编制年度盈余分配方案，于成员大会召开的十五日前，置备于办公地点，供成员查阅。"盈余分配的监督机构是监事会或执行监事,《农民专业合作社法》第三十八条规定:"设立执行监事或者监事会的农民专业合作社,由执行监事或者监事会负责对本社的财务进行内部审计,审计结果应当向成员大会报告。成员大会也可以委托审计机构对本社的财务进行审计。"这些规定为我国农民专业合作社盈余分配的规范化建设提供了制度保障。但是,由于产权结构上的"一股(或数股)独大",导致治理中的"内部人控制",使得上述盈余分配的规制制度及程序安排往往落空。现实中,合作社盈余分配的决策权大多是由核心成员组成的理事会来行使,理事会制定有利于核心成员的分配制度,广大普通农户要么接受加入合作社,要么不接受不加入合作社。分配制度的制定及调整几乎不可能被列入大多数合作社社员大会的议题。分配制度大多在核心成员组成筹备委员会时就协商过,并达成一致意见,而监事大多也是核心成员,有的合作社理事会与监事会成员的重合率还比较高,这样,监事不大可能为广大普通社员的利益而对分配制度提出异议。

(二)农民专业合作社盈余分配制度理想设计与现实冲突的原因

1. 合作社盈余分配原则缺少灵活性

"按惠顾额(量)返还盈余"和"股本报酬有限"原则是我国《农民专业合作社法》规定的盈余分配最基本的两项原则,这一制度设计遵循ICA对合作社盈余分配的要求。但是如前所述,当前我国合作社发展的现实条件与西方合作社发展的内、外部条件已大相径庭,合作社形成的路径有天壤之别。首先,我国是先进行农业产业化,后进行农业合作化。在合作化时,农户已分化(已涌现出许多生产、贩销大户),并且大量龙头企业已进入农业领域。相对于广大的普通农户,生产、贩销大户,企业等经济实体由于拥有资金、技术、人力及社会等资源,有能力牵头成立合作社,他们对合作社的资金投入一定是最多的,必然形成"一股(或数股)独大"的产权结构,导致合作社治理中不同程度的"内部人控制"现象。为了多得到投入股本的收益,"内部人控制"的合作社,一定会提高股金的分配比例。其次,我国合作社发展的时间不长,普遍缺乏资金,而现阶段金融机构能提供合作社及成员使用的信贷产品又太少(参见调查问卷分析），大多数农民成员的资金又非常有限，为了吸引合作社发展初期急需的资金而不得不提高股金分配的比例。最后，在盈余不可按股分配的合作社中，成员的收益是在交易结束后才确定，在交易之前的很长一段生产经营过程中，成员不能得知自己的收益，即权、责、利关系不清晰，成员只愿意最低限度地投资入股（只要获得交易权就可以，尽量规避投资风险）。而在盈余可按股分配的合作社中，成员的股金能参与收益分配，这使得他们在交易之前就能确定自己的部分收益，如果提高股金分配的比例就意味着出资越多，能预期获得的收益就越多。如果看好合作社的发展前景，基于理性人假设，出于利益最大化的目的，成员会更倾向于加大对合作社的投资。就实践中的合作社来看，相当一部分合作社的返还比例没有达到国家60%的法定标准，盈余偏重于按股分配，特别是第二类合作社，按交易量（额）分配占总盈余的平均比重仅为8.53%，而按股分配的比重却高达87.96%。

理想与现实的冲突说明我们的制度设计缺乏灵活性，对合作社的调查也印证了这一点。实践中的合作社不会死守"按惠顾额（量）返还"和"股本报酬有限"原则，他们往往很现实、很灵活（许多研究者指出，随着外部市场环境的变化，合作社盈余主要"按惠顾额（量）返还"和"股本报酬有限"两项原则会导致合作社融资难的问题，对此引出了一系列解决该问题的方法。这实际是从理论上想象出来的一个伪命题，实践中的合作社对原则的遵守远远没有他们想象的执着，为生存和为应对激烈的市场竞争，合作社往往很现实、很灵活）。市场经济是追求效率的，必然存在优胜劣汰，合作社不会为了原则而放弃生存机会。课题组在走访与调研中发现，几乎没有合作社会为恪守法定分配制度而放弃一次理想的融资机会。广西百色市东楼水产养殖专业合作社是由11个普通农户（没有生产或贩销大户）于2012年7月1日发起成立，注册资金33万元，成立时各户生产经营规模大体相当。由于当年市场行情好，年底有盈余，分别按5%、2%提取公积金、公益金后，余下全部按惠顾量返还。2013年2月，当地供销社看好其发展势头，愿意注资50万元，合作社也急需资金建冰库，重修水库渔场至主干公路的道路。结果，2013 年 3 月 20 日，合作社重新修订章程，将盈余分配改为主要按股分配，顺利接收了注资。同样的情形也出现在贵州遵义市富华禽业农民专业合作社，该合作社由 8 个普通农户发起，成立于 2008 年 4 月 1 日，成立时注册资金 80 万元，每人出资 10 万元，2010 年社员已达 194 人，注册资金 480 万元。该合作社发展较好，盈余主要按惠顾返还至 2011 年年底。2011 年 10 月，与合作社长期合作的一食品加工企业愿注资合作社 160 万元，起先合作社给企业优先股，企业不同意，合作社最后让步并在企业的主持下，适当调高了社员们的股份比例，同时更改章程，实行按股分配。为了在激烈的市场竞争中生存下去，绝大多数合作社是很实惠、现实的，他们不会墨守成规，不会为了经典合作制原则而牺牲发展前景。因此，盈余是偏重于按股分配，还是偏重于按交易额（量）分配应具体问题具体分析，最好交给合作社民主决定。西方农业合作社发展演进的历程告诉我们，合作制能进入农业领域是效率选择的结果（或者说是农业市场经济发展的结果），而不是反过来为了发展合作事业而进行农业合作化（如人民公社）。其深层的含义是：农业合作化要基于我国的现实国情，合作社的制度安排要灵活，以能提高农业生产经营效率，改善农户收益作为衡量合作社制度安排科学、合理的唯一标准。

"一人一票"，按交易额（量）分配，控制股金利率是对劳动的民主，保护农业一线生产者的利益；而"一股一票"，按股分配是对资本的民主，是保护资本的利益。放弃按交易额（量）分配，不控制股金利率，可能会伤害农户的利益；而与资本合作，倾向按股分配能吸引稀缺的资本，会给合作社带来好的发展前景——这对于合作社是一个利弊权衡的问题，与资本合作比不合作的净收益高，合作就会实现，否则不会，对于合作的企业也是一样的。与资本的合作中，盈余如何分割是合作社与企业博弈的结果，这一结果由双方的实力对比、双方各自的合作的预期成本与收益对比、合作净收益与不合作净收益对比等因素决定。其中，合作净收益与不合作净收益对比即能分到多少净收益是最关键的，这也决定了双方合作的意愿程度及可实现性。可见，相对而言，怎样分配并不重要，关键是能分到多少，合作能提高合作社生产经营效率，比不合作时能更多地提高成员的净收入，这种合作就是有意义的，在实践中就会被实现。

现实中有许多合作社融资困难，其主要问题不是分配制度上的股金利率严加限制，而是合作社自身发展不尽如人意造成的。一位金融部门的负责人曾说过，对合作社投资考虑最多的是合作社自身发展状况，如资产、人员规模、市场份额、收益、信用等情况，不是合作社内部这样或那样的规定影响我们对合作社的投资，现在不愿投资，关键是合作社的实力弱，发展态势不明，风险大。

当前合作社需要规模化经营、扩大再生产；延长生产链并逐步向农产品加工业、农产品商贸流通业进军，同时合作社还需要引入现代科技来改造传统农业，实现高产出、高回报，这些均需要有较高的投入，资金在合作社的发展中会变得越来越重要。为了吸引资金，合作社资金回报比例的确定就需要有一定的弹性和灵活性，不能僵化地局限在可分配盈余的40%以内，要应因地（时）制宜、因势利导。实践中可由合作社民主决定资金回报在可分配盈余中的分配比例，在特殊情况下可大于40%。总之，《农民专业合作社法》应从制度设计上鼓励那些有资金、技术、社会资源、市场优势的企业、能人和大户把优质或稀缺要素投入到合作社中来，使各种生产资料在空间和时间上向合作社聚集，各要素所有者进行分工协作、提高合作社的生产经营效率，最终目的在于高效地实现农业现代化。

2. 合作社公共积累分配制度设计中的不足

公共积累分割不应一概而论，应该具体问题具体分析，因地制宜设计公共积累的分配制度，原则是效率优先，兼顾公平。根据我国《农民专业合作社法》的相关规定，公共积累的财产不论财产的来源及构成，基本上是"按份共有"（基本思想是把合作社的公共积累降到最低），成员在资格终止时可以要求对"按份共有"的公共积累进行分割。《农民专业合作社法》第二十一条第一款规定："只要成员资格终止的，合作社应当按照章程规定的方式和期限，退还记载在该成员账户内的出资额和公积金份额"。① 我们认为，上述"按份共有"的公共积累分配制度会产生以下问题：第一，易导致成员的机会主义行为泛滥，不利于合作社的持续发展和壮大。如果合作社的公共积累被分配至社员名下，成员间就没有维系他们共同利益的"纽带"，合作社生产经营困难或发展前景暗淡时，成员就有动机要求对合作社进行清算，合作社运作中就难以避免出现"遇险就散，遇难就垮"的现象；第二，导致合作社几乎没有稳定的法人财产。由于合作社财产的法人所有权与股东终极所有权没有分离，而公共积累又几乎按份分到个人名下，导致合作社几乎没有稳定的法人财产，这大大提高了合作社生产经营的风险。如成员在资格终止或对合作社现行政策有异议时，均可要求退还其出资和分配在其名下的公共积累，特别是大股东的退社将会带走相当一部分财产，可能会对合作社正常的生产经营产生强烈的"冲击"；第三，由于我国《农民专业合作社法》没有收益留成、单位资金预留以及循环资金融资和基本资金计划等制度设计，合作社成员惠顾合作社时，难以动态实现成员权、责、利关系一致、匹配，这样成员只要缴纳一定（可能很少，甚至没有）的股金就可以惠顾合作社，实现收益；而提取的"按份（指交易额）共有"公积金实际上是按交易比例增加社员的股本，离开合作社时可以带走，这样会使农户成员更关注自己的家庭生产经营，而忽视合作社的建设，特别是在农户急需资金时，这种矛盾会表现得更显著、更严重，一旦矛盾激化，成员可以撤走自己的资产，合作社总资产将会减少，任其发展下去，合作社就很可能会解散。基于对以上问题的考虑，我们认为应对公共积累分配制度的设计进行认真的研究、推敲，要具体问题、具体分析、利弊权衡，不可一概而论，才能构建科学合理、有效率的公共积累分配制度，确保合作社高效、安全地运行，从而不断提高成员的收益。

---

① 但特定来源形成的财产不可分割，如《农民专业合作社法》第四十六条规定："合作社接受国家财政直接补助形成的财产，在解散、破产清算时，不得作为可分配剩余资产分配给成员，具体处置办法由国务院规定。"

3. 合作社盈余分配决策程序及其实施与监督规制难以落实

合作社分配制度安排应有一定的灵活性，但这种灵活性应在民主制度控制下来实施。核心成员（大股东们）的权力不受约束，合作社就很可能变成侵害广大普通成员利益的组织，民主分配决策程序的实施与监督依然需要执行，甚至要加强，但实践中盈余分配民主决策程序及其实施与监督规制却难以落实，其主要原因有：

（1）法定盈余分配的民主决策程序难以落实

根据《农民专业合作社法》第二十二条规定："成员大会负责审议、批准盈余分配方案等合作社的重大事项。"但课题组在调查中发现，72.3%的合作社是由理事长（社长）或理事会来决定其盈余分配方案，由成员大会决定的不到20%。这是因为：第一，由于产权结构上的"一股（或数股）独大"，导致治理中的"内部人控制"，合作社的民主决策程序难以实施。当前，在广大农户普遍缺乏技术、资金、人力及社会等资源的情况下，农村生产、贩销大户及供销社等成了合作社股金的主要投入者，即成了合作社的大股东，而他们往往是理事会的成员，合作社的这种状况必然导致决策权高度集中于理事会或理事长，而不是社员大会。这样，合作社的盈余分配方案就由理事长或大股东们组成的理事会来决定，法定的盈余分配制度、程序自然不能落到实处；第二，从课题组调查的情况来看，多数合作社的盈余分配方案在合作社成立前，其筹备委员会就已经制定好了，社员大会上只要告知全体成员即可。并且，社员大会大多只是在成立时象征性地召开一次，之后就不再召开，更不可能对盈余分配做出决议或调整。这样，合作社没有定期或不定期的成员大会制度，再加上权力集中于理事会，民主决策制度自然无法落实；第三，社员大会、执行监事或监事会的合法权利没有得到法律的支持。社员大会、监事会（或执行监事）在分配制度制定上的决策权与监督权受到侵害时应该如何处置，《农民专业合作社法》没有明确说明。与西方各国的合作社法不同，我国的《农民专业合作社法》缺乏对社员大会、监事会（或执行监事）以及社员的民事诉讼权利的规定，仅规定了他们在生产经营中的权、责、利关系，对于侵害社员大会、监事会（或执行监事）以及社员权益的行为应该如何处理，特别是如何通过外部司法程序，如仲裁、复议、申诉、请求赔偿及其相关诉讼要求则没有做出相应的规定。

（2）盈余分配的共同协议难以执行

部分合作社在盈余分配决策之后所形成的共同协议难以执行。在实践中，许多合作社不严格按照共同协议的规定进行盈余分配，为了核心成员小集团的私利，任意更改盈余分配方案。在分配过程中，核心层不按事先与普通成员达成的（口头）协议操作，随意改变按股金分红和按交易额（量）返还的比例。例如云南省广南县某姑娘茶业农民专业合作社曾一年之中先后三次强行更改盈余分配方案，盈余分配向 5 名核心成员大幅倾斜，现合作社已有四分之三的社员退社。此外，许多合作社核心成员认识不到位，一位合作社理事长认为按优惠价格向成员提供生产资料，免费或收取少许费用对成员进行技术培训等，对成员来说已经是优惠了，不应再按合作社章程的要求进行盈余返还。显然，这位理事长没有正确地理解合作社的分配性质。

（3）监督盈余分配的机制不健全

盈余分配的监督可以划分为广大普通社员的监督、合作社监事会（或执行监事）的监督、社员大会的监督以及政府部门的监督四个层次。现实中，这四个层次的监督都亟待完善。

第一，普通社员监督的缺失。从理论上讲，盈余分配与社员自身的利益息息相关，社员是最有内在激励对盈余分配进行监督的，并且《农民专业合作社法》也赋予了社员对盈余分配进行监督的权力。但是，一方面由于目前立法中对违反"财务等信息公开制度"的惩戒机制、司法救济及司法救助①规定缺失，这使得成员监督变成了一项成本高、收益低，个人努力易被其他成员"搭便车"的工作。另一方面，由于对合作社相关知识的教育与培训不足，甚至没有，广大普通社员缺乏对社员大会在盈余分配方面权力的认识，这也是造成普通社员监督缺失的一个重要原因。此外，在当前农产品卖难的情形下，缺少关键、稀缺性要素，缺少技术的广大普通农户社员大多只能依靠核心成员，通过"仰仗"他们的资源而获得优惠服务或者是价格改进，只要得到的收益大于成本，并有一点点盈余，他们大多就满足了（这反过来说明了广大普通社员不了解合作社的分配原则），不会为了改进盈余分配，触及核心成员的重要利益而与其矛盾激化，失去获得一点盈余的机会。

第二，监事会（或执行监事）的监督失效。"一股（或数股）独大"产权结构下的"内部人控制"治理结构，合作社内的监事（或执行监事）基本上由核心成员（大股东）担任，核心成员高度同质下的合谋博弈结果是合作社监督制度的失效。更有甚者，合作社的监事由理事会成员担任，自己监督自己，监事会形同虚设。如广西某甘蔗种植专业合作社由5个种植大户发起，于2009年11月3日注册成立，41个农户加入。5个发起人既是理事会成员，也是监事会成员，合作社从未召开过社员大会，合作社的生产经营管理及监督完全由5个理事决定，监督机制完全失效。此外，监事人数少，缺少外部监事等问题也困扰着合作社。在387家合作社中，设立了监事会的有237家（占61.2%），其中监事会仅有1人的有24家，2人的有55家，3—5人的有104家，5—9人以上的有31家，9人以上的有23家，多数集中在5人以内，监事会人数少且与理事会成员的重合度高，这就难以有效地监督合作社的分配。虽然个别合作社聘有外部监事，

---

① 司法救济是指当宪法和其他法律赋予人们的基本权利遭受侵害时，人民法院应当对被侵害对象的权利进行恢复、修复、补偿、赔偿或对侵权进行矫正。作为有效的补救，还可对受害人给予必要和适当的补偿，以最大限度地救济他们的生活困境和保护他们的正当权益，从而在最大程度上维护基于利益平衡的司法和谐。司法救助是指对向人民法院提起民事、行政诉讼，但经济确有困难的当事人，人民法院实行诉讼费用的缓交、减交、免交，以保障其正常行使诉讼权利，维护合法权益的法律制度。中国法院网：2016年8月，http：//www.chinacourt.org/article/detail/2011/08/id/422182.shtml。

但外聘监事与合作社没有多少利益关系，缺少内在激励机制，监督中往往"睁一只眼，闭一只眼"，监督功能无法得到有效的发挥。

第三，社员大会的监督无效。《农民专业合作社法》及《示范章程》规定，社员大会拥有"审议批准年度盈余分配方案""审议、检验年度分配计划的执行"等职权。现实中，如前一节所述，虽然多数合作社都设立了社员大会，但往往是虚设，合作社盈余分配制度的制定、执行、监督常常是由核心成员组成的理事会来完成，社员大会在盈余分配的监督活动中既不能督促监事会发挥监督作用，自己也不能监督合作社的盈余分配，即社员大会的监督无效。

第四，政府部门的监管缺失。政府部门是指对合作社有监管责任的政府行政部门，如农业局、农经站等部门。在中国，政府往往是组织外部最强势的监督介入者，对合作社的监管能力是最强的。从现实来看，政府往往在对合作社的监管中缺位。政府基层行政部门，如农经站仅是登记合作社注册资产、人数、法人情况等信息，少部分农经站能为合作社的构建与发展提供培训、技术指导，但不过问也不监管合作社的分配制度安排与民主制度建设。政府部门的监管缺失主要是无法可依，《农民专业合作社法》及政府部门涉及合作社的相关法律法规没有明确、详细的规定，监管法规没有细化，不具有可操作性，造成名义上政府部门有责任监管，但实际上无监管的局面。

（三）合作社相关知识教育缺乏资金来源

在西方农业合作社发展演进中，合作社的相关知识教育深深地影响着合作社生产经营的方方面面，特别是在合作内部治理与民主建设方面的影响更是深刻和重要。近年来，虽然从数量上看我国农民专业合作社发展速度较快，但在质量建设中，只有极少数的社员真正了解合作社的价值及其制度安排，这说明广大社员极度缺乏对合作社的了解。在现行的合作社法定分配制度中，没有关于教育、培训基金提取的规定，这是直接造成社员不了解合作社的价值及其制度安排的一个重要原因。西方合作社法大多都有关于合作社提取教育基金的具体规定，但我国的《农民专业合作社法》

却没有，造成绝大多数合作社都没有提取这部分资金，这不利于合作社的持续发展。当前合作社出现的一系列问题：社员不了解合作社的管理及分配制度安排，社员大多缺乏合作精神，集体理性不易战胜个人理性，民主决策难以落实，合作社缺乏凝聚力，合作价值扭曲，成员合作意识低，收益分配异化，监督意识薄弱等问题，这些均与成员缺乏合作教育培训和对合作社的认知水平较低有关。

西方无数合作社成功的案例均证明了合作社相关知识教育是合作社可持续发展的重要保证。形成鲜明对比的是，我国不够重视合作社的相关知识教育，《农民专业合作社法》中没有强制规定合作社应进行合作教育，甚至没有这方面的规划，这就导致合作社成员在思想上难以"合作化"。在我国农业合作化形成的特殊路径下，仅仅通过利益纽带来实现合作，极易导致合作社的制度安排滑向股份制，从而使合作社出现民主协商制度难以实施，法定盈余分配决策程序难以落实，盈余分配的共同协议难以执行等问题。因此，合作社在分配制度设计上应强调对教育、培训基金的提取并加强对社员合作社相关知识的培训、教育，以提高成员对合作社分配制度的认知，自觉履行社章约定的分配制度。

三、政府财政扶持资金的权益分配问题

我国《农民专业合作社法》的第七章从"农业和农村经济的建设项目支持""中央和地方财政资金的安排""国家政策性金融机构的支持""税收优惠政策"（从第四十九条至第五十二条）等方面对政府扶持合作社发展做出了指导性的规定。《示范章程》第四十五条对财政扶持资金的所有权归属做了具体的规定："本社接受的国家财政直接补助和他人捐赠，均按本章程规定的方法确定的金额入账，作为本社的资金，按照规定用途和捐赠者意愿用于本社的发展。在解散、破产清算时，由国家财政直接补助形成的财产，处置办法按照国家有关规定执行；接受他人的捐赠，不得作为可分配剩余资产分配给成员，捐赠者有约定的，按约定办法处置。"可见，国家财政直接补助形成的财产，其终极所有权归国家所有，合作社仅

拥有占有、管理、使用和经营权。但是，合作社在经营运作国家财政直接补助形成的财产时所产生的收益归谁所有，《农民专业合作社法》及《示范章程》均未明确。当前，在"一股（或数股）独大"产权结构的合作社中，如民主制度建设滞后，极易形成治理中的"内部人控制"格局，广大普通社员对合作社财政扶持资金的占有份额将会很低，只有用于培训社员的一小部分专项资金可能会被普通社员占有，合作社中的大股东往往成为政府扶持资金的主要控制者和获益者，普通社员不能获得政府扶持资金及其所产生的大部分收益，这就造成了对普通社员利益实质性的侵害。普通社员由于股份比例低，没有话语权，难以改变不利的地位，转而在惠顾合作社时采取机会主义行为，有利时惠顾合作社，无利时就不惠顾，甚至退社并带走自己的资产，这必然影响合作社的积累与财产的稳定性。

四、小结

分配制度是产权制度在利益分配上的具体体现，由于产权制度不同，两类合作社的分配制度有着重要的区别：第一类合作社分配制度的核心是盈余分配；而第二类合作社，特别是企业等外来经济实体牵头成立的合作社，其分配制度核心是利润分配。但是，实践中的合作社分配制度并非泾渭分明，其分配制度差异的大小主要是由合作社产权性质与产权结构的差异来决定。劳动联合，股金差距小、均等性高、股东成员的异质性小，合作社的分配制度就越接近经典合作社的分配制度。相反，要素联合，股金差距大、均等性低、股东成员的异质性大，合作社的分配制度就越接近股份制企业的分配制度。我国农民专业合作社法定分配制度特征是盈余主要按劳分配，股本收益有上限，但现实与理想却存在严重冲突。由于"一股（或数股）独大"的产权结构，导致合作社治理中不同程度的"内部人控制"现象，为了得到多投入股本的收益，内部人控制的合作社，其盈余分配一定是趋向于按股分配，且往往没有上限，导致现实中合作社的分配制度与法定分配制度存在明显的冲突。这反过来说明：合作社盈余分配制度安排缺少灵活性，但这种灵活性应在民主制度的控制下来实施，核心成员

（大股东们）的权力不受约束，合作社就很容易变成侵害广大普通社员的组织，因此民主的分配决策程序、制度实施与监督依然需要执行，甚至要加强。实践中的合作社盈余分配决策程序及实施与监督规制却难以落实，其主要原因有：盈余分配在监督机制上存在明显缺陷，民主监管不力，法定（协议）盈余分配程序难以执行等。此外，分配制度上还存在着合作社知识教育缺乏资金来源，以及政府财政扶持资金的权益分配等问题困扰合作社的发展。

总之，合作社利益分配是社员利益实现的重要表现，科学、合理的利益分配是促进合作社健康发展的重要途径。如何通过一定的制度安排在成员之间分配成本和收益，是合作社得以运行和实现稳定性的关键。合作是使组织成员最大限度地支持和参与合作社的发展建设，创造合作收益，要达到这一目标，关键是要建立合理的利益分配制度，对组织成员的努力程度和贡献大小进行正确计量，并以此为依据进行收益分配，对成员产生最高的激励效应，最大限度地提高生产经营效率。

第四节　中国农民专业合作社发展中的政府扶持

《农民专业合作社法》作为政府扶持合作社的指导性纲领，规范了政府与合作社之间的关系。我们首先解析《农民专业合作社法》中的相关规定，清晰厘定在我国农民专业合作社发展进程中，其与政府的关系，政府应承担的职能及作用等。

一、合作社与政府关系的法律定位

（一）合作社与政府的基本关系

《农民专业合作社法》第一条就规定，政府应"支持、引导农民专业合作社的发展，规范农民专业合作社的组织和行为，保护农民专业合作社及其成员的合法权益，促进农业和农村经济的发展"。该规定明确了合作社与政府的基本关系——政府对合作社的发展应给予"支持、规范、引导、保护和促进",这是这部法律中对政府与合作社关系的一个基本定位。进而《农民专业合作社法》第八条具体规定:"国家通过财政支持、税收优惠和金融、科技、人才的扶持以及产业政策引导等措施,促进农民专业合作社的发展。国家鼓励和支持社会各方面力量为农民专业合作社提供服务。"《农民专业合作社法》第一条明确了国家可应用多种政策手段,规范合作社的组织和行为,改善合作社发展的外部环境,提升合作社生产经营效率和市场竞争力,而第八条则表明"国家支持和鼓励社会各方面力量为合作社提供服务",加速农业合作化。

从西方现代化国家的农业合作化经验来看,政府直接扶持或积极动员、吸引社会各方力量参与到合作社的建设、发展中来,将会更有力地促进农业合作化的持续、健康发展。《农民专业合作社法》第九条规定:"县级以上各级人民政府应当组织农业行政主管部门和其他有关部门及有关组织,依照本法规定,依据各自职责,对农民专业合作社的建设和发展给予指导、扶持和服务。"可见,《农民专业合作社法》要求县级以上各级人民政府履行指导、扶持和服务的职能。要求县级以上各级人民政府相关部门,因地制宜,在各自的职责范围内对合作社发展发挥重要的推动作用。在这里,各级人民政府相关部门是在其"职责范围内"发挥作用,意味着政府不能"扶持过度"。我国《农民专业合作社法》主张:合作社是一个在自愿、民主的基础上,社员共同所有、经营、自担风险并分享收益的独立经济实体,政府对于这类特殊市场主体给予扶持,不应该强制性推动或"越俎代庖"。扶持是为合作社创造一个良好的外部发展环境,同时通过外部手段合理引导合作社健康发展;要保持合作社的独立性,不要直接插手合作社的内部事物;要使其在生产经营中"独立自主",并通过市场竞争来不断增强自身实力和竞争力。

(二) 政府在扶持合作社发展中的宏观与微观职能

《农民专业合作社法》要求政府从宏、微观两个层面来扶持合作社的发展。宏观上,因地制宜、因势利导,通过制定相关法律法规,扶持并规范合作社的制度建设;通过制定农业产业政策,给合作社的健康发展创造一个良好的外部环境；同时，顺应农业社会化大生产的内在要求，积极鼓励、引导社会各方力量参与到合作社的建设中来，不断提升合作社的生产经营效率、实力与竞争力，使广大农户通过加入合作社切实解决"小生产与大市场"矛盾并实现收益的不断提高。如《农民专业合作社法》第八条规定："国家通过财政支持、税收优惠和金融、科技、人才的扶持以及产业政策引导等措施，促进农民专业合作社的发展。国家鼓励和支持社会各方面力量为农民专业合作社提供服务。"微观层面上通过各种管理、监督要求，引导合作社不断完善民主制度建设和健全内部治理制度与财务内控制度等。如《农民专业合作社法》第三十二条规定："国务院财政部门依照国家有关法律、行政法规，制定农民专业合作社财务会计制度。农民专业合作社应当按照国务院财政部门制定的财务会计制度进行会计核算。"综合宏观、微观层面，政府的指导具体包括：制定相应的法律法规及实施细则，规范合作社的内部管理制度建设，引导合作社遵守相关法律及商业道德；制定产业政策扶持合作社发展，促进其不断提高生产经营效率。同时，加强合作社的宣传和教育，鼓励社会各方力量积极参与或服务农业合作化。总之，在合作社发展进程中政府要发挥积极的、不可或缺的作用。这种作用是间接的，不能直接干预合作社的内部具体事务，而要通过外部引导，从制度供给上扶持、规范合作社的发展。为防止政府公务人员对合作社进行干预，《农民专业合作社法》第三十一条规定："执行与农民专业合作社业务有关公务的人员，不得担任农民专业合作社的理事长、理事、监事、经理或者财务会计人员。"明确政府相关部门人员不得以任何理由、任何方式承担合作社内部的管理工作。

当前，我国政府主要是运用各种政策工具（如财政、金融、税收等工具）来扶持合作社的发展，为合作社创造一个良好的外部发展环境并在一定程度上改善合作社在市场竞争中的弱势地位。这种扶持与帮助并不是政府代替合作社参与市场竞争，而是让合作社能与对手公平的竞争，最终是要通过市场竞争来提升合作社的生产经营效率及市场竞争力，增加广大社员的收益。西方经验表明，任何通过政府资金扶持或外援来生存的合作社发展都不可持续，其结果都是越扶持越弱、越扶持效率越低，最终不可避免地走向死亡。

西方政府往往通过整合其各部门及社会资源，向合作社提供公共产品服务（这些服务只针对西方国家法定意义上的合作社）。服务以社员需求为导向，即政府服务的出发点和归宿也是改善合作社的运行环境和提升合作社的经营能力，从而提高合作社为成员服务的水平，以满足成员不断提高的需求。政府在扶持中不会直接干涉合作社的内部事务。我国政府借鉴了这一成功经验，《农民专业合作社法》中没有规定政府在促进合作社发展中具有"直接规制"的职能，即政府不能"越俎代庖"，干预合作社的内部业务或代替合作社进行市场营销。不干预，并不意味着政府放弃对合作社的监督。《农民专业合作社法》第六条规定："国家保护农民专业合作社及其成员的合法权益，任何单位和个人不得侵犯。"同时也对合作社提出了监管要求，《农民专业合作社法》第五十四条规定："农民专业合作社向登记机关提供虚假登记材料或者采取其他欺诈手段取得登记的，由登记机关责令改正；情节严重的，撤销登记。"第五十五条规定："农民专业合作社在依法向有关主管部门提供的财务报告等材料中，作虚假记载或者隐瞒重要事实的，依法追究法律责任。"由此可见，从合作社注册成立到生产经营，再到相关资料、信息的上报，政府均要履行必要的监督职能。

（三）政府对农民专业合作社发展的扶持措施

关于政府对农民专业合作社发展的扶持措施，在《农民专业合作社法》《农民专业合作社登记管理条例》（国务院令第 498 号，2007）《关于做好农民专业合作社金融服务工作的意见》（银监发〔2009〕13 号）《关于农业生产资料免征增值税政策的通知》（财税〔2001〕113 号）等法律法规文件中均有涉及，扶持措施主要有：

1. 降低设立成本

相对于西方设立合作社的条件要求，我国合作社的设立条件要低，这主要是为了降低合作社的设立、组建成本。设立条件低主要体现在以下四个方面。第一，关于设立合作社的最低成员数规定。《农民专业合作社法》

要求只需 5 名成员即可注册成立一个合作社；第二，关于成员的来源。《农民专业合作社法》允许企业、事业单位和社会团体等法人加入合作社，但限制它们在成员中的比例；第三，关于成员的出资。由于我国合作社类型繁多，生产经营的内容、形式和规模差异大，为了降低各类合作社的设立障碍，减少组建成本，《农民专业合作社法》对成员的出资没有用统一的法定标准来约束，而是将"成员的出资方式、出资额等"交由合作社自己民主决定；第四，关于住所的规定。由于我国合作社发展时间短，大多数规模小，实力弱，为降低合作社的生产经营成本，《农民专业合作社法》没有要求合作社有一个专属于自己的法定场所，即意味着某个成员的家庭住址也可登记为合作社的住所地；第五，关于注册登记。国家规定有关部门在办理合作社注册登记时不得收取任何费用，也不需要出示法定单位或部门的验资证明，这一系列措施降低了合作社的设立成本。

2. 税费减免

目前，我国对合作社税费的减免主要有五项：第一，减免增值税。根据国务院《中华人民共和国增值税暂行条例》（第 134 号）①，财政部、国家税务总局《中华人民共和国增值税暂行条例实施细则》（第 50 号）② 以及《农民专业合作社有关税收政策的通知》（财税 ［2008］ 81 号）③、《关于农业生产资料免征增值税政策的通知》（财税 ［2001］ 113 号）④ 的要求，合作社在生产经营中，向本社成员销售农膜、批发和零售的种子、种苗、化肥、农药、饲料（含单一大宗饲料、混合饲料、配合饲料、复合预混料、浓缩饲料等）、农机等部分农业生产资料等免征增值税。合作社帮

---

① 中华人民共和国中央人民政府（官网）：2008 年 11 月 14 日，http：//www. gov. cn/zwgk/2008-11/14/content＿1149516. htm。

② 中华人民共和国中央人民政府（官网）：2008 年 12 月 8 日，http：//www. gov. cn/flfg/2008-12/18/content＿1181744. htm。

③ 中华人民共和国财政部（官网）：2008 年 6 月 24 日，http：//czzz. mof. gov. cn/zhongguo-caizhengzazhishe＿daohanglanmu/zhongguocaizhengzazhishe＿zhengcefagui/200812/t20081210＿96856. html。

④ 中华人民共和国法律法规网（官网）：2001 年 7 月 28 日，http：//www. 110. com/fagui/law＿148211. html。

助其成员销售农产品，免征增值税；第二，减免营业税。依据《中华人民共和国营业税暂行条例》（第 136 号）① 第二十二条规定，合作社在农业、林业、牧业中使用农业机械进行耕作的业务、对农田进行灌溉或排涝等业务，均减免营业税；第三，免征印花税。财政部、国家税务总局《农民专业合作社有关税收政策的通知》（财税［2008］81 号）第四条规定："对于农民专业合作社与本社成员签订的产品和农业生产资料购销合同，免征印花税。"第四，减征、免征所得税。《中华人民共和国企业所得税法》（2007）② 第二十七条规定："企业从事农、林、牧、渔业项目的所得，可以免征、减征所得税。"《中华人民共和国企业所得税法实施条例》（2007）③ 第八十六条进一步明确："合作社从事蔬菜、谷物、薯类等农作物种植；农作物新品种的选育；中药材、林木的培育和种植；牲畜、家禽的饲养，灌溉；农产品初加工、兽医、农技推广、农机作业和维修等农、林、牧、渔服务业项目免征所得税；合作社从事花卉、茶以及其他饮料作物和香料作物的种植；海水养殖、内陆养殖等业务所得税减半。"同时，上述两个文件还进一步明确了国家扶持合作社发展将是一项长期不变的国策，国家还会持续出台扶持合作社发展的一系列税费政策；第五，针对合作社交易伙伴的税收优惠。财政部、国家税务总局《农民专业合作社有关税收政策的通知》（财税［2008］81 号）第二条规定："增值税一般纳税人从农民专业合作社购进的免税农产品，可按 13％的扣除率计算抵扣增值税进项税额。"这说明国家已充分意识到税费政策支持在合作社发展中的积极作用，这也遵循了西方农业发达国家的惯例。当前，国家税费政策对合作社的积极扶持与发展激励，正在不断提升合作社的实力与市场竞争力，这对合作社在不断提高生产经营效率，改善成员收益等方面均具有不

---

① 中华人民共和国中央人民政府（官网）：2008 年 11 月 14 日，http：//www.gov.cn/zwgk/2008-11/14/content_1149510.htm。

② 中华人民共和国中央人民政府（官网）：2007 年 3 月 19 日，http：//www.gov.cn/flfg/2007-03/19/content_554243.htm。

③ 中华人民共和国中央人民政府（官网）：2007 年 12 月 11 日，http：//www.gov.cn/flfg/2007-12/11/content_830723.htm。

可或缺的推动作用。

3. 财政资金支持

由于农业的弱质与农户的弱势，合作社的健康发展离不开政府财政资金的扶持。我国对合作社的财政扶持有两个基本途径：中央财政和地方财政。从 2007 年《农民专业合作社法》颁布实施至 2012 年年底，中央财政开始逐年加大投入力度，累计安排专项资金 31.5 亿元，年均增长33.6%，扶持农民专业合作社发展。[①] 十八届三中全会中也明确提出："允许财政项目资金直接投向符合条件的合作社，允许财政补助形成的资产转交合作社持有和管护"。[②] 当前绝大多数省、自治区、直辖市，以及部分市（县）地方政府也已相继出台了扶持合作社发展的政策，并深化政策落实，扶持合作社开展生产基础设施建设、办社培训、优良品种推广、质量认证、技术培训、产品促销等活动。同时，将许多财政项目资金直接投向有资质、有能力的合作社来完成农业示范、推广、良种培育等项目，创造一切条件以提高农户收入，改善民生。

4. 建设项目扶持

考虑到合作社在解决"三农"问题和推进农业现代化方面所具有的优势，2010 年农经委根据《农民专业合作社法》的相关要求，出台了《关于支持有条件的农民专业合作社承担国家有关涉农项目的意见》（农经发 [2010] 6 号），[③] 规定了有条件的合作社承担国家涉农项目的总体要求和基本原则，并进一步明确了合作社承担涉农项目的范围、条件及方式等，为制定合作社承担涉农项目的实施细则和具可操作性的规章制度提供了具体的依据。

5. 金融扶持

缺乏足够的资金是困扰我国合作社健康发展的第一大障碍，为解决这

---

① 王萍：《依法促进农民专业合作社健康发展》，2012 年 11 月 8 日，http://cache. baiducontent.com/c? m=9f65cb4a8c8507ed 4fece76310568a38474380147d8a。

② 新华网：2013 年 11 月 14 日，http://news. xinhuanet.com/house/tj/2013-11-14/c_118121513.htm。

③ 中国法律图书馆：2012 年 11 月 8 日，http://www.law-lib.com/law/law_view.asp? id=314626。

一问题，国家鼓励政策性及商业性金融机构不断实践探索，因地制宜，多形式、多渠道地支持合作社的发展。2009 年 2 月农业部和银监会联合下发了《关于做好农民专业合作社金融服务工作的意见》（银监发［2009］13 号）[①]（以下简称《意见》），提出了五项金融支持措施：将合作社全部纳入农村信用评定范围；加大信贷支持；创新金融产品；改进服务方式；鼓励有条件的合作社发展信用合作。《意见》要求："自 2009 年起，各地农村合作金融机构要与农村经营管理部门对辖区内的合作社逐一建立信用档案，加快建立和完善合作社的信用评价体系。……在农民专业合作社基础上开展组建农村资金互助社的试点工作。允许符合条件的农村资金互助社按商业原则从银行业金融机构融入资金。同时，鼓励发展具有担保功能的合作社，运用联保、担保基金和风险保证金等联合增信方式，以及借助担保公司、农业产业化龙头企业等相关农村市场主体作用，扩大成员融资的担保范围和融资渠道，提高融资效率。"最后，《意见》提出："鼓励扩大可用于担保的财产范围，创新各类符合法律规定的财产抵（质）押贷款品种等。在改进服务方式方面，要围绕提高审贷效率和解决担保难问题，逐步探索对合作社及其成员进行综合授信，实现'集中授信、随用随贷、柜台办理、余额控制'。"

二、政府对农民专业合作社引导、扶持和服务中的不足

改革开放以来，特别是《农民专业合作社法》颁布实施之后，各级地方政府在引导、推动合作社发展中取得了一定的成就，为推动农业生产商品化、产业化和现代化发展做出了重要贡献。但从总体上看，合作社尚存在覆盖范围偏小、生存力和竞争力较弱等问题，使合作社应有的功能和优势未能充分发挥，合作社的发展程度与我国现代农业的要求仍有着巨大的差距，导致这些问题出现的政策性原因主要有以下几方面。

---

① 中国银行业监督管理委员会（官网）：2009 年 12 月 5 日，http：//www.cbrc.gov.cn/govView
　_EE56D596B69F42C1982D6350FC1BDE44.html。

（一）扶持政策的非市场化、非社会化①倾向影响合作社的健康发展

课题组在调研中发现，许多州、县、市政府为加速该地区经济发展，提出了"速强"战略，要大力发展第二、三产业，要"速强""速富""速出政绩"，已成为这些地方政府发展经济的总体指导思想。在这样的背景下，地方政府在引导、发展农民专业合作社时往往会倾向于采取非市场化、非社会化行为，具体倾向有两类。

第一类是有的地方政府及相关部门意识到国家高度重视农业合作化，进而认识到发展合作社的重要性，采取积极的扶持态度，但又怀疑广大农户是否有能力在市场经济中组建与发展合作社，所以在扶持过程中往往"越俎代庖"，采取专制措施，而非社会化、市场化行为，即直接组织农民构建合作社，直接管理合作社，过度干预合作社的发展。如云南省文山州的一个县村级组织牵头组建合作社的比例居高不下。从 2013 年 5 月 3 日至 5 月 22 日，不到一个月的时间，该县某乡有 37 家合作社"突击"登记注册，平均每天注册 2 家，全为村级政府基层组织牵头组建，政府基层组织直接管理合作社。行政介入虽然可以降低合作社初期的构建成本，但却容易造成合作社对政府的过度依赖，使合作社难以独立自主地发展下去。此外，对农户能否在市场经济中独立自主地发展合作社缺乏信心，还表现在一些地方政府不相信农户自己的力量，甚至打压农户自发组建的合作社，如重庆市某县将发展合作社的希望全部寄托于当地的供销社等外部经济实体，希望以外部经济实体为主力军，来组织农户进行农业合作化。这样，地方政府在发展合作社时，采取了非市场化、非社会化的行为，忽视广大农户的力量，通过行政手段吸引外部经济实体来牵头组建合作社。在强势的外部经济实体面前，农民往往被组织起来为经济实体服务，牺牲了合作社和农民的利益，压缩了合作社的生存空间。过度依靠外部经济实体牵头成立合作社，往往会使合作社的目标偏离为广大农户服务的宗旨，甚至会造成地方政府与外部经济实体"合谋"共同侵害农户利益的现象；同

---

① 非市场化指不尊重市场，不按市场规律办事；非社会化指专制化与封闭化。

时使广大农户对合作社形成"不良记忆",认为合作社是地方政府与外部经济实体的事,农户得不到好处,甚至会产生损失,使地方政府失信于广大农户。

第二类是政府及相关部门简单地认为农业在地区经济增长中的地位不断下降,对宣传、发动广大农户组建农民专业合作社,发展农民专业合作社的重视程度不够;对合作社提高农民组织化程度、解决"小生产与大市场"矛盾、增加农民实际收入,进而可加速地区经济发展的作用认识不足。政府及相关部门认为只有加速工业化进程才能加快地区经济发展,一旦经济发展到一定水平,通过行政手段就能快速解决合作社发展的问题。这一想法忽视了农村商品经济及市场自身的发展规律,否定了合作社发展中的市场化与社会化特征,没有认识到合作社发展的内在规律,希望工业化推进到一定程度后再通过非市场化、非社会化的行政手段来促成合作社的发展。这种认识上的不足使得一些地方政府无视当前合作社的发展,强调优先发展工业的重要性,对合作社发展不给予适当的引导、扶持和管理。上级单位要求就应付一下,没有要求就置之不理。

(二)具体扶持政策缺乏系统性,扶持力度弱

1. 出台的政策缺乏系统性

《农民专业合作社法》对合作社的融资支持、财政与税收扶持、相关基础设施建设等方面的具体实施细则还未出台,使得《农民专业合作社法》规定的扶持政策难以落实。在产业化运营规划方面,由于政出多门,缺乏统一的思路,缺乏立足现有资源与农业经营现状的前瞻性的产业规划,合作社发展缺乏统一的战略筹划与指导,"头痛医头,脚痛医脚",难以保证合作社的可持续发展。政府对核心成员,特别是合作社企业家培养方面,虽然做了一些宣传和培训工作,但缺乏针对性、系统性,没有形成梯队。合作社尤其缺乏对农业发展有高度热情,具备必要的农业产业化知识、懂合作社运作管理的年轻企业家。此外,出台的政策缺乏系统性还表现在扶持政策具有"政绩性"导向。《农民专业合作社法》第九条规定:"县级以上各级人民政府应当组织农业行政主管部门和其他有关部门

及有关组织，依照本法规定，依据各自职责，对农民专业合作社的建设和发展给予指导、扶持和服务。"这说明对合作社的扶持与帮助是地方政府的义务和责任。由于没有系统、明确的政策规划，也没有具体的实施细则，地方政府往往根据自己当前的政绩目标导向来决定对哪些合作社给予支持。实践中，往往只有那些发展方向与政府当前的相关产业政策或"政绩追求"一致的合作社，才能得到政府的扶持和帮助。那些符合农村经济发展长远需要的，但不符合当前"政绩追求"方向的合作社很难获得政府的支持。在强势政府面前，这往往会导致合作社的功能异化，成为政府的一个职能机构，这样合作社失去了为农户服务的功能。合作社尽力去迎合政府，在经营上对政府高度依赖，从长远来看，无论是对合作社的发展，还是对政府职能的正常发挥均有负面影响。

2. 政策扶持面窄且扶持力度弱，部分优惠政策难以落实

国家通过制定法律、各种文件与规定对合作社的发展给予许多政策支持，但从合作社发展的需要来看，政府的支持还是不够。地方政府通常可以通过税收减免、直接财政资金扶持等政策提高合作社的生存机会与发展能力，或者运用行政权力降低合作社的创建及经营成本。但是地方政府作为一级行政部门也有自己的利益诉求，在扶持合作社时往往只注重扶持特定的合作社，扶持面窄且扶持力度有限（社长问卷调查反馈有 71.2% 的受访合作社从未享受过财政上的支持，享受过财政支持的，扶持力度也较小）。追求早出政绩、快出政绩，而不是致力于从整体上为合作社构建一个良好的发展环境，同时忽视市场的作用，这与西方国家的扶持水平相比还存在较大的差距。西方国家的优惠政策基本上对所有合作社一视同仁，对所有的合作社不仅从财政、税收和信贷等方面给予支持，还设立专门机构对所有合作社提供公开的技术信息咨询，合作教育等，更重要的是为合作社的发展建立了科学的市场行为规则，给所有的合作社营造一个公平、合理的外部市场竞争环境，通过市场而不是政府来进行选择，这样才能不断地提高合作社自身的生产经营效率与实力。

部分优惠政策难以落实。部分地方政府及相关部门没有根据《农民专

业合作社法》的指导精神及本地区的实际情况，制定出支持合作社构建与发展的相关实施细则，导致不少扶持政策往往难以落实到位。扶持政策没有具体的实施措施，地方相关部门各行其是。合作社申请优惠政策时，普遍感觉申请条件苛刻、要求繁杂、拖延时间等。课题组在调查中发现，享受过财政资金扶持的合作社仅占被调查合作社的 18.8%，有相当一部分社长（理事长）反映争取财政资金扶持是一件相当麻烦的事，要经过多个部门审批，有些地方甚至还不能依照法律规定办事，使合作社难以享受应有的财政扶持和信贷优惠。

3. 金融支持严重滞后

由于金融支持政策没有落实，相关金融机构（主要指商业银行和信用社）的扶持力度较弱，甚至出现扶持"缺位"现象，绝大多数合作社普遍感觉融资困难。资金缺乏是困扰合作社发展的第一障碍：一方面，有99.1%的社长承认合作社发展缺乏资金，有 70.3%的社长承认资金对合作社的发展影响大和影响很大；而另一方面，很少有合作社申请贷款获得成功（由于没有开展信用评级，合作社的市场价值评估也难以进行，金融机构向合作社放贷时非常谨慎。合作社需要融资时，往往以社员个人，多数是以核心成员个人的名义获得抵押贷款）。81.8%的受访社长认为从金融机构获得贷款比较困难和很困难。理事长普遍反映多数涉农的金融机构对合作社申请贷款冷漠，甚至排斥，对合作社贷款方面的支持还处于"有法难依"的状态。而受访的商业银行和信用社负责人却反映，难以向合作社放贷是因为国家相关的财政补贴和担保信贷政策还未出台，这就造成了金融机构很难制定相关的扶持政策与措施。不论怎样，合作社很难从金融机构获得贷款是不争的事实。究其原因，一是商业银行和信用社对合作社及农户普遍存在"惜贷"和"畏贷"现象，这是由于农业投资比较利益偏低、风险大；合作社规范化发展的时间不长，大多营利能力不强，实力偏弱；合作社及农户大多没有足够的可抵押财产，没有其他经济实体愿意为其提供担保；金融机构没有理解政府扶持合作社发展的政策含义，对合作社缺乏了解，国家没有出台相应的信贷扶持政策，金融机构大多觉得投资合作社风险大，出于资金安全的考虑，金融机构大多不愿意向合作社放贷。当前，多数金融机构是从农村吸收资金后投资到收益回报率较高的房地产等非农产业。农户和合作社相对容易获得贷款的金融机构主要是农村信用合作社，但其贷款额度小、利率高、手续多、时间长，根本无法起到帮助农户，支持合作社发展的作用；二是作为重要融资补充的民间金融尚待规范。由于信息不对称，金融机构了解和掌握农户私人信息的成本过高，且金融机构缺乏有效的还贷激励机制。民间金融的主体都来自基层，能够在一定程度上解决正规金融机构所面临的信息不对称等问题，并且能形成有效的还贷激励机制，借贷手续简便、快捷，刚好满足农户资金需求的"小、急、频"特征。[1]但是，实践中民间金融的局限性也是明显的：民间金融难以提供大额贷款；民间金融缺乏有力的监管，存在组织制度建设不规范，管理混乱等现象，而政府在这方面，既无具体的政策指导，也无相应的规定，使得民间金融作为重要融资补充的作用无法充分、有效地发挥。[2]

（三）合作思想引导及教育培训不到位

合作社相对于中华文化来说是一个舶来品。促进广大农户合作，与合作经济相关的乡土文化或村社制度缺失；农户整体素质偏低；对合作社的基本知识缺乏足够的了解；这就要求政府首先做好有关合作社知识的宣传工作，从思想上引导、教育农户，宣传与普及合作社的相关知识。但是，部分地方政府在这方面的工作还不到位，没有充分利用宣传媒体向广大农民群众普及合作社的相关知识，导致了解合作社文化及合作社构建、运作知识的农户依然很少，即使是加入合作社的农户也有相当一部分不了解合作社。课题组的调查表明有 42.75％的社员不了解合作社的性质与特点；还有 3.5％的合作社社长根本不知道有《农民专业合作社法》，17.4％的社长有点知道；38.59％的社长不知道合作社如何管理、经营等。合作社能健康发展的最重要条件就是农民认知、了解并逐步熟悉合作社及其运

---

① 娄锋：《正规金融与农村民间金融的垂直合作模式》，《生产力研究》2009 年第 9 期，第 53 页。

② 娄锋：《正规金融与农村民间金融的垂直合作模式》，《生产力研究》2009 年第 9 期，第 54—55 页。

作。如果对合作社不熟悉甚至对合作社的基本知识都不了解，将会严重影响合作社的发展。

（四）合作社发展所需的农村基础设施建设滞后

农村基础设施是合作社发展所需的外部硬件基础，其建设与完善对合作社的健康发展至关重要。由于市场经济中私人部门难以提供农村基础设施，这些基础设施建设只能由政府来完成。从西方的经验来看，各国往往以私人部门不能提供的，而合作社发展又不可或缺的公共服务为己任，采取直接投资、资助、授权、扶持或联合构建合作社服务机构的发展等多种措施来建设和完善农村基础设施，支持合作社的发展。当前，我国农村地区的基础设施建设相对于合作社蓬勃发展的要求还有所欠缺，农村道路交通、通信网络、农业知识与技术推广网络、农田水利设施建设和管理水平有待进一步提高。问卷调查中，有 85.2% 的社长（理事长）认为农村基础设施建设滞后影响了合作社的发展。

三、小结

《农民专业合作社法》对政府与合作社关系的一个基本定位是：政府对合作社的发展应给予"支持、规范、引导、保护和促进"。《农民专业合作社法》要求政府从宏观、微观两个层面来扶持合作社的发展。宏观上，因地制宜、因势利导，通过制定相关法律法规，扶持并规范合作社的制度建设；通过制定农业产业政策，给合作社的发展创造一个良好的外部环境；微观上，通过各种管理、监督要求，引导合作社不断完善民主制度建设和健全内部治理、内控制度等。扶持中政府不能直接干涉合作社的内部事务。政府对合作社发展的扶持措施主要有：降低设立成本、减免税费、财政资金支持、建设项目扶持、金融支持。政府对农民专业合作社引导、扶持和服务中的不足主要表现在：扶持政策的非市场化、非社会化倾向影响合作社的健康发展；农村基础设施建设工作滞后；具体扶持政策缺乏系统性，扶持力度弱，部分优惠政策难以落实；金融支持严重滞后；合作思想引导及教育培训不到位等。

第四章 中国农民专业合作社成员满意度评价及其影响因素研究

正如前文所述，农民专业合作社是在农村家庭承包经营基础上，同类农产品的生产经营者或者同类农业生产经营服务的提供者、利用者，自愿联合、民主管理的互助性经济组织。作为一类以农民为主体的生产经营组织，农民专业合作社存在的价值与意义，在于它能否提升农户的生产经营效率，实现提高农户收益，并使其满意的目的。① 这样的合作社才能得到广大农户由衷地认可与支持，否则制度安排再经典、再合意的合作社也会失去存在的根基与持续发展的生命力，公平、益贫性等目标就更谈不上了。这样看来，对发展具有中国特色的农民专业合作社的原则与要求不应来自政府或理论界，而应来自我国广大的农户社员；衡量标准不是视其是否遵循经典的合作社制度或原则，而应考量这类合作社制度安排是否能提升广大农户社员的生产经营效率，是否能提高广大农户社员的实际收入并使其满意。这样的合作社才能得到广大农户衷心地拥护，才能在激烈的市场竞争中生存下去并具有可持续发展的动力，进而为实现农业现代化服务。由此可见，对合作社成员满意度的研究不仅是深度解析合作社制度股份化现象的重要途径，也是基于制度需求视角"发展具有中国特色农民专业合作社"研究的重要手段。

---

① 绩效高并不意味着广大农户成员得到实惠并满意。许多龙头企业牵头成立的合作社绩效水平很高，但农户的满意度却很低。

第一节 合作社成员满意度评价的文献综述

一、西方研究文献综述

费耐尔（Fornell）（1989）提出把社员的期望值以及入社后的感知等方面的因素组成一个计量模型，即费耐尔模型。在模型中运用偏微分最小二次方求解得出指数就是社员满意度指数，其中满意度指数同期望值和感知价值成正相关关系。

克罗宁（Croninj）和泰勒（Taylors）（1992）提出在社员满意度研究中，服务是社员满意度的一个重要影响因素，合作社以社员作为主要的服务对象，提供了农业的生产资料购买，农产品的贮藏、销售、加工、运输以及相关的技术和信息等服务，服务越全面，社员的满意度就会越高。

安德森（Anderson）（1994）认为分配制度是合作社产权、企业家治理和治理机制的体现，又是合作社发展的经济绩效反映，它是合作社实现社员利益的重要途径，关乎着每个社员的利益，直接影响到社员对合作社的满意度。

费耐尔、约翰内姆（Johnsonnm）和安德森尼（Andersone）（2013）认为社员的满意度与合作社管理者的个人特质具有高度相关性，因此他们利用了美国农场主合作社成员的满意度数据分析了社长的个人特征与社员满意度的相关性。分析表明：社长文化程度决定着其自身素质，它与社长的学习能力、对合作社运行机制的了解、管理能力、奉献精神等有着密不可分的关系，社长的文化程度越高，社员对合作社的满意度就越高。

西方对合作社成员满意度的研究大多从两个视角展开：一是服务内容，认为服务内容越全面、越细致，成员的满意度越高，研究合作社的服务内容就等价于研究成员的满意度；二是让社员来判断，即构建满意度评价指数来测度社员对合作社的满意度。此外，还有少部分学者基于收益分配的多少、收益分配的方式等视角来研究社员的满意度。总体看来，西方对社员满意度分析的文献较少，这主要是由于西方国家大多正在从农业现代化向后现代化①转变。研究者更多地关注新经济、新技术或全球一体化条件下合作社如何生存、如何创新发展，对合作社的价值判断大多是基于西方经济学的相关理论（特别是厂商理论或新制度经济学的交易费用-收益理论）来衡量合作社的优劣，较少考虑合作社成员的评价。

二、国内研究文献综述

郭红东、袁路明、林迪（2010）对浙江、山西、河北、安徽等省份部分农民专业合作社社员的满意度进行了调查，利用二元 Logistic 模型分析了影响社员满意度的因素。结果表明，社员的股权结构、收入水平，社员入社年数，合作社发起者是否是农民大户，合作社是否提供种子和种苗服务、农资供应服务、产品销售服务，合作社是否按股分红是影响社员满意度的重要因素。

张会萍（2011）等通过对宁夏回族自治区平罗县的土地信用合作社做调研发现土地租金偏低，与农户的理想差距较大，成员的满意度较低。

林乐芬，赵倩（2012）对江苏泰州苏陈资金互助合作社社员的满意度进行调查，发现社员对合作社的整体情况较满意，认为其对家庭农业的生产经营有促进作用。

张哲（2012）利用对辽北地区农户参与农民专业合作社实地调查数据，运用二元 Logistic 模型对影响农户满意度的因素进行了实证分析，结果发现：农户对合作社满意度与提高产品质量、降低生产资料费用等因素有正向影响，与缺乏好"带头人"和政府支持不力等因素有显著的负向影响。

----

① 后现代化农业是指依托现代农业科学技术（生物工程、转基因工程技术等），以动植物的开发、培育及其产品生产为轴心，将农业（农、林、牧、渔）范畴中不同层次及环节和分属于各非农产业部门与动植物培育及其产品生产密切相关的各种产前、产后活动有机地融合或复合在一起而形成的一个超大农业产业化经营系统。从领域角度看，它是农业生产向二、三产业的延伸，融农用高新技术品制造与供应和农产品收购、加工、贮藏、运输、市场营销以及农用技术研发与应用推广、农业信用与管理咨询和服务于一体的复合产业。

　　李道和等（2013）基于江西省605名社员的调查数据，分析了社员对国家扶持政策的满意度，结果发现社员对扶持政策满意度比较低，科技扶持评价、税收减免评价、货款贴息评价等直接影响社员的满意度。

　　吴晨（2013）基于广东省、安徽省农民专业合作社的问卷调查，构建了相应的指标考核体系，比较分析了六种模式合作社成员的满意度。结果表明：各种模式的合作社在帮助成员提高收入、控制农产品价格、满足服务需求等方面均存在显著差异。六种模式中，满意度综合得分最高的是农产品加工营销型合作社，其次是供销型合作社，社区型合作社得分最低。

　　张连刚、柳娥（2015）对云南省263个社员的调查数据分析发现：内部信任、内部规范、社会网络三个测量内部社会资本的观测变量对合作社成员满意度均具有显著的正向影响，组织认同的增强能够显著提高合作社成员的满意度。

　　张超、吴春梅（2015）基于浙江省290户中小社员的二元Logistic回归分析表明，由政府部门发起的合作社，其公共服务满意度较高；服务多样化程度、培训次数等直接服务过程以及农户间信任、促进政府与农户间沟通等社会功能对成员满意度具有显著的正向影响。

　　当前国内合作社成员满意度研究文献较丰富，但大多未将成员满意度评价与合作社发展联系起来，没有从广大农户的角度来研究他们需要什么样的合作社，也未将社员满意度考察视为创新合作社制度安排的重要依据来源。此外，现有文献的不足还表现在：（1）没有清晰界定满意度的概念、评价标准与方法；（2）没有考虑合作社之间的差异。每个合作社的内部制度安排与外部环境（包括政策扶持）等各不相同，这对成员的满意度评价会有根本性影响。不应将不同合作社的成员单纯地作为一个整体来考量他们的满意度，并基于此进行影响满意度的原因分析，即影响满意度的原因最终归因于不同合作社的内部制度安排与其外部环境因素；（3）把原因当结果，如许多研究者将成员交易次数、接受服务次数、惠顾额、入社时间等视为影响成员满意度的重要原因。在实地调查中，课题组发现成员交易次数、接受服务的次数、惠顾额、入社时间等均是满意度评价的结果

（满意就多交易、多惠顾、保持社员身份更长时间），而不是原因；（4）满意度影响因素多是指向直接的表象原因（如成员间相互信任与承诺、合作社服务的层次与种类等），相对缺乏深入制度层面原因的系统分析，进而无法深入了解影响满意度变化的内在机制与规律，也就无法给出具有实用性、可操作性的研究成果。为弥补以上不足，本书利用第二章社长（理事长）及社员问卷调查的数据，基于社员感知价值理论清晰界定满意度，并明确其评价标准与测度方法。以满意度水平为被解释变量，以合作社的产权、治理、分配制度安排，理事长及受访者情况，外部影响因素为解释变量构建协方差结构方程模型，系统地解析合作社内、外部因素是如何影响成员满意度的，解释其内在的作用机理，对如何构建中国特色的农民专业合作社进行初步探索。

第二节 合作社成员满意度的综合评价

一、基于社员感知价值的满意度评价

当前理论界对合作社成员的满意度尚无公认、明确的定义，也无统一的评价标准，因此出现了以下两种情况：第一，多数研究者不定义，让社员直接对其所在的合作社进行总体满意度评价。实际上，社员入社目的大多不同，其目标追求、心理预期是不一样的，其满意度衡量标准也不一样。不应让社员随意地评价其所在合作社的"总体满意度"，这类总体满意度是基于不同的评价标准得到的，是混乱的。基于这种满意度评价来研究影响满意度的原因，必然得不到真实、可靠的结果。应清晰界定成员满意度及其评价标准；第二，少部分研究者将社员满意度定义为"社员对产品或服务的事前期望与实际使用产品或服务后所得到的实际感受的相对差异评价"，即社员是根据得到服务后的实际感受与事前的期望相比较，而不是与自己付出的成本相比较，这是一种非理性的满意度评价。"对产品或服务的事前期望"受很多心理因素的影响，且因人而异（如受被访者的

性格等因素影响），这些因素无法纳入满意度影响因素分析，也无法剔除。这样，由于期望不一样，评价标准不同，作为被解释变量的满意度将不再具有一致性且信度降低，对影响满意度的原因分析也得不到真实、可靠的结果。所以，应该让受访者做出真实而理性的判断。本书将社员满意度定义为：社员对产品或服务的付出（成本）与实际使用产品或服务后所得到的实际感受（收益）的相对差异评价，如果用数字来衡量这种差异评价，这个数字就叫"满意度"。

关于满意度的评价标准。由于加入合作社的目标期望、动机有差异，成员各自满意度的评价标准不一样，本研究利用社员感知价值理论来测度成员的满意度，这样可以统一满意度评价标准，提高测度的准确性，降低主观随意性。社员感知价值的概念来自顾客感知价值（Customer Perceived Value，CPV），就是顾客所能感知到的利益与其在获取产品或服务时所付出的成本进行权衡后对产品或服务效用的总体评价。伍德拉夫（Woodruff）（1997）认为顾客感知价值是顾客对利得（Benefits）与利失（Sacrifices）权衡的感知，顾客在选择产品或服务时，总会对净利得做出评判。农民专业合作社社员的感知价值是指社员对加入合作社前后净利得差距的感知。净利得＝收益（包括货币收益与非货币收益）－付出成本（包括货币成本与非货币成本），社员依据加入合作社前后的净利得差距（净利得差距＝加入合作社后的净利得－加入合作社前的净利得）来反映自己的满意度。[①]

　　社员对其所在合作社的满意度评价依据李克特量表（Likert scale）评分法分为很不满意、不满意、基本满意、满意、很满意5个级别，赋值分别为：1分、3分、5分、7分、9分。每个合作社抽取的成员不同，采用指标评分加权综合法（Weighted Marking Compositive Method）对合作社生产经营及服务的满意度水平进行测度。如甲合作社共抽取了13名成员，对合作社生产经营及服务认为很不满意、不满意、基本满意、满意、很满意的成员分别为1人、0人、4人、5人、3人，那么成员对所在合作社生产经营及服务情况的综合评分为（1×1＋3×0＋5×4＋7×5＋9×3）/13＝6.38（该综合评分在1—9分之间）。利用前述387家样本合作问卷调查的数据，经指标评分加权综合法计算出的合作社最终满意度得分如表4—1所示。

表 4—1　合作社综合满意评价得分及排序[②]

合作社名称	综合满意度得分	排名
浙江省温岭市 RH 西瓜专业合作社	8.921	1
湖南省 NP 种粮农民专业合作社	8.905	2
山东省安丘市 SH 养猪专业合作社	8.904	3

---

① 我国绝大多数合作社成员加入（或牵头成立）合作社的主要目的是为了改善收益（货币性或非货币性收益），而非追求合作社的公平、民主的价值目标。对问卷调查的统计分析也印证了这一点，82.87%的社员称加入（或牵头成立）合作社的主要目的就是为了提高货币性收益（如解决"小生产与大市场"矛盾、获得政府资金支持、拉项目、垄断农产品的供给、获得更多的市场份额等）；16.94%社员称主要是为提高非货币性收益而加入（或牵头成立）合作社（如完成上级布置的任务、迎合当地政府的需要、政绩上的考虑、农业合作化扩大影响以树立形象，或者是为农业合作化中获得更多的发言权等）；仅有0.11%的社员称其主要目的是追求合作社公平、民主的价值观；0.08%的社员是其他目的。总体看来，绝大多数成员加入（或牵头成立）合作社不是为"利"（货币性收益），就是为"名"（非货币性收益），进而问卷中对"你依据什么来评价你对所在合作社的满意度"问题的回答，也印证了这一判断，98.53%的社员称是依据自己收益的变化（包括货币性收益与非货币性收益变化）来判断。社员依据加入合作社前后的净利得差距来反映自己的满意度，一对一问卷调查时，调查人员告之受访者将纵向对比（加入合作社前后的净得利对比）与横向对比（与同社社员或非同社社员的净得利对比）综合起来确定自己的满意度。

② 因篇幅所限，本表只列出了前30名合作社的名称，名称中含有合作社名的拼音字母缩写。排名中有并列名次出现。

续表

北京市 LNHHL 肉鸭专业合作社	8.881	4
湖北省 FM 农机耕作专业合作社	8.880	5
浙江省 XCRY 蓝莓专业合作社	8.863	6
上海市 HG 青扁豆生产专业合作社	8.861	7
湖南省 ZJWS 柑橘专业合作社	8.854	8
重庆市 YCCW 茶叶种植专业合作社	8.846	9
浙江省杭州市 NF 生猪专业合作社	8.839	10
福建省 XPJL 海带专业合作社	8.828	11
山东省安丘市 NWCM 种植专业合作社	8.824	12
上海市 TE 果蔬专业合作社	8.819	13
湖北省 DZMPFN 原生态农林牧专业合作社	8.817	14
安徽省 XCMZ 禽业专业合作社	8.806	15
四川省自贡市 DADF 花椒专业合作社	8.806	15
福建省邵武市 HS 养殖专业合作社	8.801	16
上海市 FJ 生猪养殖专业合作社	8.791	17
上海市 HMPT 种植专业合作社	8.791	18
湖南省 BJMWHJ 茶产销专业合作社	8.789	19
浙江省 QH 海产品专业合作社	8.788	20
浙江省 HF 禽业专业合作社	8.781	21
广东省 BLGD 甜玉米专业合作社	8.781	21
甘肃 WYWZ 马铃薯良种繁育专业合作社	8.778	22
浙江省嘉兴市 NH 葡萄专业合作社	8.773	23
天津市 CFZ 农产品保鲜专业合作社	8.764	24
广东省廉江市 NTRS 荔枝专业合作社	8.761	25
江苏省苏州市 DSWN 碧螺春茶叶专业合作社	8.759	26
浙江省宁波市 JZCN 粮机专业合作社	8.751	27
浙江省慈溪市 SBZC 禽业专业合作社	8.747	28
广东省乐昌市 YD 农副产品流通专业合作社	8.743	29
福建省邵武市 NWY 中药材种植专业合作社	8.741	30

二、成员满意度综合评价的结论

根据上述计算结果，我们可得到以下结论。

1. 如表4—1所示，在前15名合作社中，大多集中于经济发达地区，并且分布于沿海的合作社，占比近一半。由此可见，发展得较好，成员满意度高的合作社主要集中在我国经济发达地区。这说明了只有在农业生产力发展达到既定水平，农户家庭生产经营脱离了自给自足的小生产模式，农业生产进入商品化时代，农户才有内在激励去构建合作社并不断完善合作社的服务，成员的满意度才能得到提升，满意度水平才会提高。

2. 从合作社的规模与结构来看，我国社员满意度高的合作社具有"大而致密"的明显特征。"大"是投资或经营规模大，"致密"是指成员间的关系密切（成员大多生活在同一村或同一社区，生产与加工相同或相似的农产品）。规模小、关系松散、内部治理不规范的合作社社员满意度不高。"大而致密"的合作社大多是由生产或贩销大农户牵头成立，属于由下至上发展起来的内生型合作社。在387家合作社中，排名靠后的合作社大多是企业（龙头企业或供销社）、基层行政组织牵头成立的，属于由上至下发展起来的外生型合作社，特别是那些基层行政组织强制推动或企业与基层行政组织联合强制推动的合作社，成员满意度极低。

3. 成立时间较长的合作社，其成员满意度水平也较高。387家合作社中，满意度综合得分前15名的合作社成立时间分布于1995至2008年间，倒数15名全部成立于2011年以后。成立较早的合作社由于获得较长的发展时间，大多经历了探索、诞生、存活、发育、成长、完善六个阶段，其实力不断增强。随着对内、外部环境适应能力的逐步提高，组织制度不断完善，治理机制逐步健全，经营管理人员也拥有了一定的合作社运作经验及市场营销技能，[①] 合作社的服务水平有较大的改观，这样合作社在提高农业生产力水平、增加农民收入、保障社员利益等方面的作用也会变得愈

---

① 姜锋：《农民专业合作社产品品牌建设及其影响因素分析》，《经济问题》2013年第3期，第112页。

来愈强，成员的满意度自然较高。

4. 生产的标准化（统一供种供苗、统一采购投入品、统一包装销售比例等）对社员满意度有正向影响。前15家合作社对其成员全部要求实施标准化生产，且标准化生产实施时间长、标准化程度高。统一社员的农业一线生产，提高了社员的劳动生产率和产品质量，产品差异化生产成为可能。进而注册产品品牌，统一销售行为，产品销售价格得到稳定或提高后，合作社年经营总收入、年经营纯盈余有了提升空间，农户的收益才能得到根本性提高。因此统一供种供苗比例、统一采购投入品比例、统一包装销售比例较高的合作社，其成员满意度水平也较高。

5. 合作社为成员服务的硬件建设（是否有自己的办公场所及设施），与软件（包括示范合作社品牌、民主管理制度）建设得越好，社员的满意度就越高。前15家合作社均有较完备的办公场所或设施，产品全部注册了商标，有的甚至注册了原产地标志。由于有较完备的服务办公场所及设施，又对合作社产品进行了品牌建设，合作社市场竞争力提升，进而能不断提高服务水平，还能实现合作社治理的民主性原则，体现广大农户社员的意志，成员的满意度自然就会提高。

6. 社员的满意度高低与合作社从事的产业类型之间没有必然联系。从事各种产业类别的合作社中既有满意度高的，也有满意度低的。

第三节 中国农民专业合作社成员满意度的影响因素分析

一、理论模型及变量设定

合作社内部制度安排（含产权、治理、分配等制度安排）是决定和影响社员满意度评价的核心因素。与社员满意度评价密切相关的交易、契约、生产经营行为、组织发展、组织认同、互助与承诺、组织支持感、合作氛围及文化、内部信任、外部支持、内外部社会资本投入、效率与公平等均是在合作社既定内部制度安排下的行为与表现，没有内部制度的形成，合作社都不存在，更不用说其成员满意度评价了（即与满意度评价密切相关的上述各因素也不会存在）。社员的满意度评价是合作社内、外部影响因素及相关制度有机结合、作用的结果，但主要依赖于内部制度安排。

（一）理论模型的确定

在影响满意度的内部制度中，西方理论界基于合作社"本质上是一类治理结构"的观点提出治理制度是影响成员满意度的主要因素，国内研究者在借鉴西方研究成果时也将这一结论引入我国合作社成员的满意度分析，将内部治理制度（特别是治理制度安排中的治理结构、机制以及与其相关的合作氛围及文化、内部信任与承诺、组织认同等）视为影响成员满意度的主要因素，这一观点与我国农民专业合作社产生、发展演进的历史不符。西方农业现代化是先合作化后产业化，而我国农业是在国家的统一指导下，先产业化后合作化。合作化时农户已高度分化，且有龙头企业等经济实体加入，甚至牵头组建合作社，因而在合作社形成时产权结构上往往是"一股（或数股）独大"，在没有合作文化基础的情况下，这样的产权结构对合作社内部治理有极大的影响，极易形成"内部人控制"的内部治理格局。产权制度对治理、分配制度以及最终的成员满意度均有很大的影响。西方合作化时，农户尚未严重分化，且有深厚的合作文化支撑合作社基于"一人一票"的民主原则来构建合作社的治理制度，农户入股的多少对其治理权没有根本性影响（许多情况下入股只是获得交易资格），在这样的情形下，治理制度才是影响成员满意度的主要因素。[①]

因此，基于我国合作社的发展现实及前一章的制度分析结论，本研究认为：（1）产权制度决定合作社的生产结构或生产制度，从而决定了合作社的治理、分配制度；（2）合作社的产权制度、管理制度与分配制度之间相互联系。产权制度决定资源配置，既可直接影响成员满意度，又可通过

---

① 娄锋、程士国、樊启：《农民专业合作社绩效评价及绩效影响因素研究》，《北京理工大学学报（社会科学版）》2016年第2期，第83页。

管理制度、分配制度间接影响成员满意度；（3）合作社的产权、管理制度安排和利益分配机制对社员参与合作社生产经营，包括惠顾合作社、参与合作管理等，提供了不同的激励和约束，从而影响成员在合作社中的合作行为（包括内部信任、互助与承诺，合作氛围及文化等），进而影响成员的满意度；（4）当前绝大多数合作社的理事长实际上集经营决策权和执行权于一身，其企业家才能及奉献精神直接关系到社员的满意度；（5）合作社成员的满意度主要受内部因素的影响，但并不意味着可以忽视外部因素。通过问卷分析，我们发现在满意度评价中，成员最关注合作社"是否获得政府的相关支持"和"获得贷款的难易程度"；（6）被访者自身的情况。除受理事长以及合作社内外部制度安排影响外，社员对合作社的满意度评价还受其自身的影响。通过问卷分析发现，合作社成员间的相互熟悉程度、平均生产经营规模以及对合作社相关知识的平均了解程度、核心成员的人数比重、成员的平均年龄、平均文化程度对满意度可能存在影响。综上所述，本书拟设定检验的合作社绩效影响因子包括产权、治理、分配制度，理事长和被访社员情况及外部因素。这些影响因子均是不可直接观测和计量的潜变量，本书拟通过若干可观测的显变量来对其进行测度，并选择结构方程模型（Structural Equation Model，SEM）作为验证工具，检验这些因子相互作用直至最终对绩效的影响。依据博伦（Bollen K. A.）和朗（Long J S.）（1993）的总结，结构方程模型是用实证资料来验证理论模型的统计方法，能将因子分析与路径分析两种统计技术结合起来，通过既定的统计手段对复杂的理论模型进行处理，并根据理论模型与数据关系的一致性程度对理论模型做评价。结构方程模型具有其他多变量统计分析方法难以实现的优点。它不需要很严格的假设条件，允许自变量和因变量含测量误差；处理测量误差的同时还能分析潜变量间的结构关系；可以同时估计因子结构和因子关系；能对多重非独立相关关系进行估计。具有上述优点的结构方程模型为本研究中不易直接观测、计量的合作社产权制度、管理制度、分配制度、社长情况和外部因素等潜变量对绩效的影响，以及产权制度对管理、分配制度的决定关系的检验提供一个可靠、高效的研究方法。[①]

结构方程模型由测量方程（Measurement Equation）和结构方程（Structural Equation）两部分组成。显变量与潜变量间存在测量方程：

$$X = \Lambda_x \xi + \delta; \quad Y = \Lambda_y \eta + \varepsilon; \quad E(\delta) = E(\varepsilon) = 0$$

式中，X：外生显变量的向量组合；ξ：外生潜变量；Y：内生显变量的向量组合；η：内生潜变量；Λ_x：外生潜变量因子负荷矩阵；Λ_y：内生潜变量因子负荷矩阵；δ、ε 分别为 X、Y 的误差项。

潜变量间的结构方程为：

$$\eta = B\eta + \Gamma\xi + \zeta \quad E(\zeta) = 0$$

式中，ζ：结构方程的残差项。B：内生潜变量间的影响系数矩阵，Γ：外生潜变量对内生潜变量的影响系数矩阵。

产权制度、外部影响、理事长情况为外生潜变量，治理、分配制度为内生潜变量，它们全是解释变量，将每一家合作社成员满意度的综合评价得分作为被解释变量来构建结构方程模型，以分析内部制度安排、外部影响、理事长情况等因素对社员满意度的影响。

（二）各潜变量的测度

1. 产权制度拟通过一组待验证显变量来测度

①产权明晰化程度。对我国实践中的合作社进行制度规范的《农民专业合作社法》基本上是按经典合作社的制度安排要求来设计的，而经典合作社的成员在投入股本时，股本数与投票数、盈余分配额是相互割裂的，在无强合作文化支撑的情况下，成员缺乏持续投入资金、人力等资源的内在激励，影响合作社的效益，进而影响成员的满意度。该指标测度合作社在产权制度上是否设计了权、责、利明晰、对等与匹配的内在激励机制。本研究假设，如果构建了产权明晰的内在激励机制，实现了多付出者多得益，这样成员会认为产权制度安排是公平的（核心成员与普通成员均能接受），其满意度将会提高；②合作社的股权是否可转让与赎回。由于股权

---

① Bollen K. A., Long J S. (Eds.), "Testing structural equation models", *Newbury Park*. CA：, Sage. 1993，pp. 115-116.

可流转，在一定程度上能解决"搭便车"问题、投资比例问题、控制问题、影响成本问题、眼界问题，降低了成员的投资风险。同时，股权可流转，将会在合作社外部形成一个合作社价值的评价市场，这必然对合作社管理形成一个外部压力，激励其运作、管理好合作社，提高合作社的服务水平，这必然会提高成员的满意度；③合作社的牵头者。农民专业合作社牵头者的来源在相当程度上决定了合作社产权的性质。问卷分析发现，牵头者是农户（包括中、小农户和生产、贩销大户）的合作社，其产权制度更接近劳动联合性质的合作社，而由企业（包括龙头企业、供销社等）牵头成立的合作社，其产权制度更接近要素联合性质的合作社，而由基层政府相关部门牵头成立的合作社，其产权制度位于前两类性质之间。该指标用来测度不同性质产权制度对社员满意度的影响。劳动联合性质的合作社，其生产经营的首要目的是为了解决农户的"小生产与大市场"矛盾（由于成员同质性强，有共同的需要），而要素联合性质的合作社，其生产经营的首要目的是为了利润（而非首要解决农户的"小生产与大市场"矛盾）。基层政府相关部门牵头成立合作社，大多与政绩目标有关，也有少部分基层政府出于公益心牵头成立合作社。本研究假设牵头者是企业、基层政府、农户的合作社，其成员的满意度依次提高。

2. 拟通过一组待验证显变量来测度治理制度

①用是否定期公开财务与营运情况，来测度合作社生产经营信息的透明度。问卷分析发现，是否定期公开财务与营运情况是广大社员最关心的治理制度安排，直接关系到社员的满意度评价；②用是否成立了"三会"（社员大会、理事会和监事会），来测度合作社治理结构及民主治理机制是否形成，是否完备。假设民主治理结构越完备，成员满意度越高；③是否执行"一人一票"为基础的表决方式。"一人一票"为基础的表决方式是合作社重要的法定制度之一。该指标用于测度合作社执行法定民主治理要求对成员满意度的影响，并假定执行该制度，社员的满意度将会提高；④生产经营的重大决策是否由社员大会说了算。社员大会是全体社员对合作社实施民主控制与治理的最高权力机构，该指标用来测度最高权力机构的

职责履行情况。假设该机构不能正常履行其职责，即表明社员不能即时表达意见，社员对合作社的满意度将会降低；⑤盈余分配在合作社内是否受到民主监督。盈余分配是否受到民主监督是广大社员最关心的治理制度安排，直接影响成员的满意度。假设盈余分配在合作社内受到民主监督，成员的满意度将会上升；⑥社员退社的容易程度。[①] 社员退社是社员表达最强不满意见的一种方式。退社自由是社员最基本的权力，社员退社的容易程度反映了这种基本权力依法行使的程度。该项权力的行使将会对合作社管理层治理行为形成一种压力与鞭策，较高的社员退出权可以对管理者起到威慑作用，进而激励管理层改善治理，提高服务水平。假设这种权力越容易行使，成员的满意度越高。

3. 依我国合作社的实际情况，分配制度拟通过以下两个待验证显变量来测度

利益分配制度通过下列待验证显变量来测度：①盈余是否进行了按交易额（量）返还。合作社帮助成员购买生产资料或销售农产品，再将实现价格改进的收益按成员与合作社的交易额（量）比例返还给农户成员，为农户的生产经营服务——这直接关系到成员的满意度。同时，盈余按交易额（量）返还能激励成员多惠顾合作社，促进合作社发展，更好地为成员服务，提高成员的满意度。因此，假设盈余进行了按交易额（量）返还，有利于提高成员的满意度；②盈余是否进行了按股分配。按股分配能激励内、外部投资的增加，一定程度上解决融资抑制问题，壮大合作社的实力，进而提高合作社的服务质量使成员满意度提高。假设盈余进行了按股分配，成员的满意度将会提高。

4. 理事长情况由以下3个待验证显变量来测度

①理事长的能力，主要考察理事长的社会活动能力、管理能力以及对

---

① 依问卷分析，可通过社员退社时能否获得其资格存续期间的公共积累、未分配盈余（包括按股分红）以及能否收回出资来综合反映。退社时，如果上述三项权利都有，表明自由退出程度高，社员能顺畅地最强表达不满意见，随着拥有权项的减少，社员表达不满意见的能力依次递减，社员的满意度也依次递减。由于合作社的股权不可流动，较高的社员自由退出程度会减少合作社的资产，从而对管理者的行为有一定的制约作用，能激励管理者提高管理效率与服务质量。

外部环境的认知能力，这些能力直接决定了合作社为成员服务能力的高低，进而影响成员的满意度评价。我们假设理事长的能力越强，成员的满意度越高；②理事长的出资额比重，反映了理事长对合作社发展前景的态度和信心，也是一种承诺和信用保证。问卷调查反馈，该指标也是影响成员满意度的一个重要指标。我们假设理事长的出资额比重越大，成员的满意度越高；③理事长的责任心及奉献精神。在合作社中，理事长的影响力很大（既是合作社生产经营的主要管理者，又是合作社的法人代表），其责任心及奉献精神决定了合作社为其成员服务的层次、水平及持久性。我们假设理事长越有责任心和奉献精神，成员的满意度越高。

5. 社员的情况由以下 6 个待验证显变量来测度

①核心成员（理事会和监事会成员）人数比重。核心成员往往是合作社的发起者，合作社如何构建以及内部制度安排基本由核心成员决定，他们大多对合作社是满意的，否则就不会共同发起成立合作社。同时，大股东投入多、承担的风险大，与利益息息相关，必然更关心合作社的生产经营。关心合作社生产经营的人多，易集思广益，有利于提高合作社服务水平和成员满意度。因而假定合作社核心成员人数比重越高，合作社成员满意度水平就越高；②成员间的相互熟悉程度。在我国广大农村地区，基于熟人关系社会的村舍文化，成员间的血缘、亲缘关系直接影响成员合作时的相互信任、相互承诺与相互帮助程度，进而影响良好的合作氛围。假设成员间相互熟悉的程度越高，成员满意度越高；③成员的平均年龄；④成员的平均文化程度。一般而言，年轻力壮、文化水平高的成员收入期望高，他们大多选择兼业，甚至离开农业生产。他们对农业合作化的需求不强。假定合作社成员越年青，平均文化水平越高，其满意度越低；⑤成员的平均生产经营规模。生产经营规模越大，生产中面临的产、供、销等问题越多，解决技术、信息与资金等问题的需求越迫切，越需要合作社的服务。假定成员平均生产经营规模越大的合作社，成员满意度越高；⑥对合作社相关知识的平均了解程度。成员对合作社的相关知识越了解，越易实现集体理性战胜个人理性，成员间的长期承诺将更易实现，合作社成员间

将会形成长期互助合作的氛围，有利于提高成员的满意度。假定对合作社相关知识的平均了解程度越高，成员的满意度越高。

6. 外部影响因素由 3 个待验证显变量来测度

①获得贷款的难易程度；②是否获得政府的相关支持。问卷分析发现上述两变量是影响社员满意度最强与最直接的外部因素；③上级主管部门是否能依法对合作社经营管理实施监督。管理机构不健全或社员大会、监事会以及广大普通成员难以实施监督时，需要上级主管部门介入。假设上级主管部门依法对合作社经营管理实施监督，成员的满意度就高。

二、各变量的赋值及结构方程模型的参数估计

(一) 各变量的赋值

各变量的设定及其基本统计特征如表 4—2 所示。

表 4—2　各变量的设定及其基本统计特征

潜变量	显变量		基本统计指标			
	指标代码	指标内容	最大值	最小值	均值	标准差
产权制度	X1	产权明晰化程度：股本与投票数、盈余分配额中三项完全对等＝4，股本与投票数、盈余分配额不完全对等或三项中只有两项对等＝2，股本与投票数、盈余分配额三项完全割裂（即股本仅表明获得了投票、交易资格）＝0	4	0	2.84	7.3
	X2	合作社的股权是否可在成员间转让与赎回：可以＝1，不可以＝0	1	0	0.21	3.84
	X3	合作社的牵头者：农户＝3，政府及其相关部门＝2，龙头企业或供销社＝1	3	1	2.45	9.62

续表

治理制度	X4	是否定期公开财务与营运情况：公开=1，不公开=0	1	0	0.27	2.15
	X5	是否成立了"三会"：全成立=3，成立了两个=2，成立了一个=1，没有成立=0	3	0	1.93	2.78
	X6	表决方式是否以一人一票为基础：是=1，否=0	1	0	0.53	2.34
	X7	生产经营的重大决策是否由社员大会说了算：是=1，否=0	1	0	0.27	3.16
	X8	盈余分配是否受到全体成员的民主监督：是=1，否=0	1	0	0.21	3.07
	X9	社员退社的容易程度：很强=5，较强=4，一般=3，较弱=2，很弱=1	5	1	3.19	5.47
分配制度	X10	盈余是否按股分配：是=1，否=0	1	0	0.53	1.86
	X11	盈余是否按交易额（量）返还：是=1，否=0	1	0	0.38	3.24
理事长情况	X12	理事长的能力：很强=5，较强=4，一般=3，较弱=2，很弱=1	5	1	3.82	15.08
	X13	理事长的出资额比重（%）	100	7.7	21.91	30.46
	X14	理事长的责任心及奉献精神：很强=5，较强=4，一般=3，较弱=2，很弱=1	5	1	3.84	9.57
受访者情况	X15	核心成员人数比重（核心成员数/受访成员总数×100%）	96%	2%	5.84%	11.61
	X16	成员间相互熟悉的程度：熟悉100%的成员=5，熟悉80%的成员=4，熟悉60%的成员=3，熟悉40%的成员=2，熟悉20%的成员=1；然后采用指标评分加权综合法计算该合作社受访成员的平均熟悉程度①	5	1	3.96	7.34
	X17	受访成员的平均年龄（受访成员的年龄和/受访成员数）	21.86	50.41	45.93	20.52
	X18	文化程度：高中以上=5，高中=4，初中=3，小学=2，小学肄业=1，文盲=0；然后采用指标评分加权综合法计算该合作社受访成员的平均文化程度	4.83	0.68	3.22	3.17
	X19	家庭农业生产经营规模：很大=5，较大=4，中等=3，较小=2，很小=1；然后采用指标评分加权综合法计算该合作社受访成员的平均生产经营规模	4.77	2.96	3.88	5.39

① 熟悉程度折算打分，如熟悉92%的成员=92%/（100%/5）=4.6。然后采用指标评分加权综合法计算该合作社受访成员的平均熟悉程度，如受访11名成员中，有1人、1人、3人、4人、2人对其余成员的熟悉程度分别为：100%、92%、70%、50%、40%，则该合作社受访成员的平均熟悉程度=（1×5+1×4.6+3×3.5+4×2.5+2×2）÷11=3.1。后面各指标采用评分加权综合法的计算完全类似。

续表

	X20	对合作社相关知识的了解程度：非常了解＝5，了解＝4，一般（知道一点）＝3，很少＝2，不知道＝1；然后采用指标评分加权综合法计算该合作社受访成员对合作社知识的平均了解程度	4.16	1.02	2.55	6.92
外部因素	X21	是否获得政府的相关支持：是＝1，否＝0	1	0	0.28	2.47
	X22	获得贷款的难易程度：不困难＝3，比较困难＝2，很困难＝1，非常困难＝0	3	0	0.13	1.75
	X23	政府是否监管，即上级主管部门是否能依法对合作社经营管理实施监管：是＝1，否＝0	1	0	0.16	2.23

（二）结构方程模型的参数估计及检验

应用 AMOS21.0 软件对结构方程模型进行估计与检验，依验证的情况增减路径，再对模型进行拟合、计算，不断循环往复直到模型拟合效果达到既定要求：一是检验模型和结构模型的路径系数显著，参数的经济学意义合理；二是达到各种拟合测度指标的要求。经过 3 次计算与拟合：①将"核心成员人数比重（％）"从受访者情况因子中析出；②将"理事长的出资额比重"从理事长情况因子中析出；③将"平均文化程度"从受访者情况中析出；④将"受访成员的平均年龄"从受访者情况因子中析出后，标准拟合指数 NFI、增值拟合指数 IFI 和比较拟合指数 CFI 有所上升，其余指标没有改变。经联合正态分布检验，本次调查收集的数据满足多元正态分布（α＝0.05），可采用最大似然法（ML 法）来估计参数，最优模型见下图。

最后，各种拟合测度指标为：卡方自由度比 $x^2/df＝2.942$（<3）、[①]残差均方和平方根 RMR＝0.054（<0.05）、拟合优度指数 GFI＝0.912（>0.9）、省俭拟合优度指数 PGFI＝0.581（>0.5）、近似误差均方根与自由度协方差的一致性 RMSEA＝0.077（<0.08）、标准拟合指数 NFI＝0.905（>0.8）、增值拟合指数 IFI＝0.862（>0.8）、非规范拟合指数 TLI＝0.871（>0.8）、比较拟合指数 CFI＝0.849（>0.8）。内、外部各

---

① 括号中的不等式表明满足该条件的方程较为理想。条件引自侯杰泰等：《结构方程模型及其应用》，教育科学出版社 2004 年版，第 154—161 页。

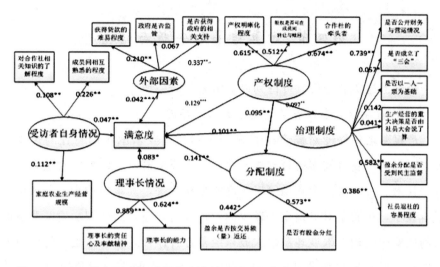

图 4—1 内、外部因素与成员满意度关系的结构方程估计结果 （系数已标准化）

注：＊＊＊、＊＊、＊分别表示1％，5％，10％的显著性水平。

因素对满意度的总体作用结果见表4—3，各因素影响力排序：产权制度
＞分配制度＞治理制度＞理事长情况＞受访者情况＞外部因素，最终模型
对满意度指标变异的累积解释变异量（解释力）为73.5％。

表 4—3 合作社满意度影响因素的作用分解

影响因素		产权制度	分配制度	治理制度	理事长情况	受访者情况	外部因素
直接作用		0.129***	0.141**	0.101**	0.083*	0.047**	0.042**
间接作用	治理制度	0.097**	——	——	——	——	——
	分配制度	0.095**	——	——	——	——	——
作用	总体作用	0.321	0.141	0.101	0.083	0.047	0.042
	百分比（％）	43.673%	19.184%	13.741%	11.293%	6.395%	5.714%

注：＊、＊＊、＊＊＊分别表示10％，5％，1％的显著性水平。

第四节 计算结果的分析与结论

经过上述实证分析，可得到以下结论。

1. 产权制度是影响社员满意度的根本原因

产权明晰化程度对满意度有显著影响。大股东承担的责任与风险较大，对等地就获得较多的管理权与收益。小股东需要"仰仗"大股东的资金、技术、社会及人力资源等以实现帕累托改进，其承担的责任、风险与成本较小，小股东对等地获得较少的管理权与收益，这样权、责、利明晰的制度安排会最大限度地激励大股东经营好合作社，小股东也愿意经营好合作社，以不断改善自己的收益状况。由于我国合作社形成时路径特殊（即先产业化后合作化）并且严重缺乏合作文化支撑，发展中极易形成"一股"或"数股"独大的产权结构，结果导致治理中的"内部人控制"和分配上的按股分配倾向，这是我国多数合作社制度演进的逻辑起点。我国合作社在产权制度设计上是否构建了一套权、责、利明晰、对等与匹配的内在激励机制是保证高满意度的关键，这也是市场效率选择的结果。现实中我国许多成员满意度较高的合作社带有明显的股份化特征。那么我们是否能由此得出结论"带有股份制特征（或异化）的合作社满意度一定比规范的合作社要好"。经过对样本合作社的仔细分析，我们发现合作制向股份制度的嬗变并不意味着社员满意度会变好。在满意度排序前 25 名的合作社中，我们走访过 4 家，其中有 2 家合作社统一成员的生产标准，在投入股金之前确认交易量，根据交易量＋服务成本来确定投入的股金。尽管合作社严格按受限一人多票进行管理，但按交易额能分得多少在入股时就已确定，想多收益就得多投入，这意味着要多承担责任与风险。这样的产权制度安排，权、责、利关系也是明晰、对等与匹配的。另一家合作社是为成员建立了一套"股金循环系统"，即交易后合作社会按成员销售产品的多少动态调整成员户头的股金。如果成员多交产品给合作社，其产品销售额增加，则合作社会多扣留该成员的销售额以增加其在合作社的股本，反之亦然，这样就形成了一套产权关系明晰的制度安排。最后一家合作社是以收手续费的方式来实现权、责、利关系的明晰化，即合作社根据成员产品的销售额按 3%—6% 的比例来收手续费，要想多得到服务就需要多交手续费。后两家合作社制度安排并不具有股份化特征，但其成员的满意度同样也很高，这表明，股份化只是表象，它不能决定合作社社员满意度的高低。合作社的产权制度是否构建了一套权、责、利明晰、对等与匹配的内在激励机制才是关键，而构建了一套权、责、利明晰的产权制度安排并不意味着一定要股份化。

合作社牵头者的来源对成员满意度有显著影响。由生产、贩销大户牵头组建的合作社成员满意度最高，而由企业牵头成立的合作社成员满意度最低。这可能是由于生产、贩销大户与普通农户社员相互之间比较熟悉，易构建信任与互助的良好氛围，且两者同质性高，合作社能基于共同的需要提供服务，成员满意度相对较高。合作社的股权是否可在成员间转让与赎回对成员满意度有显著影响。股权可在成员间转让意味着成员可根据自己的计划或对合作社的前景预期，通过买卖股权来改变投资，这可以在一定程度上解决"搭便车"、投资比例、影响成本等问题，降低成员的投资风险，提高成员的满意度。

2. 内部管理制度是影响社员满意度的关键性因素

合作社内部管理制度越完善、健全，成员的满意度越高。上述实证分析结果表明，是否成立相关治理机构，是否公开财务及经营情况对成员的满意度有显著影响。这表明治理机构的建立，财务制度、监督制度的完善有利于提高成员满意度。表决方式是否以"一人一票"为基础的影响不显著，可能的解释是实践中合作社往往是由一个或数个核心成员牵头成立，他们的股份比重较高，对普通成员有很大的影响力（远强于"一人一票"表决的影响）。这样，尽管多数合作社已有基于"一人一票"的民主治理制度，但由于普通社员影响力弱，因而"一人一票"的民主治理制度对成员满意度的影响较小。生产经营的重大决策由社员大会说了算对满意度有显著影响。社员大会是广大社员对合作社实施民主管理的最高权力机构。

在监事会监督无效，政府监管缺位的情况下，成员大会往往成为全体成员对合作社重大生产经营事项发表意见和表达不满的唯一途径，该指标对成员的满意度有显著影响。盈余分配在合作社内是否受到民主监督对成员满意度有显著影响。盈余分配是成员最关心的制度安排，该制度是否能受到民主监督直接关系到成员的满意度。作为成员表达不满的最后手段，社员退社容易程度是民主制度建设的重要保障，该指标显著的影响作用表明，退出能力强有助于合作社提高治理效率，从而对成员满意度产生正向影响。综上所述，管理良好的合作社，内部治理结构健全，各项规章制度完善，并定期公布财务及经营信息等，社员满意度较高。这说明建立健全合作社内部管理机制，公开财务及经营信息，保障社员较高的退出能力不仅是提高合作社内部管理效率的客观要求，也是提高成员满意度，提升合作社凝聚力的重要途径。

3. 社长（或理事长）情况是影响社员满意度的重要原因

上述实证分析显示，社长的出资额比重对社员满意度的影响要远弱于社长的能力与奉献精神对满意度的影响。在对社长的持股比例分析中，我们发现社长往往不是第一大股东，这说明在一个受社会政治体制、人际关系深刻影响的市场经济环境中，市场对社长的选择更"看中"其拥有的社会资源这一关键性要素。问卷调查分析也反映出，没有或少有社会资源的成员大多不会出来组建合作社或担任合作社的领导，愿意担任合作社领导的多是拥有一定人力及社会资源的生产大户或贩销大户。部分行政部门或企业出于政治或经济利益考虑，也会出来牵头组建合作社并派代表担任合作社的领导。行政部门或企业从事农业管理或长期从事农业中生产经营活动，拥有相当丰富的社会资源，有很强的能力和实力参与农业合作化建设。总之，拥有一定资金及社会资源的社长争取到政府和成员的支持要容易得多。但社长的能力强，并不意味着成员的满意度一定高。实证分析表明，社长的能力、责任心与奉献精神，三者的共同作用，才能提升社员的满意度。

4. 分配制度对成员满意度有重要影响

利益分配制度作为产权制度在利益分配上的直接体现，是决定和影响成员满意度的主要因素。从实证分析结果来看，第一，盈余是否按股分红对社员满意度有显著的积极影响。可能的解释是，当前大多数合作社尚处于发展的初期，面对激烈的市场竞争，生存是其主要命题，问卷分析表明，融资是当前我国合作社生存至发展中面临的最大难题，为了吸引更多的资金，合作社往往偏向于按股分配，合作社有了足够的资金，服务水平才能提升，满意度才能提高。此外，按《农民专业合作社法》的规定，成员的盈余分配比例是在交易结束后才能确定，在交易之前的很长一段生产经营过程中，成员不能确认自己的收益，即权、责、利关系不清晰。我国合作社在生产经营过程中，投入少的社员易搭投入多的社员的"便车"，再加上社员欠缺合作社的相关知识，且能力有限，不能像西方合作社那样，利用循环资金融资和基本资金计划等运作机制来不断界定、明晰合作社内各成员间的权、责、利关系。按《农民专业合作社法》规定的产权制度安排必然会挫伤投入多的社员的积极性。我国的合作社在与成员进行交易之前就依据成员投入，特别是稀缺资源——股金的投入多少来明确社员间以及社员与合作社间的权、责、利关系。这样，社员在交易前就可以依据其股金投入的多少明确自己的收益，这对缺乏合作知识的我国广大农户社员来说，比较容易理解和接受。虽然农户社员是满意的，但这也使得我国的合作社带有了明显的股份制色彩；第二，是否按交易额（量）分配对社员的满意度有影响。有了按交易额（量）分配来改善收入，农户社员对合作社才有认同感，[①] 才能激励农户不断惠顾，合作社才能发展壮大，为社员提供更好的服务，进而形成良性循环促使社员的满意度水平不断提升。按交易额（量）分配对社员满意度的影响没有按股分配的显著，可能是由于当前部分合作社没有惠顾返还，特别是企业、供销社牵头成立的合作社（即第二类合作社），成员的收益主要来自优惠价格的生产资料供给、产品价格改进、降低生产与市场风险等方面。由于这些合作社没有按交易

---

① 部分研究者认为"集中的所有权是影响广大社员认同感的主要因素"，但我们通过问卷调查分析发现，我国广大社员对合作社的认同感是来自入社后"能否提高自己的实际收入"，在能改善收入的情况下，多数社员对股权是否集中在少数人手里并不关心。

额（量）分配，所以惠顾返还对成员满意度影响的显著性水平低。

5. 外部因素对社员满意度也有影响

外部因素主要包括国家金融或税费上的优惠政策，财政资金扶持及获得贷款的难易程度（表明了金融部门的支持程度）等，其对社员满意度具有最直接的影响。农业由于具有生产周期长、收益低、风险大的行业特征使其成为天然的弱质产业。从事农业生产经营的合作社，其发展离不开外部支持，[①] 能顺利地获得政府或金融部门的支持，无疑是社员们最希望的事。从实证分析的结果来看，政府扶持对社员满意度的作用要强于金融部门的支持，这与问卷调查的结果相符。政府的政策或资金支持是合作社相对实惠、低成本的可获得性资源，在当前国家积极鼓励发展合作社的政策环境下，合作社容易获得国家的资金支持和优惠政策。金融部门的资金支持却有着苛刻的硬性条件，相对来说不易获得，这让广大社员觉得金融部门的资金支持作用弱。

政府是否监管对社员满意度没有显著影响。《农民专业合作社法》只规定了政府有监管合作社的义务，但具体的监管实施细则尚未出台，再加上部分地方基层政府不太重视合作社，认为其对农业发展没有太大的作用，忽视对合作社的监管。这样，在合作社发展过程中，政府监管"缺位"，社员感觉不到政府监管的存在。在实证分析中，"政府是否监管"对成员的满意度没有显著影响。

6. 受访者自身的情况对其满意度有显著影响

成员间的熟悉程度对满意度有显著影响。这是由于我国合作社正规化发展的时间较短，合作社成员缺乏合作文化及相关知识的支撑。在规范制度安排尚未主导合作社内部治理时，基于我国农村熟人关系下的自治就成了合作社治理制度形成的基础。在成员自治中，其行为（投资、参与或自我约束等）大多受制于成员的熟识度。在一个相对熟识的群体中，成员间更易形成信任、互助、友善与尊重的氛围，相互承诺更易得到履行，这显

---

① 娄锋：《农民专业合作社产品品牌建设及其影响因素分析》，《经济问题》2013 年第 3 期，第 109 页。

然有利于提升成员满意度。成员的平均生产经营规模对满意度有显著影响。加入或牵头成立合作社，成为社员的主要目的就是解决自己生产经营中的诸多问题。显然其生产经营规模越大，得到的服务越多，满意度越高。成员对合作社的相关知识越了解，越易实现集体理性战胜个人理性，成员间的长期承诺将更易实现，合作社成员间将会形成长期互助合作的氛围，这可直接提升成员的满意度。

第五节 关于农民专业合作社制度分析及满意度研究的几点启示

本研究以我国 387 家合作社为实证对象，对其在《农民专业合作社法》颁布实施后的制度安排及满意度评价进行了深入分析，得到以下主要启示。

1. 应正确认识我国农民专业合作社产生的内、外部条件及在这些条件下合作社形成的基本特征

改革开放以来，我国农村家庭承包责任制的建立，明确了家庭作为相对独立的农业生产经营主体。一方面确立了农户的微观经济基础地位，调动了农民的积极性和创造性，解放和发展了农业生产力；另一方面，随着农业生产市场化与商品化的推进，家庭承包分散化、自负盈亏的农业生产经营机制必将农户直接置于市场竞争之中，独立面对市场风险。单个农户在市场中先天具有弱质性，承受风险的能力差，不能适应农业生产社会化和市场化的发展，"小生产与大市场"的矛盾越来越突出，这内在地刺激了合作社的产生。因而，农业合作社的出现与发展首先是农业社会化大生产，即农业生产力发展的内在要求，这是农业合作社产生的根本原因。随着市场经济的发展，劳动者成了相对独立的农业生产经营主体，再加上我国政府的鼓励与扶持，使得我国合作社蓬勃发展。我国农业合作化特殊的发展路径：①我国是在推行家庭承包责任制之后，先产业化后合作化，导致大量涉农企业先期进入农业领域，具有了先入优势，为了获得生存空

间，合作社不得不依托一些龙头企业、供销社等经济实体，以增强自身实力；②农业经过长期产业化、市场化发展，才进行合作化，参与合作化的各经济主体拥有的生产资料差异较大。我国众多普通农户缺乏资金、技术、人力及各种社会资源，无力构建合作社。拥有资金、技术、人力及社会资源优势的生产、贩销大户和龙头企业等成为牵头成立合作社的主力；③在农业产业化中，工业、商业资本已先期进入农业领域，合作社一出现就面临着激烈的市场竞争，其发展不得不转变为以"满足市场需求"为导向，不得不吸收懂市场、会经营、信息灵、有销售网络的非农户或外来经济实体参与合作。这样，我国当前农民专业合作社的基本特征是：大股东（生产、贩销大户、龙头企业等）牵头或处于主导地位，小股东（缺少各种资源的广大农户）跟随或处于从属地位；大股东实现个人收益最大化，小股东实现家庭农业生产经营的帕累托改进；由于拥有的资源及目标追求等不同，导致我国合作社成员的异质性较强。

2. "一股"或"数股"独大的产权结构，管理中或多或少的"内部人控制"和分配上的按股分配是我国多数合作社制度演进的逻辑起点

由于当前我国合作社产生时的基本特征是少数大股东（生产、贩销大户、龙头企业等）牵头，多数小股东（缺少各种资源的广大普通农户）跟随，形成了少数核心成员与多数外围成员的格局。核心成员拥有关键性生产要素，其资金、技术、人力和社会资源都相对充裕，对合作社投入较多，必然形成产权结构中的"一股"或"数股"独大。他们是组建和发展合作社的中坚力量，作为合作社的牵头者、多数生产资料的投入者和生产经营的管理者，从开始构建合作社到内部管理、分配制度设计上，无不体现着他们决定性的作用。他们实际上控制着合作社，是拥有合作社控制权的"内部人"。为了得到投入股本的收益，"内部人"控制的合作社的盈余分配一定是趋向于按股分配的。① 这是我国现实国情下，多数农民专业合作社制度发展演进的逻辑起点。

---

① 按股分配的出现既是我国合作社产权清晰化的要求，也体现了"内部人"核心成员的主观意志。

　　在西方农业现代化进程中，农业商品化、产业化与合作化几乎同时进行，欲加入合作社的农户分化不严重，生产资料差异不大，资源大体均等且合作文化普及。生产资料大体均等、劳动者人人平等、尊重劳动成果是西方农业合作社制度发展演进的逻辑起点。依该起点结合西方农业合作化成功的实践探索，最后总结出经典合作制原则：惠顾者拥有、民主管理、盈余按交易额返还及股金收益有限。这既符合西方当时的实际情况，又顺应了当时农业生产力发展的内在要求。西方将依据该原则建立的生产经营组织定义为农业（农场主）合作社（如 ICA 所做的工作），但现在，时过境迁，西方农业合作社产生的条件在我国已无迹可寻。那么，依据现实国情，合作社发展的内、外部条件及其实践和我国农民专业合作社制度发展演进的逻辑起点，来发展我国的合作社是否可行？如果这类合作社是有效率的，能加速农业现代化进程，为什么不能扶持其发展？我们不应教条，不应本末倒置。作为一类农民合作化的生产经营组织，关键的不是它的称呼，而是它的作用，是否能提高农业一线生产经营效率，是否能加速实现我国农业现代化才是它真正的意义及价值所在。

　　3. 发展合作社应坚持效率优先、兼顾公平

　　当前我国农业合作化进程中应允许一部分人先富起来。社会经济发展是不均衡的，市场经济中各经济人能力的发展也是不均衡的，合作社成员拥有的资金、人力及社会资源是有差异的，要实现社员均衡地共同富裕是很困难的，这将会极大地损失效率。当前的农民专业合作社在发展实践中，重视效率，淡化公平已是大势所趋。与西方发展经典合作社的时代相比，我国合作社发展的内、外部条件已经发生了巨大的变化。一味地追求公平，将最大限度地丧失效率。合作社成员没有生产和劳动的积极性、主动性、创造性，成员，特别是核心成员不再愿意牵头成立合作社或者向合作社投资，从而严重影响了合作社的发展。在激烈的市场竞争中，合作社甚至都无法生存，根本谈不上公平。因此，对于市场经济中的合作社来说，生存与发展是第一位的，必须体现效率优先的原则。其运行机制、分配机制必须适应市场经济的要求。应该允许投入多，承担风险大的核心成

员先富起来，再合理引导，加强民主管理，实现广大农户共同致富的目标。

《农民专业合作社法》第三章明确了合作社成员的含义，规范了成员义务，但课题组在调查中发现，我国有相当一部分合作社的普通社员既不执行权利，也不履行义务，甚至还有未入股的普通社员，"有利时来，无利时走"，机会主义行为在普通社员中较为常见。核心成员拥有资金、技术、人力及社会资源，对合作社投入多，承担风险大，当然预期收益也多，这内在地激励其在合作社生产经营中积极参与，积极履行其义务，他们是真正意义上的合作社成员。普通成员投入少，承担的责任少、风险小，普遍兼业化，参与合作社生产经营管理的积极性、主动性低，他们不是正真意义上的成员。在效率优先，兼顾公平的原则下，应该激励多投入、多付出的真正成员——核心成员，让他们先富起来，合理引导，使其作为合作社"发动机"带动广大普通成员共同致富。

4. 应超越合作社的视角来考虑合作社的发展

发展合作社的最终目标是要实现农业现代化；发展合作社应坚持生产力标准。合作社天生不在农业领域，但其天生就适合农业，这种适合是需要在家庭生产这一农业一线高效率组织基础之上，求得另一个更高效率的组织，这就是合作社。合作社的出现是效率的选择。我们对合作社发展与创新的研究应纳入推动农业现代化或适应农业生产力发展的视野中来讨论，应坚持生产力标准，应超越合作社的视角来考虑合作社的发展，即应基于提高农业生产力水平，推动农业现代化发展的视角来思考合作社的发展。

在实践中，对合作社制度安排的价值判断，不应来自政府或理论界，而应来自广大的农户社员，即合作社发展与创新能否提高广大农户社员的劳动生产率水平，能否提高社员的实际收入水平并使其满意。合作社是广大农户的合作社，对合作社的价值判断，不应是这样或那样的规定或准则。什么样制度安排的合作社最好或最合适，广大农户最有发言权。总之，合作社制度进入农业领域是效率的选择。这种制度安排要根据当时、当地的农业生产力水平做调整，有时甚至要突破西方经典合作制原则。只要这种制度变革是有利于农业生产力发展并被广大农户认可、接受和支持，那么这种变革就是必要的。

5. 未来我国的农民专业合作社将会发生一系列分化

《农民专业合作社法》所构建的理想制度不是也不可能是我国合作社唯一的制度安排模式，我国农民专业合作社的发展路径一定是超越经典的。在农业生产社会化驱动下，我国合作社在发展演进中，将会发生一系列的分离与分化。一部分合作社在为社员的服务中得到认同，发展壮大，逐渐显现出近似经典合作社的特征；一部分合作社（特别是"一股（或数股）独大"产权结构的合作社）在激烈的市场竞争中将会向股份制企业漂移；一部分合作社（特别是政府牵头成立的合作社）在政府的"羽翼"下成长起来，被政府控制将会履行政府的部分职能；还有一部分合作社在激烈的市场竞争中可能被企业等经济实体"俘获"而成为经济实体的一个附属组织等，可谓"千变万化"，但不管其今后会演变成什么类型、异化为什么组织，先让其在农业社会化大生产中发展，不要急于去甄别它，甚至否定它，关键是要看它能不能提高农业生产经营效率，能不能促进农业生产力的发展，给广大农户带来实惠。当前中国农民专业合作社制度安排大多是非经典的，大多带有股份化特征，部分学者已认识到合作社股份化发展是现实国情造成的，但这种合作社发展是否可持续？虽然西方没有先验性经验（我国发展农民专业合作社所面临的问题，西方现代化国家农业合作化时从未遇到过），但事实胜于雄辩，市场经济遵循优胜劣汰法则。实践中生存发展得好，能切实提高农业生产经营效率，并能得到广大农户衷心拥护、支持的合作社一定是切合中国现实，符合中国农业生产力发展的内在要求，具有中国特色的合作社。

6. 根据我国合作社的实际情况，在我国合作社的内部管理中，核心成员治理与民主建设不可偏废

应坚持"有效激励、提高效率、完善机构、分权制衡、优化法人治理结构、保障民主"六项原则，通过规范合作社内部管理，加强合作教育与

民主管理建设，同时完善社员大会制度，建立、健全监督与约束机制，不断提高合作社内部管理、决策的科学性，以提高合作社生产经营效率，实现全体成员的合作共赢。

当前，由于我国合作社产生、发展的内外部条件特殊，导致我国合作社产权形成的基础、性质、结构与西方经典合作社有很大的不同。当合作社成员大多是农户，来自相同地区且投入合作社的生产资料大体均等时，成员具有一定的同质性。成员作为合作社的拥有者、惠顾者和管理者，三者身份的统一使得成员很容易达成民主管理、盈余按劳分配的共识。然而，从目前我国合作社发展的实践来看，三者身份不统一已成为合作社发展的大势所趋。随着农业社会化大生产的发展，加入合作社的成员在资金、技术、人力及社会资源等方面的差异越来越大，产权性质的股份化已成为最常见的现象（特别是成员异质的合作社）。产权性质决定了内部治理的性质。在产权社会化下，成员投入合作社的生产资料不同，决定了成员拥有不同的实际治理权。合作社的核心成员"顺理成章"地获得了合作社的控制权或管理权（《农民专业合作社法》允许投入较多生产资料的成员拥有不超过总票数 20％的投票权，由于生产资料的差异大，这些成员的实际治理权远大于名义治理权）。生产资料投入多的成员自然拥有了合作社的剩余索取权，而生产资料投入少的成员（普通成员）很难获得合作社的实际控制权，更难得到自己的剩余索取权。这样由于投入生产资料的不同，成员异质性的增强，核心成员与普通成员的利益、目标不易达成一致，合作社的内部治理模式在双方的反复博弈中，逐步嬗变为"内部人控制"模式。这与经典合作制"一人一票"、限制资本权利的民主管理渐行渐远。但是，我们不能简单地以经典合作社原则或《农民专业合作社法》的具体规定来判断上述合作社治理的合理性。实际上，"内部人控制"模式是市场经济或者说是市场效率选择的结果，它激励了重要或较多生产资料的所有者不断投身到合作社的发展与建设中来，重要与稀缺生产资料向合作社聚集，有利于扩大生产经营规模和进行专业化分工协作，从而能大大提高合作社的生产经营效率，同时也满足了一般成员降低生产成本，实现价格改进的需求。如果能提高生产经营效率，实现合作共赢，推动农业现代化进程，这种合作就是有意义的。但需要注意的是，如果这种治理向"内部人控制"倾斜过度，治理中将会出现普通社员在合作社治理中被"边缘化"。核心成员不断侵害普通成员合法权益等问题。由此可以得出结论，当前我国绝大多数合作社的内部治理制度设计，应该首先保证不挫伤核心成员组建和发展合作社的积极性，保证其生产资料的不断投入，保证其对广大普通成员的带动作用。在此前提下，优化合作社内部治理，保护普通成员的利益不被核心成员损害。在这里，保护普通成员的利益、优化合作社内部治理不是对核心成员股权或管理权的绝对削弱（有的学者提出限制核心成员的股金投入，或限制核心成员的控制权或管理权，在我国的现实条件下，这将会极大地损失效率），而是要通过合作教育与培训，提升广大普通成员的民主意识和监督能力，激励其积极参与合作管理，同时加强民主制度与监督机制（含外部监督机制）的建设，科学、合理地约束核心成员权利。既要充分发挥核心成员"快马""发动机"的作用，又要防止其违规或在经营中行为失控。

第五章 中国农民专业合作社的发展与创新

对我国农民专业合作社创新与发展的研究，必先深入探讨其所处的外部环境、现实约束及发展变革的底线（避免其脱离合作社质的规定性），然后再结合合作社发展中存在的问题（通过对实践中的合作社进行制度分析获得）进行分析，才能找到切实可行的对策与措施。

第一节 中国农民专业合作社创新与发展的外部环境及变革底线

当前，国际通行的农业合作社制度安排（如95原则或《农民专业合作社法》的要求）是来自西方合作社曾经成功发展的实践经验。农民专业合作社发展的外部条件与西方当初合作社发展的外部条件已有本质的不同。特别是近些年来，合作社发展的外部环境正发生着一系列深刻的多层次、多维度的变化，不断冲击着经典的合作制度，我们更应审时度势，与时俱进。

在市场经济中，合作社是在农业生产力推动下，各自独立的农户家庭不得不进行的财产产权社会化变革的结果。合作社从其产生就是一个为了提高农户家庭生产经营效率，解决"小生产与大市场"矛盾的适应性经济组织。当农业生产技术及生产方式相对稳定，外部生产条件相对明确，合作社成员的来源相对单纯（如来自同一社区，生产相同或相似的农产品等），这时合作社及其成员追求的目标是大体相同或相似的，合作社的内部制度安排也是相对稳定的，其产权社会化水平依然能与生产力水平相适应。但时至今日，原来相对稳定和明确的环境已经改变。当前农业技术变革和分工协作，加速了农业产业化、专业化和经济一体化的进程。同时，伴随着农业技术变革，如转基因技术、高效农药与化肥的使用等，食品安全问题日益凸显，这些问题迫使农业生产发生一系列深刻的变化。这些变化集中表现为提高效率和保证安全的供应链管理技术在农业生产中大量运用，这内在地要求合作社在生产经营过程中逐步采用加工控制技术，要逐步实现纵向一体化经营（即农产品供应从生产到消费的一体化经营），结果使合作社大量合并，或被嵌入供应链中。上述农业技术的变革以及供应链管理趋势的发展，即农业社会化大生产的发展迫使合作社的利益导向发生了一系列变革（合作社必须适时调整，否则将很快被市场淘汰）。这些变革的影响是世界性的，深刻的变革不断冲击着合作社传统的价值观和追求目标，迫使合作社的生产经营目标由成员利益转向市场需求，即由服务成员转向服务市场，合作社越来越重视效率，越来越重视自身的发展，并通过自身的发展壮大来实现社员收益的最大化。为实现收益最大化目标，经营中的合作社开始逐步加强与上、下游经济实体合作，逐步融入供应链，并适时调整利益共享机制（如与供应链合作伙伴相互持有股权等）。换言之，以纵向一体化与供应链管理趋势为主要特征的农业生产社会化导致了合作社组织制度及利益共享机制的变革，深刻地动摇着传统合作社的制度基础。这种变革逐渐突破了合作社产权"三位一体"的质的规定性。合作社产权社会化向外拓展，不再是农业一线生产者才能拥有合作社产权，供应链中与合作社利益相关的经济实体也可拥有合作社的部分产权，同样合作社也可能拥有供应链中合作伙伴、经济实体的产权，这表明合作社产权正不断进行社会化变革以适应农业生产社会化的内在要求。

从合作社内部来看，在农业社会化大生产下，越来越多的异质性成员（如专业技术人员、拥有资金或技术的合作企业等）以不同的角色加入合作社的生产经营，成为合作社的股东或债权人等，[①] 成员的目标追求差异

---

① USDA Rural Development, "RBS Research Report 226", *Ventures and Subsidiaries of Agricultural Coopertives*, une 2012.

将越来越强，而合作社产权社会化调整迟缓，必然使得成员异质性问题凸显，合作社成员同质性及传统信任制度基础受到冲击。西方农业合作社正面临着上述问题，我国农民专业合作社也或多或少地面临着这些问题。

从合作社构建与发展的外部环境来看，既有生产力发展或生产社会化要求（纵向一体化与供应链管理趋势），又有现时乡村文化的约束；从合作社内部来看，被成员异质性深深困扰。中国合作社的发展困难重重，那么，是否如许多研究者指出的，我们应该先通过强化合作文化教育，或者依据经典合作社（或《农民专业合作社法》）的要求来规范合作社的制度安排，甚至通过限定成员来源，提高成员同质性后，再来发展合作社，即先规制，后发展。我们认为从中国的现实国情来看，既没有这种可能，也无这个必要，正如前面分析所指出的，我们发展合作社的目的是要提高农业生产经营效率，要实现农业现代化，如不能实现上述目的，制度安排再经典、再合规的合作社对我国农业发展也毫无意义。通过"提高成员同质性后，再来发展合作社"的想法就更不可行，基于合作社生产社会化的视角，提高合作社成员同质性实际上是反生产社会化、反产权社会化的，无论国内外合作社，通过产权社会化来解决异质性问题，逐渐扬弃同质性事在必然，这源于农业社会化大生产的内在要求，也是合作社制度发展演进的大势所趋。①

在当前农业社会化大生产中，为生存而竞争的合作社在目标追求上，将会逐步从服务成员转向服务市场，不再强调益贫性功能；产权制度上，劳动联合性质淡化，更多地具有多要素合作的性质，进而股份化趋势加重，这些也与当今西方农业合作社的变革相一致：①更加注重现代农业生产社会化发展的趋势与特点，更多地实现多要素联合，不断提高产权社会化程度，呈股份化转向之势，但力求在合作制与股份制间达到平衡，如新一代合作社；②生产社会化驱动下，深化要素联合，不断提高合作社产权

---

① 在这一发展的进程中，必须坚持合作社的民主管理原则（目的在于维护广大普通农户社员的利益），但这种原则的坚持并非是"僵化"或"死板"的，这种原则的坚持应随着合作社内、外部环境变化而进行调整，调整的尺度是在效率原则下，根据合作社内农户社员的利益权衡来决定。

社会化水平。许多大、中型合作社剥离资产,"突破"合作社制度外壳,构建或注资成立现代股份制企业,或者与其他合作社、股份制企业联合投资成立一个新的股份制联合子公司;① ③生产社会化驱动下,不再单纯地横向联合、外延扩张式地生产,而是更多地进行纵向一体化扩展,追求自身发展;④为适应生产社会化,追求自身发展时更重视供应链中的增值部分。在掌控供应链上游生产经营的同时,更加强了对供应链下游产品加工业务的拓展与控制;⑤在市场竞争中,不再追求垄断豁免权的扩展,更看中农业社会化大生产中的分工协作,提高生产经营效率,逐步实现与竞争对手由零和博弈向合作共赢转向;⑥在生产社会化驱动下,农村合作社不再僵化地恪守经典合作制原则,而是灵活地将经典合作制原则进行不同程度的变革以适应本国农业现代化不断发展、演进的要求。

针对国内农民专业合作社对经典合作制的偏离的情况,当前绝大多数研究者认为是合理的。很显然,上述深刻的变化是合作社在内、外部环境(含农业生产方式)激烈变化下而做的适应性调整,但问题的关键是合作社在这种深刻变化中,其质性规定和制度的底线在哪里?这将决定合作社制度创新和发展的边界。许多学者从合作社的价值追求和经典合作制原则要求来对合作社的本质和制度变革底线进行讨论,如一些学者认为,变革中"合作制的本质底线就是要限制外部资金进入企业并分割企业利润"(廖运凤,2004)。牛若峰(2004)认为,"合作社质性底线在于防止大股东控制合作社,要规定社员持股额度和股金投票权的比例";苑鹏(2006)认为,尽管合作社的形式千差万别,但社员的所有权、控制权和收益权均是建立在其对合作社使用基础之上的,这应是合作社的本质规定性。任大鹏、郭海霞(2009)则对合作社的真伪进行了讨论,认为需要根据《农民专业合作社法》确定合作社质性及制度变革底线等。不难发现,目前在实践中受内、外部因素深刻影响,处于变革中的合作社,理论界对其质性规定和制度变革底线的讨论颇为激烈。基本上都要求遵守西方经典合作制原

---

① USDA Rural Development,"S Research Report 226",*nt Ventures and Subsidiaries of Agricultural Coopertives*:ne 2012,pp. 2-11.

则，陈述不同只是观察经典合作制原则的视角不同而已，而且大多是本质及制度"形式"上的讨论，而非"内容"，即我们坚持这样或那样的经典原则，目的是什么？坚持这样或那样的经典原则，适合中国国情吗？坚持这样或那样的原则能提高农户生产经营效率，能实现农业现代化吗？这是一个更本质、更重要的问题，而在对合作社质性及制度变革底线的讨论中常常被忽略了。① 实际上，世界合作运动发展已近 200 年，实践中的合作社在质性规定和制度边界上一直发生着深刻变化，总体趋势是向着有利于提高成员收益，有利于提高合作社实力的方向发展，其最终目的是要为农业现代化服务，以顺应农业生产力发展的内在要求。对合作社质性漂移及制度变革底线的评判，是要看这些变化是否能使合作社及其成员向提高生产经营效率的方向演进，即应坚持生产力标准，而不是从组织形式、制度的角度看问题。试想，单纯地坚持经典合作社的本质规定性及其制度原则而不能提高效率，那么这种坚持对中国农业现代化来说有何意义？可见，对于合作社的创新与发展，我们还有思想上的束缚。

对我国合作社制度变革底线的评价标准不能看其是否遵循了经典合作制原则，或者合作社内弱势群体（广大的普通社员）是否得到了益贫待遇，而应从现实中我国农业生产力以及农业现代化发展要求的角度来讨论，甚至我们可以把视角放得更宽和更远一些，基于农村剩余劳动力转移，加速国家工业化、现代化进程的角度来测度这些变化的底线在哪里。理由如下：（1）合作社作为一类生产经营组织在人类农业生产领域并非一直存在，是到市场经济、农业生产商品化时代才出现。这说明合作社的产生有其历史性，合作社是农业生产力发展的产物，能提高农户家庭生产经营的效率——这是合作社存在的价值和意义，只有在这一基础上才谈得上合作社的质性规定与制度变革底线等问题；（2）当代西方农业合作经济组织发展的历史（由经典或传统合作社向新一代合作社转变；由传统合作社

---

① 这种忽略有其深刻的方法论上的原因。西方经济学，特别是新制度经济学认为制度安排就能提高效率（反映了其主观唯心的思想），而我们认为制度安排要适应生产力发展才能提高效率（反映了其客观唯物思想），即坚持生产力标准。分析范式的差异，制约了研究者们的视野。

向比例投资型合作社或社员投资型合作社转变，或由传统合作社向外部联合型合作社或股份投资型合作社甚至现代股份有限公司转变等）告诉我们，作为一类农业生产经营的组织，合作社的组织形式、制度安排，甚至合作制原则均可以变，只有一点是不变的，那就是对效率的追求。农业现代化以及农业后现代化发展进程中，农业生产一定是选择那些能适应新环境、新变化并能在新环境、新变化中不断提高生产经营效率的农业生产经营组织形式；（3）在西方农业生产领域，除合作外，还存在着大量的其他生产经营组织，如股份公司、私人企业（农场）、合伙企业（农场）等，这说明合作社不是农业生产经营组织形式的唯一选择。为什么有其他组织形式，而不全是合作社——这是效率选择的结果。在当时、当地，内、外部环境及其资源约束条件下，生产经营效率高的组织生存下来并大量涌现，效率低的生产经营组织就会被淘汰并退出市场。在家庭农场生产背景下，在某些农产品生产领域，因为合作社有效率才会生存下来，所以合作社的发展创新应遵循效率原则，而不是形式原则；（4）在西方农业生产领域中，合作社与股份公司会相互转换，但合作社转变为股份公司的较多，如北美许多养殖合作社最后演变为股份公司，[①] 这一演变是先进养殖技术发展的内在要求，即技术上的突破引发了生产组织形式的变革。合作社存在的基础是大量家庭农场是农业一线最高效率的生产组织单位。合作社不在农业领域，但其天生就适合农业，这种适合是需要在家庭生产这一农业一线高效率组织基础之上，求得另一个更高效率的组织，这就是合作社。农户选择合作社而不是其他组织，不是因为合作社的社会价值和道德宣扬，而是因为在家庭农场的基础之上的最高效率组织形式，只能是合作社——这是合作社进入农业领域的内在逻辑。可以预见，一旦家庭不再是农业一线最有效率的生产单位，合作社必将不复存在。当前我们对合作社发展创新的底线评判应纳入推动农业现代化或适应农业生产力发展的视野中来讨论，仅讨论合作社能否守住经典合作制的底线（形式原则），通过

---

① 娄锋：《西方现代农业合作经济组织的制度分析》，社会科学文献出版社，2017 年 5 月第 1 版，第 97 页。

"三位一体"中成员三个身份间的两两组合来辨析合作社的真伪，或者讨论在大户、龙头企业等牵头领办的合作社中治理结构是否合理、是否严格遵循"一人一票"原则、股权是否均等、分配是否合理（是否有60％盈余按交易额二次返还）等，甚至要对合作社先进行政府规制，依经典合作制原则先规范后扶持其发展等，都是不可行的。我们应跳出合作社，甚至农业来研究合作社的发展与创新问题。我们发展合作社的最终目的是要实现农业现代化（并且实现农业现代化的路径不只合作化一条），加速国家现代化进程，不应单纯地为发展合作社而发展合作社，我们应将合作社的质性及制度边界扩展，以给现实中的我国农民专业合作社发展与创新留下足够的拓展空间。拓展多大应以效率为标准，以民主原则为底线。当前，实践中的我国农民专业合作社大多具有要素联合的性质，生产资料的所有者与使用者往往不同，他们同在一个合作社中，为了共同的目的联合在一起进行生产经营。检验这种联合是否属于合作性质，不是从形式上看他们的身份，而是看他们所形成的联合体关系能否提高农业生产经营效率。只要他们坚持合作社是农户参与，是一种以提高农户家庭生产经营效率的经济组织，在重大事项上坚持民主决策，并构建了比较合理的利益联结机制，提高了参与者的生产经营效率和收益，这种联合体就具有了（中国特色的）合作社性质。

上述合作社的含义将包含理论界谓之"不规范"的合作社，但这些合作社有其存在的合理性，是中国现实国情的选择。同样，西方合作社发展所走的道路是西方现实国情的选择，他们的合作社不断实践所形成的经典合作制原则是适合西方农业合作化的，但不一定完全适合中国，因而我们不能用经典合作制来对中国的合作社发展变革"生拉硬套"。中国农业现代化发展的现实条件，合作社发展的内外部环境、合作文化、成员素质等与西方存在较大差异。因此，中国合作社应有自己的内涵，中国合作社的发展创新一定与西方的不同，是超越经典的。这样看来，"在遵循经典合作制原则下进行合作社的发展与创新"不是也不应该是我国农民专业合作社创新与发展的基本原则。

综上所述，合作社发展与创新的关键是要看合作社或者那些有名无实的合作社是否顺应了农业社会化大生产的内在要求，是否提高了农业生产经营效率，是否增加了广大农户的实际收益并得到广大农户的衷心拥护，是否加速农业现代化发展。效率追求才是合作社发展变革永恒的目标。[①]正如我国农民专业合作社制度分析一章所指出的，中国合作社在内、外部环境的现实约束下的变革是效率的选择，是一切从事农业生产经营者为获得最大收益而进行效率改进的结果。基于上述分析的结论，我们就有了针对我国农民专业合作社产权制度如何创新与发展的原则及具体措施。

第二节　中国农民专业合作社产权制度的创新与发展

一、农民专业合作社产权制度创新与发展的基本原则

在当前合作社内、外部条件的现实约束下，其产权制度创新与发展的重点是通过设计科学的产权制度，使得合作社相关利益主体的权、责、利关系清晰，合作社内部各方紧密配合，保证合作社健康、平稳地持续运行，逐步提高合作社及其成员的生产经营效率等。要实现这些目标，产权制度的创新与发展就应遵循以下原则。

（一）产权制度创新与发展应符合生产力发展的内在要求

合作社产权制度创新与发展（包括产权社会化）要符合农业生产力发展的内在要求，要与农业生产力水平相适应，这来自实践中生产力与生产关系的辩证统一要求。农业生产力状况决定农业生产经营组织生产关系的性质。历史上的各种农业生产组织都是适应一定生产力发展需要而产生的。马克思指出，生产力状况是组织生产关系形成的客观前提和物质基础。组织生产关系是生产力发展需要的产物，只有当它为生产力提供足够的发展空间时才能够存在。随着生产力的发展，原本适合生产力状况的组

[①]　娄锋：《农业合作社发展演进中的踏轮效应：一个新理论假说的提出及基于 VAR 模型的实证检验》，《经济经纬》2014 年第 5 期，第 26 页。

织生产关系由新变旧，走向自己的反面。[①] 当旧的组织生产关系阻碍生产力发展时，不论这种组织生产关系是否经典，终究会消亡，新的生产关系会产生以顺应生产力发展的内在要求。因此，是否能够适应并促进生产力发展，是评判组织生产关系先进或落后的根本标准。作为生产关系核心内容的产权关系一定要适合生产力发展的状况，是农业生产组织发展演进的基本规律。

（二）产权制度创新与发展应遵循效率原则

效率原则是指合作社的产权制度创新必须是有效率的，即能提高合作社及其成员的生产经营效率。有效性要求合作社无论采取何种产权制度安排都必须在可行性基础上，达到效率最大化。如与一定生产方式相适应的合作社产权社会化，产权明晰化等制度安排，达到提高合作社及其成员生产经营效率及收益的目的。

（三）维持现有农村经营体制的原则

根据合作社产权制度创新与发展应符合生产力发展的内在要求，合作社产权制度创新与发展应遵循效率原则，进而我们还应坚持"维持现有农村经营体制的原则"，即合作社产权制度创新与发展应在现有农村经营体制的前提下进行。现有农村经营体制的核心是家庭承包经营责任制，关键是土地的承包经营权维持农户个人所有。土地承包经营权个人所有制的建立既为合作社社员谋求自身利益最大化提供了所有权激励，又为农户构建或参与合作社解决由商品经济的发展带来的"小生产与大市场"、家庭经营与规模经营之间的矛盾提供了物质基础和内在激励。从现阶段农业生产力水平及农业生产方式发展的特点来看，农户家庭依然是农业一线最有效率的组织单位，这决定了必须发展合作社。发展合作社必须建立在农户土地家庭承包经营制度（即土地承包经营权个人所有）的基础之上，必须维持现有的农村基本经营体制不变。农户加入合作社后，合作社的产权制度创新与发展不能改变原有土地承包关系，不能影响或改变农户的生产经营

---

① 　韩树彦：《高校政治理论课学习指导》，辽宁大学出版社 2009 年版，第 109 页。

自主权和生产资料归个人所有。

根据上述原则及我国农民专业合作社发展的内、外部环境及合作社自身发展的现实状况，我们提出合作社产权制度发展与创新的几点建议。

二、农民专业合作社产权制度的发展与创新措施

(一) 产权制度模式应基于生产方式做适应性调整

农业生产力是农业合作社生产关系发展演进的最终决定力量，农业中的生产方式决定着合作社的产权关系。是否能适应可提高生产经营效率的生产方式，是评判产权关系先进与落后的根本标准。农业合作社产权关系一定要适应农业生产方式，是合作社发展变革的基本规律。例如：云南省富宁县板仑乡富农蔬菜农民专业合作社由任占文、李东旭、杨友德等 10 位农户，每人出资 2.5 万元，于 2010 年 9 月 1 日登记成立，现成员已扩展至 32 名，全部为蔬菜种植大户。新加入的 22 名社员中，2011 年加入的成员缴入股金 1.8 万元，2012 年加入的缴 2 万元，2013 年加入的缴 2.2 万元，成员入股金大体均等。合作社成立后，实现"五个统一"：统一生产资料采购；统一搭建塑料大棚；统一购买化肥、农药、滴灌等设施；统一组织技术辅导与培训，定期发放技术及市场信息资料；统一防病措施并按照《无公害蔬菜生产技术规程》进行标准化生产（主要是控制农药施用量），有效地提高了蔬菜的品质。该合作社主要是为成员提供产前、产中服务（销售由农户自己负责），对农户农业一线生产的介入不深，因为合作社来做一线生产效率不高（如人民公社），还易造成机会主义行为泛滥。上述生产经营方式决定了该合作社是一个服务型的合作社，合作社向每位成员收取的入股金实为服务费。成员所接受的服务是无显著性差异的，入股金（服务费）是大体均等的。由于家庭是蔬菜生产一线高效率的生产组织单位，为了保持这种生产方式的高效率，合作社选择的产权模式为：建立在农户家庭生产资料私有制（土地集体所有，承包经营）基础之上，通过股金制度（Ⅰ）联合起来的劳动者对劳动的个人所有（按份共有）和集体所有（共同共有）。显然，该合作社产权模式的选择是由其生

产方式决定的。

生产方式的变革会引发合作社产权制度的改变。同一地区的富宁玉弄大红优质油茶专业合作社是由富宁大红股份有限公司牵头,178 户农民加入,集中了近 3000 亩土地,于 2008 年 3 月注册登记。当地农户有世代种植油茶的习惯,但缺少技术与资金,当地油茶品质及产量低。大红公司从浙江引入优质油茶新品种,计划在农户承包地里种植,并培训农户进行田间管理,6 年后所有茶树归种植地农户所有,之前收益农户与公司按三七分成。178 户农民以土地承包经营权折价入股,这样形成了风险共担,收益共享的合作机制。第一年,合作社遇到了一大难题,该油茶新品种的种植技术要求与当地传统油茶品种的种植要求有很大的不同。新油茶品质好,对田间技术管理要求较高,对酸碱性、初植密度等均有严格要求。田间管理就更为复杂,内容包括中耕除草,扶苗培蔸,间苗补植,除虫灭病,整形修枝、施肥和高接换冠等技术。在 178 户农民中,有文化的青壮年劳力大多已到广西、广东打工,留下的老弱妇孺文化水平低,难以适应田间管理工作。第一年就有近 40% 的幼林死亡。第二年合作社不再雇佣农户,而改向劳动力市场招募技术工人,每个工人负责管理 25—30 亩茶园,田间管理工作才有了较大改观。合作社不再需要农户在自己的土地上为 6 年后自己的财产劳作,只需要提供土地,土地由入股变为出租,农户由合作社股东和农业工人变为合作社的债权人,合作社的产权制度模式发生改变,模式中农户不再是合作社的股东,合作社与农户之间是要素的契约联合。其产权制度模式由建立在农户家庭生产资料私有制(土地集体所有,承包经营)基础之上,通过股金制度(Ⅱ)联合起来的要素所有者对投资的个人所有(按股所有并以此获取剩余价值)＋劳动者对劳动所得(工资)的个人所有变为建立在农户家庭生产资料私有制(土地集体所有,承包经营)基础之上,通过契约联合起来的要素所有者对投资的个人所有(合作社股东按股所有并以此获取剩余价值,农户获得土地租金)。产权制度模式的转变,是生产对象的特点、特殊生产技术和高效率的生产方式内在地要求合作社产权制度模式必须进行变革,以提高种植油茶的效益。综上，这两个案例向我们揭示了产权制度模式必须基于生产方式做适应性调整，这样才能不断提高合作社的生产经营效率，才能在激烈的市场竞争中存续下去。同时也说明了当家庭不再是农业一线最有效率的生产组织时，经典意义上的合作社产权制度必然不复存在。

（二）加快产权社会化适应性变革以解决成员异质困扰合作社发展的问题

人的异质是由物的异质决定的，拥有生产资料的差异是导致成员异质的根本原因，这决定了成员以什么样的身份，基于什么样的目的加入合作社。由于成员的入社目的、追求目标各不相同，这加大了理想合作制度构建的成本。在成员异质的情况下，民主协商的合作管理不易形成，按劳分配也成问题。但是，成员的异质性增强不可逆转，这是合作社在农业生产社会化大生产下发展的结果。怎样破解成员异质对合作社建设与发展的困扰？不妨借鉴现代股份制企业的经验。[1] 其实，现代股份制企业在其发展历程中也曾面临股东异质问题，但该问题对股份制企业建设与发展的负面影响远远低于合作社。关键在于股份制企业产权社会化程度远高于合作社，其完整的产权发生了一系列分离与分化，企业法人所有权与股东的终极所有权相分离，企业法人完整的产权再分离出所有权（狭义）、管理权、经营权、剩余索取权等各项权能，并根据权能的职责设立相应的机构，合理地分配各机构的权、责、利，进而形成相互支持、相互制衡的治理关系，构建并完善了企业治理结构及治理机制。这是产权社会化的结果，而这反过来又会使产权社会化进一步深化发展。这样，产权社会化为社会化大生产下，不断加入企业的、基于不同目的的劳动者、不同生产资料的拥有者提供了各种合适的进入企业的机会，使得他们之间的专业化分工协作得以顺利进行（专业化分工协作驱动产权社会化，产权社会化又可反作用专业化分工协作），促进了企业生产经营效率的不断提高。有资本的人不愿直接参与企业的生产经营或者对企业的生产经营难以"事必躬亲"，他们成为企业的股东组成股东大会，形成最高的权力机构；对企业生产经营

---

[1] 这种借鉴是形式上的借鉴，而非本质。

感兴趣，但没有资本，却拥有管理才能的人成为经理组成经理层，拥有企业的经营管理执行权，是日常生产经营管理的执行机关，其治理结构及机制的产生是产权社会化的结果，并最终受制于生产社会化水平。如果企业财产的股东终极所有权与财产管理权没有分离，那么企业中拥有管理才能的人与拥有资本的人之间的异质性问题就会严重地困扰企业的发展。可见，成员异质性问题困扰企业发展，实际上是由产权社会化程度与企业的生产社会化发展水平不相适应造成的。正如第四章所论述的，随着农业社会化大生产的推进，各种资源在空间和时间上向合作社聚集，为了适应这种聚集，合作社完整的产权就要进行一系列分离与分化，进行产权社会化变革。如果这种变革与合作社的生产社会化进程不相适应，或者是对生产社会化的适应调整迟缓，成员异质性问题就会严重困扰合作社的发展，这就内在地要求我们对合作社产权社会化程度进行适应性变革。例如，云南省文山万宏油茶种植专业合作社是由万铭宇、张道真等5位茶叶生产大户于2013年4月11日牵头成立的。5位茶叶生产大户共投入1700万元，政府补助60万元，引进外省优质油茶进行种植、产品开发及市场开拓。当地农户以土地折价入股成为社员，并在土地上劳动，合作社支付每人每天30元。涉及农户611户，土地2843亩。由于合作社成员存在高度的异质性，每次社员大会，普通社员在种植品种、技术培训、工作安排、工资等方面与合作社核心层均有争执，已有相当一部分农户社员退社，合作社面临着崩溃的危险。两个月后合作社改变了策略，以高于市场价每亩10元的价格租入农户的土地，但不再接受农户作为合作一线工人在其土地上劳动，原来合作社内的农户社员也纷纷转为以土地出租，不再投入劳动力。这样，合作社的策略使得农户土地承包经营所有权发生了分离与分化，分离与分化出农户对土地承包经营的终极所有权（农户所有）与土地承包经营的使用权（合作社所有），公司外聘专业经理与生产一线技术工人（油茶特殊的种植技术常常要专业工人才能完成），专业化分工协作大大提高了生产经营效率。对新品种、新种植方法不熟悉的农户不再参与合作社一线生产及专业化管理，农户大多到广西、广东打工，平均每人每月收入 3000—4000 元。这样，土地承包经营所有权的分离与分化成功破解了合作社异质性增加合作管理成本的问题，提高了合作社内部治理的效率。[①]

（三）产权制度安排要使合作社中利益相关方激励相容（Incentive Compatibility）

赫维茨 1972 年提出了激励相容的概念。在市场经济中，每个理性经济人都会有自利的一面，其个人行为会按自我利益最大化的规则行动；如果能有一种制度安排，使行为人追求个人利益最大化的行为，正好与实现集体价值最大化的目标相吻合，这一制度安排就可称作"激励相容"。赫维茨进一步指出："贯彻'激励相容'原则，能够有效地解决个人利益与集体利益之间的矛盾冲突，使行为人的行为方式、结果符合集体价值最大化的目标，让每个成员在为集体做贡献中成就自己的利益，即将双方的利益进行有效地'捆绑'，使个人价值与集体价值的两个目标函数实现一致。"[②] 对合作社来说，制度安排要使其设计者所期望的目标与社员个人追求的目标相一致，从而使社员主动地向制度设计者所期望的目标努力。

目前，就实地调查情况来看，部分合作社存在着激励不相容问题。具体表现为：一方面，合作社社长（理事长）或管理层（核心成员）认为普通社员"没有集体观念""斤斤计较"等；另一方面，普通社员认为"合作社不为普通成员考虑""只顾及核心成员的利益，甚至侵害广大普通成员的利益"等。那么，怎样才能设计出社员与合作社（核心成员控制）目标追求一致的激励相容制度，从而由"零和博弈"转变为"双赢博弈"？

转变的关键是要设计出科学的激励机制、激励方法和手段。产生相互抱怨往往是因为激励机制的缺失或扭曲。解决问题的关键就是要创新产权制度安排，构建科学的激励机制、激励方法和手段。创新的产权制度安排

[①] 尽管该合作社已经出现了资本雇佣劳动，出现了所谓"集体的自私"，产权社会化变革偏离了经典的合作制原则，但基于效率的角度，变革的制度安排符合油茶特殊的生产方式，顺应了农业生产力发展的内在要求。

[②] Sushil Bikhchandani, Shurojit Chatterji and Arunava Sen, "inceitve compatiblility in multi-unit auction", *Journal of Economic Theory*, 2004, pp. 2-3.

应将劳动、土地等要素贡献与相应的报酬直接挂钩，即实现各利益方权、责、利关系对等、匹配、统一的格局。在核心成员与普通成员的相互关系中，产权制度安排应设计一种机制，以激励普通（核心）成员采取最有利于核心（普通）成员的行为，这样核心（普通）成员利益最大化的实现能够通过普通（核心）成员的效用最大化行为来实现，[1] 这样双方的利益最大化目标一致，即实现了激励相容。激励的方法和手段要尽量将成员的激励以货币收入的形式体现出来，同时注重精神激励，使核心成员与普通成员的目标追求一致，实现核心成员与普通成员的互惠共赢。

一个不成功的案例来自云南省红河州某种植专业合作社。合作社于2009年5月成立，注册资金为118.7万元，主要业务包括水果、蔬菜种植、储藏、收购、销售，水产和禽畜的养殖、销售，农产品代购、代销，农业生产资料采购、化肥销售，农业技术信息咨询服务、农具服务等。合作社土地连片种植面积达到了4200多亩。合作社现有312户社员，社员每年可获得每亩800元的租金，并以每亩1股作价4000元股份参股分红，土地入股的社员可到外地打工，也可到合作社做农活，每人每天50元。由于社员的土地远近不同，质量参差不齐，土地质量好、交通方便的社员不满，而合作社管理层却认为社员斤斤计较。另外，到合作社做农活的社员，不论男女老少，只要去合作社，每人每天50元的工资。这样土地和劳动力的收益均是确定的，社员只要以最低的成本来实现收益就可以了。苏理事长指出做农活的社员"磨洋工""耍滑头"，以致农作物被盗的现象十分普遍，而社员则反映合作社（核心成员控制）经常克扣工资，每亩800元的租金发放不及时等。合作共赢变成了"零和博弈"，其根本原因在于合作社与社员的激励完全不相容。社员的收益是既定的，在理性人假设下，他们选择以最低的成本来实现既定的收益，即付出成本最小化，而合作社是希望社员尽最大的努力劳动，土地产出最大，追求的最终目标是收益最大化，两者的目标函数刚好是对立的。与人民公社类似，合作社管

---

[1]　Sushil Bikhchandani, Shurojit Chatterji and Arunava Sen, "inceitve compatiblility in multi-unit auction", Journal of Economic Theory, 2004, pp. 2-3.

理层变成了监督者，而农业生产的特点使得监督成本奇高，且还要支付土地租金、农户工资等，合作社难以为继，现已处于瘫痪状态。

成功的案例来自河南省长葛市明瑞农机专业合作社，该合作社是由实佳公司牵头，于 2012 年 2 月 28 日成立的一个大型农机合作社。该合作社以土地托管的形式从当地 322 户农民（青壮年已到外地打工）手中获得土地 11000 多亩。322 户农民将土地折价入股，这样土地就可委托给合作社分夏、秋两季进行生产。由于生产资料购买量大，合作社可以以折扣价向农户提供优质小麦、玉米种子、化肥及其他农资，并且合作社按低于市场价 10% 的服务费为农户提供犁、耙等机械直至最终的收割服务，日常田间管理由农户自己负责。收获季节时，农户分夏、秋两次向合作社支付相关服务费即可。收获后的产品，农户可以自行拿到市场上销售，也可卖给合作社以兑换合作社提供的生产、生活用品（包括米、面、油等），兑换服务由合作社设在农村的服务站来完成。由于土地收成归承包该土地的农户所有，农户非常关注田间管理，尽最大努力做好农业一线生产管理，以实现土地产出最大化。合作社也要实现土地产出最大化，否则第二年农户可能不再与合作社交易，而选择其他农机合作社。合作社以农作物生产托管的经营形式，将农户与合作社的利益进行有效"捆绑"，实现了二者的激励相容，合作共赢。

（四）产权制度安排应逐步实现明晰化

西方经典合作社的所有权与治理是无关的，合作社的入股金除提供合作社第一笔生产经营用资金外，只是交易权证明，即获得了与合作社进行交易的资格，成员入股金的多少与其投票权及所得利益的多少没有直接关系。在不进行动态调整的情况下，股金投入的多少与股金拥有者在合作社中的管理权与惠顾收益的多少不对等，即权、责、利关系不明晰、不匹配。在合作社发展早期，外部环境稳定。在合作文化的约束下，合作社内部矛盾不会激化。当前经典（或传统）合作社的内、外部生存环境已发生了巨大变化，传统合作社变成了"定义模糊的用户与投资者的财产权集合，不明晰产权的多样化界定将导致在剩余索取权和决策权控制方面的冲突"，具体存在"搭便车问题、投资比例问题、控制问题、影响成本问题、眼界问题"。[①] 对此西方农业合作社进行了一系列变革与创新，从传统合作社的"管理权、剩余索取权与入股金割裂的产权制度"[②]转变为新一代合作社的"股金-交易额锁定"[③] 的产权制度，体现了从权、责、利关系割裂的产权制度向权、责、利关系匹配、对等、成比例的变化趋势。这一产权关系变化特征还出现在西方合作社从传统合作社向比例投资型、社员投资型或股份投资型合作社的转变过程中。总的变化趋势是合作社越来越重视股权问题，越来越关注股权与管理权、剩余索取权之间的对等、匹配关系，结果合作社从绝对的"一人一票"制向承认差别发展，从严格限制按股分红比例向按股分红比例可以浮动发展，甚至向不受限制的方向发展。西方农业合作社具有了股份化趋向，这是西方农业合作社在内、外部环境压力下的大势所趋，是为了提高合作社生产经营效率，实现合作社可持续发展的必由之路。总之，产权关系明晰化一定是未来合作社产权制度发展的主流方向。

与西方不同的是，长期以来，我国农村地区的物质资金极度匮乏，再加上我国广大农户没有经历过合作文化、合作精神的熏陶，我国合作社建设伊始就很重视股金的投入。股金投入的多少与合作社的管理、控制权和剩余分配权等密切相关，使得我国合作社的产权性质或多或少地带有股份制色彩。西方农业合作社经历了合作思想与文化的出现，合作制度构建、发展、成熟到在内、外部压力下向股份制漂移的过程（特别是北美的合作

---

① Cook，Michael. L. *The Future of U. S. Agricultural Cooperatives*，"A Neo-institutional Approach"，American Journal of Agricultural Economics，1995，pp. 1153-1157.

② Cook，Michael. L. *The Future of U. S. Agricultural Cooperatives*，"A Neo-institutional Approach"，American Journal of Agricultural Economics，1995，pp. 1153-1157.

③ "股金-交易额锁定"即社员对合作社如何使用，使用多少等均通过社员购买合作社的交易额权（股票，或称交易合同）而事先确定下来，即社员能得到多少合作社的服务已经被社员对合作社的投资事先"锁定"，多投资将多得服务；要想得到更多的服务，就必须通过市场从其他成员手中购买合作社股票，外部人要加入新一代合作社也需从原社员手中购买（Thomas C. Dorr. Hearing on New Generation Cooperatives，*Congress of the United States House of Representatives Committee on Agriculture*，2003，p. 5）. 这样明晰了产权，实现了社员权、责、利关系的对等与匹配。

社）。我国的合作社一出现就开始向股份制漂移，许多合作社内部权、责、利关系相对于西方传统合作社是清晰的。例如云南省江川江城春晓蔬菜产销专业合作社，其社章规定，每入股 1 亩土地需缴纳 1000 元的入股金，多入多缴，入股金没有上限。每入股 1 亩土地获得 1 票。合作社生产经营施行"七统一"：统一生产资料采购、统一种植技术、统一供应种苗、统一生产管理、统一定级包装、统一品牌（春晓牌）、统一销售。销售总收入扣除成本、公积金与公益金后，盈余按交易量返还社员。由于统一生产资料采购、统一种植技术、统一供应种苗，这样成员每亩的产量是相对稳定的，入股金与交售合作社的蔬菜总量（也是劳动总量）是对等、匹配的，多交蔬菜（劳动产品）就要多缴入股金。入股金与投票权也是对等、匹配的（他们称为"按交易额投票"或"按劳动量投票"）。最后盈余按交易量返还，是按入股金分配盈余，也是按劳分配盈余，在这里三者统一。与西方新一代合作社相类似，该合作社产权制度设计中，权、责、利关系清晰、对等，想多交售产品就要多缴入股金，能获得更多的管理权，也能多获得盈余（同时意味着承担更多的责任与风险）。

市场总是选择有效率的组织，"重视股金的投入，产权制度向股份制漂移"是合作社在市场竞争中为提高生产经营经营效率的必然选择。产权制度向股份制漂移这一表象的背后是我国合作社在没有资格投资，也没有对股本进行动态调整的基本资金计划与循环资金融资计划的情况下，为提高合作社生产经营经营效率而做的一种适应性调整，这一调整的目的就是要明晰产权，基于稀缺资源来努力实现权、责、利关系的匹配与对等。对于我国合作社的股份化趋向，许多研究者认为这是由于农户社员文化素质低，宣传、普及合作文化不充分，合作文化没有"深入人心"造成的，所以应大力宣传、普及合作文化；还有的学者认为股份制特征是对经典合作制的变异甚至是"背叛"，需要用经典合作制度"规制"，先整治后发展。对于前者我们认为，让合作文化"深入人心"来规制股份化趋向是根本不可能的，亦无这个必要。正如前文所述，所谓合作社的股份化趋向，实际上是为了实现合作社权、责、利关系清晰、对等，是市场经济中合作社为了追求效率的选择。对于第二类观点，我们认为可能会重蹈人民公社的覆辙。广大人民群众才是合作经济真正的理论创造者和实践者，实践中的合作社是他们在当时、当地内、外部现实约束条件下的效率选择，是广大农户自愿选择并能接受的形式，而经典合作制不一定适合我国各地的情况，所以第二类观点不可取。

（五）建立、完善成员账户管理制度，防止个人产权模糊化

要防止个人产权模糊，需要明确生产资料的性质，厘定个人产权范围，清晰界定投资者的权、责、利关系。由于合作社中生产要素的来源、性质、种类、作用等各不相同，合作社生产要素的组合方式也各不相同，存在不同的产权模式，体现了不同的产权关系：可以是私有产权＋集体产权、私有产权＋私有产权、甚至是私有产权＋集体产权＋国有产权的形式。投入合作社的各种生产资料在质与量上有差异，发挥的作用与承担的风险也各不相同，各要素所有者理应获得不同的回报，同时还要确保这种回报得到及时、合理的分配，这样才能确保并不断提高他们参与合作的热情与积极性，农业生产社会化下的分工协作才能顺利进行，合作社才能健康、持续地发展。因此，在合作社建立伊始，必须依法发放股权证，并"为每一个成员建立账户，记载该成员的出资额（资金、实物、土地等，非资金等实物投入最好折成现值。投入的土地、技术等要素最好在规定时间内用资金置换），以及按民主协商的办法分配至该成员名下的公积金份额，同时还要记载该成员与本社的交易额（量）以及按交易额（量）分配的盈余等"。[①] 建立成员账户以明晰国家、个人会员、龙头企业或其他经济实体投入的资金份额，并强制定期公布各类收益分配信息，防止成员与成员之间、成员与集体之间产权混淆，使合作社内产权关系清晰，以避免在发展过程中获得的增量资产、收益不能准确分割，避免核心成员利用手中权力侵占普通成员的利益，形成纠纷、冲突。清晰的个人产权能够使成员依据自己的付出享有对等的权益，有效地保证每一个成员的利益不受侵

---

① 引自《农民专业合作财务管理制度》。

犯，最大限度地发挥产权制度对成员的激励作用。[1] 此外，明晰产权还有利于产权融资，只有通过明晰产权，实现成员的权、责、利关系对等，才可能吸引各类要素不断地流入合作社。

（六）逐步实施合作社产权社会化，加速农业生产社会化进程

根据我国农村经济发展的现实情况，合作社可逐步实施产权社会化。完整的合作社所有者产权应进行一系列的分离与分化，以适应农业生产社会化的内在要求，不断提高合作社的生产经营效率，不断增加社员的收益。例如，可以逐步统一规范股权的类别，将合作社的股权分裂、分化为：普通股、债权股等，在一定程度上实现合作社法人产权与成员终极财产所有权的分离，顺应农业生产社会化发展的内在要求。

1. 普通股

普通股是指欲加入者按照合作社章程的规定缴纳的入股资金或一定价值的实物，从而获得成员资格和惠顾权。普通股是成员对合作社的一种承诺与保证，是合作社主要财产的初始与基本来源，其为合作社开展生产经营等活动提供了第一笔资金。普通股股权是成员参与民主管理、惠顾合作社并按交易额（量）获得盈余和获得股息的资格凭证。本研究建议，根据我国的现实国情，期望加入合作社并享有上述权益的人员必须缴纳普通股，[2] 并且社员资格在终止时，普通股股金在一定期限内（如可规定一至三年）只能转让不可抽回，期限终结时，对没有转让的部分股本，原社员

---

[1] 尽管在合作中，社会激励（如声望、尊敬、友谊）是一种选择性激励，它对合作社的牵头者（大户、能人等）具有一定的激励作用，但不稳定，也不能持续。明晰产权关系可使成员的付出与回报成正比，从而使成员获得一种稳定、持续的选择性激励，这是一种真正意义上的公平。

[2] 这表明合作社对成员有选择，即成员资格在一定程度上不开放，这也是当前西方农业合作社产权制度变革的一个方向。课题组对我国合作社的调查也发现，合作社对期望加入者的要求有越来越严格的趋势，特别是发展得好的合作社，这一现象就更为明显。为什么会出现这一现象？因为不开放的成员资格制度在一定程度上有利于保障合作社的稳定性。如果合作社坚持不限制成员的进出原则，那么，合作社经过努力实现经营状况好转时，会有很多加入者不付成本就可以获得合作社的成果，而在合作社经营状况差时，又会有很多成员退出以逃避责任，这必然使合作社中机会主义泛滥，如果不遏制这样的机会主义行为，合作社必然会崩溃。

可按原值取回。如果普通股股金无时间限制，随时可以抽走，这会严重影响合作社法人财产的稳定性，不利于合作社的长远发展，甚至损害其他社员的利益；如果不允许成员抽走自己的普通股股金，不但不利于合作社的民主制度建设，也易造成核心成员对普通成员的权益侵害。申请入社人员必须缴纳普通入股金，并且该入股金还必须达到最低门槛要求。关于最低门槛入股金的多少应根据当地农户的收入水平及发展合作社的需要来确定，原则是要把大多数潜在的优质农户吸引到合作社的建设中来。普通入股金的多少最好与成员的交易额（量）或可预见的交易额（量）对应成比例，想多交易（或多享受服务）就要多投入股金，权、责、利相匹配，以实现产权关系的明晰化。当前我国合作社应确立最低门槛入股金，那么入股金是否应设置上限？本研究认为，在当前中国农村资金极度稀缺的现实约束下，普通股股金不应设置上限。经典合作社对普通股股金上限限制是为了避免少数人拥有大部分普通股，从而完全控制、支配合作社。在课题组的调查中发现，现实中只有极个别合作社规定普通股股金上限（这从侧面说明中国农村物质资金极度稀缺，合作社不规定普通股股金上限，导致产权结构中的"一股（或数股）独大"是市场效率选择的结果）。采访中，无论是理事长还是普通社员均表示，他们现在最缺的就是资金，很希望有个人或企业对他们投资。其实，普通社员大多不关心合作社被谁控制，关键是合作社能否尊重他们的利益诉求，能给他们带来什么样的好处，甚至只要能实现收益的帕累托改进，他们就满意了。

2. 债权股

债权股是指资金拥有者以债权人的身份对合作社投资所形成的权益，这一投资不以取得社员资格和合作社的优惠服务为目的，只是为了获得利息。债权股没有投票权。合作社的出资者严格意义上应该是农户社员（也是惠顾者），但现实中，由于广大农户社员往往是资金的缺乏者，合作社仅靠广大农户社员的普通股股金远不能维持正常的生产经营与发展，必须吸收更多的资金，因此可设立债权股融资。债权股利率固定，具体的利率可适当高于同期银行存款利率，甚至高于普通股股利，以吸引更多的投资。债权股到期时还本付息或继续投资，其利息在盈余分配顺序中应排在普通股之前。

合作社应逐步建立健全普通股、债权股的流转机制，让合作社的普通股、债权股股票可以在一定范围内转让、交易。合作社股票有了一个外部交易市场，在一定程度上可反映合作社的市场价值，并对合作社的生产经营形成了一个外部"评价系统"和"压力系统"。除在一定范围内流转外，普通股与债权股也可相互转换。上述这些措施能在一定程度上解决库克（1995）提出的合作社发展五大难题。

（七）国家财政补助形成的财产由国家享有终极所有权，并加强其使用的评估与监督

从第三章"国家财政直接补助形成的财产所有权的归属不明"的分析中不难发现，由于《农民专业合作社法》对国家财政直接补助形成的财产的所有权没有统一的、明确的规定，导致我们难以解释清楚一些相关问题，也难以理解《农民专业合作社法》中一些条款的准确含义，更难以理解这些条款彼此之间的关系及条款所蕴含的制度设计用意与机制安排。故本书建议，在修改《农民专业合作社法》时，规定国家财政直接补助形成的财产由合作社享有控制、使用及经营管理权，并对直接补助形成的财产所产生的收益拥有所有权（因为产生的收益是全体成员运用集体智慧运作国家财产产生的），即可按社章的相关规定进行分配，而国家财政补助形成的财产（账面价值）由国家享有终极所有权，以避免个别合作社投机取巧，套取国家的财政补助，使政府扶持的激励作用失效。

对于国家财政补助的发放与使用，必须以实现财政支持资金的扶持效率最大化，特别是激励最大化作为资金的使用目标。政府应首先建立一套科学、合理的财政扶持资金使用及结果评价体系，扶持资金投入前要进行可行性论证并评估投入成本与风险，对结果进行预测，被扶持合作社要提交扶持资金的使用计划及应达到的阶段性目标。扶持资金投入后要定期进行稽查与考核，确保财政资金按计划使用，逐步实现资金使用的激励最大化目标。当前由于扶持资金在合作社中产权归属不明，易被合作社核心成员挤占、挪用，不能达到扶持全体社员发展的目的。因此，建议将政府财政补助设为公共股并量化（可以平均分配，也可以按成员的入股金或交易额或两者结合分配，具体分配办法可由合作社民主决定）到每个成员的账户，成员可享有这部分财产所产生的收益，但不能带走这部分财产，即不拥有这部分财产的终极所有权。当成员离开合作社时，其账户下的这部分财产应交还合作社重新分配。当合作社终止时，这部分财产应交还国家或其他合作社，或者用于合作社的相关公益事业。

（八）关于公共积累的问题

对《社长调查问卷》的分析发现，被调查合作社中，有 57.2％的合作社没有计提公共积累，绝大多数合作社表示没有计提公共积累是因为盈余很少，已全部分配给成员。余下 42.8％的合作社计提了公共积累，这些合作社公共积累提取比例最低的为 2％，最高为 90％，提取比例不超过 5％的合作社占 59.6％，不超过 10％的占 77.8％。很明显，大部分合作社提取公共积累的比例偏低，这必将降低合作社抵御风险的能力，影响合作社服务能力，甚至导致合作社发展乏力，在供应链管理中也易引发合作伙伴怀疑合作社的实力，影响合作的深度与广度。

《农民专业合作社法》第三十五条规定："如设定提取公积金，每年提取的公积金按照章程规定量化为每个成员的份额。"第二十一条规定："成员资格终止的，农民专业合作社应当按照章程规定的方式和期限，退还记载在该成员账户内的出资额和公积金份额。"这种规定是否有利于合作社生产经营的稳定，是否有利于合作社的持续发展一直存在争论。不分割的后果是公有产权模糊，广大普通成员的利益易被核心成员侵占。分割则导致合作社的财产不稳定。针对这一矛盾，应瑞瑶（2003）提出了一个解决方案：把公共积累分割至社员个人名下，在社员退社时不能带走，只能转让，或由合作社赎回。当然，这一提法也被许多学者反对，认为这样会给核心成员侵占普通成员的利益以可乘之机，他们主张公共积累在社员退社时可以带走。其实，采用何种方法应该审时度势、因势利导、具体问题具体分析。当前，资金短缺是发展合作社亟待解决的问题，在广大农户社员普遍缺乏资金的情况下，公共积累将是合作社维持正常生产经营和持续发展的重要保障。《农民专业合作社法》规定的公积金分配制度将使合作社失去财产积累的一个重要来源，并影响法人财产的稳定性。公共积累分配到社员名下，退社时可以带走，在一定程度上激励了社员在合作社生产经营困难或发展前景不明朗、风险增大的情况下来对合作社进行"最后清算"。社员出于规避风险和个人利益最大化的目的，及时退出合作社，并带走自己账户内的出资额和公积金，这必然会动摇合作社稳定发展的基础。实际上，合作社的利益与社员的利益两者是辩证统一、相辅相成的，合作社实力增强才能提高服务水平，成员的利益才能得到保障。但受制于个人理性，更重要的是成员间缺少一种利益"纽带"，使得生产经营中成员更多的考虑的是个人利益而较少关注集体利益。在这一问题上，我们可借鉴西方农业合作社的做法，即合作社提取公积金不可分割（即形成共同共有财产），但到一定程度（如占社员总资格股金的 50%，实践中公共积累的限额最好由合作社民主决定）后不再提取。那么，公积金不可分割导致"核心成员侵占广大普通成员的利益"怎么办？"广大普通成员的利益易被核心成员侵占"说明合作社的内部管理与监督机制出了问题。《农民专业合作社法》以及部分学者对公积金分配的处理办法就算解决了公积金的问题，但在内部管理与监督失控的情况下，核心成员的机会主义行为依然会导致其他侵害普通成员利益的问题出现，因而对"核心成员侵占广大普通成员的利益"问题，应通过加强内部管理与建设监督机制来解决，单纯地调整公积金分配制度可能会得不偿失。

三、小结

合作社的产权社会化要基于我国的现实国情，[①] 要因地制宜，基于当地、当时合作社的生产方式对合作社产权制度模式进行改革与创新，以实

---

① 当前，中国绝大多数合作社的产权社会化还不可能像西方合作社那样，以剥离资产成立或合资成立股份子公司等产权社会化方法来适应新经济、新技术条件下的现代农业生产方式（包括适应供应链管理），这种产权社会化进一步深化的方法对中国合作社来说并不现实，因为我国合作社大多发展时间短，实力弱。

现不断提高合作社及其成员生产经营效率的目标。产权制度安排要使合作社中利益相关方激励相容，产权制度安排应逐步实现明晰化，逐步建立、完善成员账户管理制度，防止个人产权模糊化。为避免合作社的机会主义行为，国家财政补助形成的财产应由国家享有终极所有权，并加强对其使用的评估与监督，实现财政投入效率和激励作用的最大化。在提取公积金方面，应形成一部分公共积累（共同共有财产），但这部分积累提取到一定程度后应不再提取。实践中公共积累的限额比例最好由合作社民主决定。合作社产权制度的改革与发展应审时度势、因势利导地从空间和时间上吸引各类资源向合作社聚集，并适时进行产权社会化变革，明晰产权关系，使分工协作顺利进行，以促进合作社生产经营效率和农户收益的不断提高。

从合作社生产力发展的视角来看，农业生产社会化下不同生产资料向合作社的聚集，造成合作社生产资料产权主体的多元化导致了成员异质性问题凸显，特别是当合作社产权社会化程度不能适应合作社农业社会化大生产的内在要求时，成员的异质性问题就会更加突出，增加了合作社的发展成本。从中国的现实国情来看，不能纠结于成员质性对合作社经典原则的偏离（甚至认为要先规制后发展），只要这种偏离保持在合理的范围内（不改变合作社的性质），并能提高合作社的生产经营效率，就应该得到充分地尊重。关于破解异质性问题对合作社发展的困扰，可借鉴现代股份制企业的经验，适时进行产权社会化变革。成员异质性背景下的合作社产权社会化变革，要在健全合作社治理机构，完善治理机制，强化民主管理建设以使合作效率提高的前提下，将合作社完整的产权分离、分化。分离、分化出的各项权能要科学、合理地配置给各职能机构并建立和完善相应的规章制度。最后需要注意的是，合作社的产权社会化要与农业生产力发展相适应。

第三节 中国农民专业合作社①内部治理的健全与完善

合作社内部治理的健全与完善应坚持生产力标准，要以实事求是的科学态度，因地（时）制宜地优化与完善合作社内部治理。通过优化与完善内部治理，使合作社内部治理效率不断提高，实力不断增强，从而更好地适应新经济、新技术条件下农业现代化发展的需要。

一、完善合作社内部治理的基本原则与重点

（一）完善合作社内部治理的基本原则

1. 效率原则

效率原则是指合作社的治理制度安排能切实提高合作社的生产经营效率——这是合作社治理制度安排的根本目的。要实现提高效率的目标，就必须完善合作社内部治理结构，不断健全各机构的功能，一个治理结构健全、功能与机制完善的治理制度对合作社的满意度和绩效均有显著的正向影响。② 效率原则还意味着合作社内部治理的制度设计应与合作社的生产力水平、经营管理能力相适应，并能根据内、外部环境的变化不断进行调整、完善。当前，在进行内部治理制度设计时不能忽视我国合作社的生产力水平，教条地照搬西方经典合作社治理模式来要求，甚至是强行规制我国的合作社都是不可行的。

2. 社会化原则

权力过于集中就易产生违规行为。社会化原则是指合作社应根据自身

---

① 本节及以下讨论的合作社主要是指第一类合作社，第一类合作社产权制度是建立在农业一线生产经营者个人私有制基础之上的劳动联合，管理制度是"一人一票"或"受限的一人一票"，分配制度特征是按交易额（量）分配，即按劳分配；而第二类合作社产权制度是建立在农业领域内的生产经营者个人私有制基础之上的要素联合，管理制度倾向"一股一票"，分配制度倾向按股分配。可见，第二类合作社更趋近于股份制公司的内部治理模式，所以这里不再讨论第二类合作社的内部治理优化等问题。

② 娄锋、程土国、樊言：《农民专业合作社绩效评价及绩效影响因素研究》，《北京理工大学学报（社会科学版）》2016 年第 2 期，第 68 页。

生产经营的情况进行产权社会化变革，即将合作社完整的治理权分裂、分离出各项权能，并将这些权能赋予社员（代表）大会、理事会和监事会，权能分配要使"三会"① 间形成"三足鼎立"相互制衡的机制，同时还要建立、健全各项相关的规章制度，并强化落实，以实现"三会"、普通社员等各利益相关方权力行使的协调制衡。

3. 匹配性原则

匹配性原则是指内部治理中要确保成员的权利与责任、付出与收益相匹配。《农民专业合作社法》没有限制成员的来源，这样许多非农户、龙头企业、供销社和政府基层部门等出于各自的目的加入构建、发展合作社的行列，成为合作社的成员，共同参与合作社的治理。同时，新经济、新技术条件下，为了应对激烈的市场竞争，合作社还要与其他非合作社组织联合，形成战略联盟（如形成相互持股的联合体）、一体化或被嵌入供应链中等。匹配性原则就是要保障不同来源的各成员（农户、非农户、龙头企业、供销社、政府基层部门和相互持股的供应链战略合作伙伴等）在合作社治理中的权利、责任、付出与收益对等，否则合作社内部治理将不能激励合作社各利益主体在治理中尽最大的努力提高治理效率。

4. 适用性原则

合作社内部机构设计不是越多越好，越全越好。合作社内部机构及其相配套的一系列制度安排并非要"大而全"，而是要"精简而有效"，要能反映合作社自身的治理特点，要充分利用一切可以利用的条件（如地区或民族文化、传统道德约束等）结合合作社发展的现实，才能找出行之有效的切实能提高合作社内部治理效率的一套系统的制度安排。

（二）完善合作社内部治理的重点

从中国当前的现实国情来看，强制改变"一股（或数股）独大"的产权结构是不可能的，也是错误的，我们能做的是基于效率原则尽量加强合作社内部治理中的民主建设，尽最大的努力去降低"内部人控制"所带来的负面影响。针对当前我国农民专业合作社发展的现实，完善合作社内部

---

① "三会"指社员（代表）大会、理事会、监事会。

治理的当务之急是要逐步设立社员大会和监事会（现实中有许多合作社没有真正设立社员大会和监事会①）并合理配置其权利，使社员大会、监事会与理事会（理事长）相互协调制衡，从而构建并不断完善合作社治理中的民主制度。针对合作社治理中的民主制度建设，《农民专业合作社法》在内部管理上设计了"三会"的"三权鼎立"、相互制衡的内部治理结构，但其中不要求设立监事会。农业生产社会化下，合作社完整的治理权发生了分离与分化，出现了"三权鼎立"——这本身就是治理权社会化的结果。中国借鉴西方农业合作社的成功经验，就应基于效率原则大力推进合作社的治理权社会化，强制要求合作社逐步设立监事会和社员大会，合理配置并强化他们的权利与职责。

二、明确设立并强化社员大会制度

当前，多数合作社内部治理的权力中心是核心成员控制的理事会。这不利于合作社治理权的社会化发展。在合作社"三权鼎立"中，社员大会应是合作社治理的权力中心，这才符合合作社治理权社会化发展的内在逻辑：必须有一个机构体现全体成员的意志，行使最高的控制权，以保证科学、合理地分离与分配合作社治理权的各项权能，维护全体成员的权益，从而使合作社的治理权社会化得以顺利进行。

《农民专业合作社法》规定社员大会是合作社最高权力机构，但根据课题组调查的情况及第三章的制度分析，我们却发现社员大会并非是所有合作社的最高权力机构，此外还有不少合作社没有设立社员大会。在建立了"三会"的合作社中，当问及社员退社或入社由谁或哪一个部门决定时，受访的社长（理事长）中有20.28%回答由社员大会决定，47.47%回答由理事会决定，而32.25%回答由社长（理事长）决定；其他受访成员，有24.80%回答由社员大会决定，35.31%回答由社长（理事长）决定，39.89%回答由理事会决定。可见，现实中的合作社呈现出以理事会为权力中心的治理结构，社员大会在治理中被边缘化，其治理机制无法有

---

① 包括没有设立或虚设。

效发挥作用，这违背了合作社内部治理的基本原则，不利于民主制度的建设。合作社应以社员大会为合作社内部治理的权力中心，这样才有利于合作社的产权社会化发展。如何使社员大会成为合作社内部治理的权力中心？这就要求新修订的《农民专业合作社法》明确设立并强化社员大会制度：一是要强制设立社员大会（明确社员大会是必设机构）并明确其负责人；二是要确保社员大会的职权得到落实并设立社员代表制度；三是要完善以民主治理为核心的社员大会决策制度。具体如下。

（一）强制设立社员大会制度并明确其负责人

社员大会是合作社的最高权力机构。但从上一章的分析中，我们看到许多合作社没有成立社员大会，成立社员大会的大多也不能正常运行，有的甚至形同虚设（参见第二章的调查分析），广大普通社员的权益难以得到有效保障，因此新修订的《农民专业合作社法》及相关文件应明确强制设立社员大会机构，并要求合作社制定社员大会章程，议事程序，表决方式等，上述规章制度要报请相关部门审核并同意接受监督，方可注册登记。要真正发挥社员大会作用，使其成为广大社员行使民主权利的最高决策和管理机构。

强制设立社员大会制度还必须明确社员大会的负责人，否则强制设立社员大会制度难以落到实处。《农民专业合作社法》没有明确社员大会由谁负责，仅是在《示范章程》第二十三条规定，理事长主持召开成员大会。这就使得理事长在议事程序上控制了社员大会，不利于合作社治理中的民主建设。借鉴西方农业合作社的经验，从成员中依据能力（特别是组织管理能力）、协调能力、责任心和奉献精神等，通过"一人一票"来民主选举产生社员大会主席负责大会的工作，如主持召开社员大会，主持对重大事项进行民主商议等。社员大会主席的岗位职权只能限定在社员大会的相关工作范围内，社员大会主席不得干涉合作社的生产经营活动，也没有监督理事会、监事会的权力。由于社员大会主席由社员大会民主选举产生，所以主席对社员大会负责并接受社员大会和社员的监督。此外，主席不得由理事长或监事长兼任。

（二）适时设立代表制度以确保社员大会的职权得到落实

由于强化社员大会的作用对合作社成员的满意度有正向影响，所以应依据《农民专业合作社法》及《示范章程》，确保社员大会拥有合作社的最高决策权，坚持合作社的重大事项都应由社员大会决定。落实社员大会的职权，民主选举产生社员大会主席是重点，社员大会有了负责人才有可能将社员大会的职权落到实处。此外，为进一步确保社员大会的职权得到落实，合作社社员大会需要有一支精简干练的代表队伍，代表社员大会对一些大会授权的重要事项进行决策。拥有最高决策权的社员大会作为非常设机构，其召开是一种人力、物力、时间消耗较大的活动，特别是在规模较大的合作社。而建立社员代表制度，可以降低协调意见的成本，降低内耗，减少不必要的人力、物力和时间，提高决策效率。在代表的选举上，社员代表既然是代表全体社员，就应该按核心社员与普通社员的比例分配代表名额，保障广大普通社员的话语权，这样不但能确保社员大会的职权得以落实，而且还能有效地降低"内部人控制"带来的负面影响。因此，《农民专业合作社法》针对成员数超过150人的合作社应强制其选举社员代表（当前《农民专业合作社法》没有强制要求超过150人的合作社应选举社员代表），并强制要求按核心成员与普通成员的比例分配代表名额。广大普通社员的代表进入社员代表层，不仅有利于合作社生产经营中集思广益，而且有利于合作社的民主制度建设，减少合作社内的机会主义行为，提高合作社的绩效。

（三）完善社员大会的治理决策制度

考虑到我国合作社发展中的资金约束，《农民专业合作社法》允许合作社出现不超过总票数20%的附加表决权。但实际上，现实中的合作社核心成员的实际决定权远大于他们手中形式上拥有的票数（即使有不超过20%的附加表决权）。因此，为确保普通社员的利益不受侵犯，首先，应逐步完善社员的知情权、质询权的制度建设；其次，治理决策中对附加表决权行使的范围应加以限制，对于重要岗位的人事选举和罢免，以及修改章程，合作社的发展战略、方针等涉及合作社根本利益的重大事项，应当采取"一人一票"的原则进行表决,对合作社一般性经营决策,如对生产经营的计划安排等决策可以行使附加表决权。

(四) 建立司法救助、救济机制与决议瑕疵诉讼制度

建立司法救助、救济机制与决议瑕疵诉讼制度,有利于社员大会制度的设立与强化。

第一,新修订的《农民专业合作社法》或我国对《农民专业合作社法》制定的实施细则、相关配套政策中,应设立司法救助、救济机制。当社员大会的成员无法行使自己的合法权利,又无能力争取,而行政主管部门的监督又缺失时,就需要外部司法的介入。最常见的就是司法救助、救济机制,而这两个机制在合作社相关的法律制度安排中却被忽视了。在这里我们强调设立成员司法救济与救助机制,并不是要改变现实中合作社的产权结构,而是要保障成员的权益不受侵害,同时加强合作社民主制度建设,提高成员,特别是广大普通成员的参与度与监督水平。

第二,新修订的《农民专业合作社法》或我国对《农民专业合作社法》制定的实施细则、相关配套政策中,应设立决议瑕疵诉讼制度。[①] 合作社决议瑕疵诉讼制度被西方各国广泛采用,其目的在于保证合作社决议的合法性和合理性,从而平衡合作社和成员的正当利益,实现成员股东权利和合作社利益的和谐发展与共赢。当前,我国《农民专业合作社法》以及我国对《农民专业合作社法》制定的实施细则、相关配套政策中,没有设计决议瑕疵诉讼制度,而现实中的合作社大多数被少数核心成员控制,社员大会的成员对核心社员违反《农民专业合作社法》和章程的会议决议、程序规定,尚缺乏行使诉讼权的法律依据。对于违反合作社法律规定的决议,法律应当赋予成员请求撤销决议或宣告决议无效的诉讼权利,这

[①] 这里借鉴了德国合作社法的相关规定(参见《德国工商业与经济合作社法》,《商事法论集》,王东光译,2007年第12期,第357页。德国《农民专业合作社法》第一百二十七条以下对合作社决议瑕疵诉讼制度做出了明确规定,规定合作社决议的无效与可撤销制度,并对合作社决议瑕疵诉讼主体、出诉期间、判决的效力以及股东担保等问题作出了相应的详细规定。依德国《农民专业合作社法》的解释,合作社决议瑕疵诉讼是指合作社决议在程序或内容上违反相关法律、行政法规、规章等规范性法律文件或合作社章程时,利害关系人因对合作社决议的效力持有异议而向法院提起的诉讼。

样才能切实维护广大普通成员的合法权益不受侵犯，切实保障合作社的民主制度建设。

（五）《农民专业合作社法》中应有合作教育的制度设计

《农民专业合作社法》中有关合作教育的制度设计缺失，不仅不利于增强核心层民主合作管理意识以及提高合作管理能力，也不利于广大普通社员积极、主动地参与合作社的民主管理。合作社是一种特殊的组织制度安排，合作知识与合作文化在合作社的组织建设与发展中至关重要。合作社的维系，除了依靠经济利益关系纽带外，还需要合作知识与合作文化支撑下的合作理性——这已被西方许多合作社成功发展的实践所验证。合作知识与文化的获得需要教育，这类教育要么来自本地区或本民族的文化传统，要么来自政府。对中国来说，合作知识与文化是舶来品，合作知识与文化的教育只能来自政府，并且，政府的教育责任不仅针对合作社的成员（管理层成员与广大普通成员），还要针对合作社基层主管部门的相关人员（因为对他们来说合作社也是新鲜事物），关于如何进行教育、培训，我们将在合作社与政府关系一节中做详细的论述。

三、规范和完善理事会制度

社员大会是合作社的最高权力机构，所以合作社治理应坚持以社员大会为治理核心，但治理中由于决策、协调成本过高，社员大会难以对瞬息万变的外部环境变化做出及时的反映和处理，为了提高效率，社员大会决策的具体实施只能由理事会来行使，这是生产社会化下为提高效率，合作社产权所做的社会化调整：完整的管理权分离出了最高决策权与执行权（具体执行、实施最高决策计划），最高决策权由社员大会行使，执行权由理事会行使。由此可见，理事会只是一个对社员大会负责，实施社员大会最高决策的常设机构，主要负责对合作社的日常事务进行管理，以确保合作社生产经营的正常运行。从问卷调查反馈的情况来看，理事会往往是合作社权力的中心，其权力不是太小而是太大，因此完善理事会制度是优化和规范合作社内部治理的关键环节。为了确保理事会决策与管理的科学性和有效性，并促使其规范运行，应明确理事会的职能、权力、成员资格及组成等要求。

（一）规范理事会的行为

实践中，理事会作为一个充分享有信息，充分享有日常生产经营管理权的机构能否高效、规范地履行自己的职能与合作社生产经营的成败休戚相关。理事会重要并不意味着理事会的权力可以"滥用"，我们必须规范理事会的行为，首先需要明确理事会的职能，清晰地界定其权力与责任。

根据合作社的性质、特征及制度安排，全体社员是合作社财产的所有者，社员大会有权决定治理权等各项权能的分配，同时决定权能拥有机构的设立。所以，作为合作社的机构之一，理事会应由社员大会来设立（社员大会设立之前成立的所谓"理事会"只能称为筹备委员会，筹备委员会的成员能否转为理事会正式成员需要社员大会民主表决确认），并隶属于社员大会的管辖，其权力与责任由社员大会授予与界定。实践中，应按照《示范章程》第二十四条的规定："制定本社发展规划、年度业务经营计划、内部管理规章制度等，提交成员大会审议；制定年度财务预决算、盈余分配和亏损弥补等方案，提交成员大会审议"，清晰界定理事会的权力与责任，并强调和逐步贯彻实施以下制度安排：理事会由社员大会选举产生并执行社员大会的决议，对社员大会负责，同时不享有合作社重大事项的决定权等，逐步规范理事会的行为。

（二）对理事会的行为要进行必要监督

为提高合作社的经营效率，降低决策成本，社员大会将合作社实现战略目标的日常经营决策权授予理事会来履行，放弃部分权力并不意味着社员大会可以对理事会"放任自流"，社员大会拥有对这些权力的最终管理和监督权，即社员大会有义务和责任对这部分权力的行使进行必要的监督。我国《农民专业合作社法》第二十二条、《示范章程》第十八条均规定了"理事会由社员大会民主选举产生并对社员大会负责，理事会应接受社员大会的监督"。然而在现实中，"社员大会对理事会的监督"操作起来有很大的困难，因为理事会成员往往是核心成员或大股东，无论是在社员大会，还是日常经营管理中均有极强的话语权，这就要求在我国对《农民专业合作社法》制定的实施细则或相关配套政策中，应规定一定比例的理事名额给普通社员（具体比例由社员大会民主决定），让普通社员参与理事会日常生产经营决策，对大股东们的行为进行监督。从内部看，对理事会行为的监督，主要依靠监事会和社员大会来完成。在监事会缺失或社员大会监督失效的情况下，还可依靠外部力量，如政府或监管部门来完成，政府相关部门可对理事会与社员的利益冲突进行调解，以确保理事会不侵害广大普通社员的利益，不违反国家及我国的相关法律规定等。

（三）规范合作社理事长人选并明确其职权

除对理事会进行必要的监督外，还应规范合作社理事长人选并明确其职权，使合作社在理事长的领导下合规、高效地运行。

1. 民主选举理事长

合作社建立伊始，理事长可能由发起委员会指定，也可能由当地政府指定。当合作社社员大会能正常运作之后，理事长就应按《农民专业合作社法》和《示范章程》的相关规定由社员大会民主选举产生。选举中要注重候选人的能力与人品，要将懂市场、会经营、了解农业生产，又有奉献精神的人选到理事长岗位上来。此外，合作社的法定代表人应由社员大会民主选举产生，不应由理事长兼任，否则理事长的权力过大，难以约束。

2. 明确理事长的权力

从社员问卷调查的结果来看，关于社员出入社的决定权，32.25%被调查社员回答由理事长说了算，20.3%的被调查社员回答由社员（代表）大会说了算；当问及"你所在合作社里的事情由谁说了算"时，被调查社员中有35.31%回答由理事长说了算，24.80%回答由社员（代表）大会说了算。可见，理事长的权力很大，可能会导致理事长的行为不受约束，从而侵害合作社及社员的权益，也不利于民主制度建设。因此，章程应细化、具体化明确理事长的职权范围，应根据《农民专业合作社法》的要求，不断完善理事会建设，强化理事会的民主决议制度，将理事会业务的最高决策权交还理事会集体，由理事会集体民主抉择。

(四) 完善理事会成员组成以提高合作社生产经营效率

合作社的理事长产生后，还应不断规范与完善理事会的其余成员组成，目的是要使有特长的成员能够进入理事会，这样理事的多种特长、知识、技术、社会资源等将形成"强强联合""优势互补"的格局，理事会才能最大限度地利用集体的智慧，不断提高其经营管理合作社的效率。

1. 可遵循以下原则来规范与完善成员组成

第一，成员合作要有效率。按照《农民专业合作社法》的相关规定，理事是由社员大会按"一人一票"选举产生的，但许多情况下，理事是市场"选择"出来的，当选的理事通常都是有一定资金、技术和社会资源的大户、能人，在合作社经营管理中的地位与作用非常重要，因而理事要起表率和带头作用，要相互协作，不能内讧，成员相互间要有合作精神，注重集体理性，才能提高理事会的工作效率；第二，规定一定比例的理事名额给普通社员，以实现成员间的优势互补，不断提高合作社的经营管理效率与民主化制度建设。合作社中的核心成员大多是农村精英（特别是有行政背景者），他们往往是人力资源、资金等稀缺生产要素的拥有者，因此，他们有很大可能成为理事，这使普通社员难以进入理事会，不能参与合作社日常生产经营管理，不能有效地行使监督权。对此，社章应规定一定比例的理事名额给普通社员（具体比例由社员大会民主决定），这样不仅可以集思广益，提高合作社生产经营决策的效率，而且有利于降低核心成员徇私舞弊的可能性，保障了广大普通成员的利益，实现了合作社的民主管理。此外，在我国的合作社中，理事会是合作社事实上的权力中心，理事会成员拥有合作社日常经营决策权和执行权，掌握合作社的一切生产经营信息。如果合作社理事拥有自己的经济实体，而这些经济实体与合作社的业务存在上下游关系，甚至是竞争关系，理事就有可能利用职务之便为自己牟取私利。因此，保证一定数量的普通成员进入理事会有利于遏制个别理事以权谋私的行为，并有利于合作社的民主化制度建设。

2. 在民主选举产生理事时要注意规范理事的任职资格与任职程序

规范理事的任职资格是为了保证理事有能力完成既定的生产经营、管理工作，并推动合作社经营效率不断地提高，保证理事能忠实地代表广大社员的利益。理事的任职资格：一是能配合理事长完成合作社的经营管理工作；二是理事要经过社员大会的民主选举产生，要得到大多数成员的认可；三是要成为理事，其拥有的能力或资源等要能使其完成既定的职责。任职程序是指任命理事职务过程中必须经过和完成的步骤。理事的任职实际上是合作社授予理事一定的职权，这种授权行为是十分重要的工作，因此严格履行任职程序有利于提高理事任免工作的规范化、科学化、法制化水平。根据《农民专业合作社法》及《示范章程》的相关规定，任命理事的职务，可按下列程序进行：①筹备委员会提出拟任职人选；②社员大会对拟任职人选进行考核；③社员大会集体民主讨论决定是否聘任；④社员大会对决定聘任者发出任职通知；⑤拟聘任者同意接受任命；⑥社员大会颁发任命书。

四、健全与完善监事会制度

分权制衡是西方农业合作社有效治理的关键，也是合作社产权社会化的内在要求。西方农业合作社在产权社会化下的分权（监督权从完整的管理权中分离出来，由监事会行使，主要监督理事会的工作；经营权从完整的管理权中分离出来，由理事会行使），使得监事会已成为理事会在生产经营活动中的主要监督部门，在规范合作社生产经营活动，保障广大社员的合法权益以及维护合作社民主管理原则等方面发挥着重要的作用。同时，东部发展得较好的合作社也大多实现了分权制衡，我们应学习、借鉴中外的成功经验，在合作社财产所有权、使用权、监督权、经营权逐渐分离的情况下，不断健全、完善监事会制度，强化监督权，以维护合作社各利益相关方的权益，这样才能使合作社的产权社会化得以顺利进行，以适应新经济、新技术条件下合作社专业化分工协作的内在要求，最终实现提高合作社生产经营效率的目的。

（一）合作社应强制设立监事会并落实其职权

为适应合作社专业化分工协作的内在要求，西方多数国家《农民专业合作社法》或与合作社相关的法律法规中均强制要求合作社设置监事会或执行监事，而我国《农民专业合作社法》则没有。当前，在社员和社员大会的监督常常缺失的情况下，权衡利弊，我们认为新修改的《农民专业合作社法》应要求合作社必须设立监事会（监事会成员可多可少，社员大会可视具体情况民主决定）或执行监事。第一，监事会（或执行监事）不仅是一个组织机构（或一个职位），更重要的是它代表了一种民主监督制度，一种约束力，在合作社构建伊始就应"先入为主"地嵌入这种制度和约束力，以使合作社在发展之初就能"浸入"一种民主监督的氛围之中，为形成遵纪、民主、团结的合作文化打下坚实的基础；第二，"三会"的设立及其相应权力的分配与制衡，反映了合作管理的规范化制度设计，这是实现合作社民主管理的必要手段和途径，也是合作社产权社会化能得以顺利实施的内在要求。如果"三会"中缺失了监事会（或执行监事），就使得合作社的产权社会化不彻底、不完整，另外"两会"在行使各自的职权时，可能由于没有设立监事会（或执行监事）而无法合规、有效地履行职能，特别是社员大会在行使监督权时不可能"事必躬亲""面面俱到"，监事会（或执行监事）的缺失可能使社员大会的监督无效。在课题组调查的合作社中，仅有 38.8% 的合作社没有设置监事会（或执行监事），可见实践中大多数合作社都认识到监事会（或执行监事）的重要作用，因此《农民专业合作社法》应强制设立监事会（或执行监事），以有效地监督合作社的各项生产经营活动。从现实中的合作社来看，理事会或理事长往往位高权重，同时理事长还是合作社的法定代表人，负责合作社的生产经营与管理，现实中理事长的作用被放大了，有时甚至成为合作社的最高经营决策核心。合作社的最高经营决策核心应是社员大会，但召开社员大会的成本较高，再加上理事长还负责主持召开社员大会，这样社员大会就很难对理事长或理事会的行为进行监督。权力不受控制就可能违法乱纪，作为理事长或理事会的一个监督、制衡机构（或岗位），监事会（或执行监事）的缺失可能会使理事会或理事长的权力不受控制与约束，一旦理事会或理事长出现道德危机、经营管理能力不足等问题，广大普通社员的利益就难以得到保障。所以《农民专业合作社法》应强制规定设立监事会（或执行监事），将理事会或理事长的权力范围置于监事会（或执行监事）的控制之下。

强制设立监事会（或执行监事）后还要即时落实其职权，便于监事会（或执行监事）有章可循，有法可依地快速实施监督工作，确保合作社各机构正常运转，各机构工作人员尽职尽责，让监事会（或执行监事）的作用能真正发挥出来，这样合作社的产权社会化才能顺利进行，才能确保合作社的生产经营效率不断提高。监事会（或执行监事）行使的职权按《示范章程》第二十七条的规定，既包括对理事或经理在合作社中的管理、经营行为进行监督，也包括对管理、经营的结果进行审核。此外，还要监察合作社的生产经营是否合法，有无违反《农民专业合作社法》、合作社章程及相关的法律法规。

（二）规范与完善监事会的成员组成

合作社监事会强制设立后，还应规范与完善其成员组成，这是保障监事会客观公正、科学高效地履行其职责的重要前提和基础。

1. 规定监事会应有一定比例的普通社员加入

《农民专业合作社法》没有明确监事会应由哪些成员组成（只规定了哪些成员不得兼任），现实中监事会成员大多是核心成员。由于核心成员投入的股份多，在合作社生产经营中易为共同的利益追求而形成"合谋"，共同侵害广大普通成员的权益，进而使监事会的作用完全丧失，这不利于合作社民主制度的建设，也违背了合作社产权社会化发展的内在要求。监事会成员的构成，不仅要有核心成员，也要有一定比例的普通成员，权力分散制衡才能保证公平、公正地实施监督，以确保广大普通社员的利益不受侵害。因此，《农民专业合作社法》或相关配套政策中，应规定监事会有一定比例（具体比例由社员大会民主决定，最好不低于50％），具有一定专业知识的普通社员加入，这样组成的监事会才能有效地对合作社的一切生产经营活动进行监督检查。

2. 监事选拔要通过社员大会，以民主的方式从成员中选举产生

在监事的人选上，要确保其不受理事长、理事或其他社员的控制，这

样监事在履行其监督工作时就可独立于理事会与其他成员。监事只有不受理事会与其他成员的控制，才能客观、公正、廉明地监督理事会和合作社的各项业务活动，以维护广大成员的合法权益。

3. 监事会的成员要了解农业生产经营，最好能了解合作社财务管理的相关知识，同时还要有良好的品行

首先，有能力监督才会有效果。随着合作社的发展，其业务不断增加，生产经营技术复杂程度不断提高，对监督工作的专业性要求变得越来越高，这就要求监事具有与现代化管理相适应的专业化知识，能胜任合作社内、外部环境变化下的监督工作。因此，监事会构建时，应吸收掌握农业生产技术、合作社管理、市场营销、法律和财务相关知识的成员加入，以保证监事会有能力正常开展各项监督工作，保障广大成员的利益不受侵害。如果部分监事不具备这方面的知识，可由当地主管部门组织培训相关知识，特别是合作社内部控制、合作社经营管理、财务、法律等方面的专业知识，以提高他们的监督能力，确保其有能力履行监督职责。其次，监事的道德品行。作为监事，要具有一定的奉献精神，热爱本职工作，愿意为成员服务，甚至是无偿服务；要能够独立和公正地完成监督工作，忠实履行职责，这样监督才会公平、公正，监督工作才会有效率。我们应当将那些处理问题公正廉明，能得到绝大多数成员的认可，在成员中有一定的威信，同时又愿意为大家尽心尽力，尽职尽责服务的人选入监事会，这样监事会才能高效率地履行其监督职责。

（三）适时建立独立监事制度

适时建立独立监事制度以适应合作社监督权社会化发展的内在要求。独立监事是指由社员大会民主选举产生的股东以外的专业技术人员，在征得他们的同意后作为合作社的监事进入监事会工作，履行监事的职权。他们在合作社社员大会及合作社经营管理中没有表决权，但可以出席、旁听社员大会与理事会会议，对合作社的重大活动及经营管理进行监督。当前，合作社的监事大多是来源于农业生产经营一线的农户，他们大多缺乏合作社生产经营及财务管理方面的专业知识，监督实效不高。如果这时对

监事会成员的相关教育、培训不能跟上合作社发展的要求，那么建立独立监事制度，引入拥有专业知识与技能的独立监事就成了合作社发展的必然。独立监事不是合作社的成员（股东），独立监事的引入，表明合作社监督权的行使已从其成员拓展到了非成。监督权的社会化发展是因为合作社需要不断提高监督效率而内在驱动导致的。

1. 合作社非成员监事（或执行监事）

来自合作社成员的监事（或执行监事）在家庭生产经营中，监事要接受理事会领导下的合作社所提供的服务。要求监事的工作完全独立于理事会，不受理事会的影响实际上是很困难的，而独立监事不是合作社成员，不需要合作社的服务，与合作社治理中的各方均无直接的利害关系，相对而言可以公正、公平地监督理事会的工作。

2. 明确独立监事的职权

独立监事主要行使以下职权：监督理事和经理的工作情况，检查合作社的生产经营状况是否正常，审查年度工作报告、会计报告、盈余决算及盈余分配方案并对分配的执行与结果进行监督等。明确独立监事的监督责任，可强化其职权，有助于更好地保护广大普通社员的权益，防止合作社管理层徇私舞弊。

3. 独立监事的任职要求

第一，监督权的产生是合作社在生产社会化下，进行产权社会化的产物。监事要具有行使监督权的能力（即具有相关的专业知识和技能），这是生产社会化下对该岗位的专业技术要求，否则专业化分工协作将不能顺利进行。能力方面，独立监事应具备农业生产、财务会计、合作社生产经营与管理甚至是市场营销方面的知识；第二，监事会监督的对象或与监督对象有利害关系的人员不得担任独立监事，否则失去了"独立"的意义。此外，现实中的一些合作社，其独立监事往往也是生产、贩销大户，他们有自己的生产经营业务，甚至有自己的经济实体，当这些经济实体与合作社的业务存在竞争关系时，其就有可能利用职务之便为自己牟取私利。因此，这部分人应排除在独立监事人选之外。

4. 依据西方成功合作社的内部管理经验，独立监事应设立业绩评价与奖金激励制度

由于独立监事不惠顾合作社，合作社生产经营的好坏与其没有直接的利益关系。为激发独立监事的工作积极性，提高监督效率，西方成功的合作社大多设立了独立监事的业绩评价与奖金激励制度。借鉴他们的经验，条件成熟时（内部管理上需要，资金上允许），我国合作社也可建立独立监事的业绩评价与奖金激励制度，以激发独立监事对理事会以及合作社生产经营监管的积极性和创造性。独立监事的业绩评价与奖金激励制度由社员大会负责制定，业绩评价的程序及内容，奖金激励的范围与方式等应写入合作社章程，以便规范化管理。社员大会每年都要对独立监事的工作进行测评与考核，按章程及时给予奖励或惩戒，并总结经验与教训。同时还应将奖励或惩戒的情况及时公示，接受广大成员的考评与监督。

五、适时分权、设岗并明确岗位职责以顺应合作社管理社会化的内在要求

经典合作制原则遵循合作社所有者、管理者与惠顾者"三位一体"，追求成员同质，实行成员自我管理，在生产经营管理中排斥非农业生产者。合作社发展初期其生产经营规模一般都比较小，外部环境相对稳定，经营活动大多局限于所在社区，从事的生产经营活动类型也有限。因此在低生产水平下，管理的技术复杂程度不高，对管理者业务能力的要求相对要低。通常情况下，合作社的成员就能够胜任合作社日常经营与管理工作，合作社完整的管理权不必分离与分化，均由合作社成员来行使。然而随着时间的推移，合作社生存与发展的外部环境正持续而深刻地发生着变化。市场变得越来越复杂（合作社不仅面对国内，还要面对国外农产品市场），竞争变得越来越激烈，供应链管理、战略联盟等将会频繁出现在合作社经营活动领域，合作社不得不嵌入供应链或进行纵向一体化发展，合作社的内部管理问题也将会变得日益复杂。复杂的管理需要专业化技术，管理专业化要求的"倒逼"机制将迫使合作社不得不进行内部管理权的社

会化变革，完整的管理权逐渐分离、分化出各项权能并配置给适合行使该权能的专业人员。当前，从西方农业合作社的发展趋势来看，为适应世界经济一体化的需要，合作社提高内部管理效率，西方各国纷纷对本国合作社法进行修订，如美国、德国等国家的合作社法均规定合作社可依据自身的情况设置机构或岗位，聘请相应的专业管理人员并制定相应的规章制度，激励合作社不断提高内部管理效率。

从本质上看，分权、设岗是合作社管理社会化发展的大势所趋，也是合作社生产力发展的内在要求。在农业生产经营中，合作社要不断地适应内、外部环境变化，要与其他企业或其他合作社竞争并在竞争中生存与发展，就必须不断地提高其管理效率。管理效率的提高主要来自管理的专业化分工协作，这内在地要求合作社提高其管理权的社会化程度。因此，我国新修订的《农民专业合作社法》应规定合作社可依据自身的情况设置机构或岗位，聘请相应的专业管理人员并制定相应的规章制度，以使我国合作社能审时度势、因地制宜，在时机成熟时，即时分裂、分离完整的管理权，将分离出的各项权能配置给适合行使该权能的专业人员。如将监督权授予本村德高望重的人士（或由德高望重的人士组成的"监督小组"），审计监督权授予拥有专业技术的独立监事（从我国当前的情况来看，审计人员大多不可能来自合作社的成员，这表明了合作社管理社会化的程度需要进一步加深），将日常生产经营管理的执行权配置给经过专业化训练的职业经理等。分权、设岗后，需要即时明确新设立岗位的职责及其相关的配置制度安排，具体的职责要求及其相关的规章制度可由社员大会根据合作社管理发展的现实需要，进行民主表决。

合作社还应配套构建新增岗位的业绩评价和奖金激励机制。与公司治理不同，合作社各管理、监督岗位人员不可能拥有合作社的剩余索取权，所以只能通过对新增岗位人员进行业绩考核，给予相应的物质或精神激励，以激发新增岗位人员为合作社工作的热情和积极性。新增各岗位人员的考核内容、考核办法以及奖励措施，由社员大会民主讨论决定。合作社相关机构每年都要对在本部门的新岗位人员（如理事会对职业经理，监事会对独立监事）的工作及相应的奖励（或惩戒）情况进行公示，以接受广大社员的考评与监督。

六、小结

农民专业合作社内部治理制度的设计，应综合考虑合作社发展的内、外部约束，以及合作社发展的现状、特征等情况，借鉴西方合作社治理的成功经验，顺应合作社产权社会化的内在要求，逐步构建、完善社员大会、理事会、监事会"三权鼎立"的治理结构及机制，实现合作社内部治理的社会化。产权社会化下的合作内部治理就是分离、分化完整的管理权，让更多的成员参与合作社的内部治理，即逐步从理事会中心管理模式向全体社员中心管理模式转变，防止权力过于集中和不受制衡，以强化合作社的民主管理制度。当前的工作重点是要逐步设立社员大会、监事会并合理配置其权利，使他们相互配合、协调制衡。实践中应当逐步趋向以社员大会为最高权力机构的治理模式，其组织结构形式必须符合合作社法人治理的基本要求。为使社员大会得以设立并能逐步完善其功能，社员大会应设置负责人岗位，同时明确其职权。社员大会代表选举中，应根据普通社员人数比例，预留相应的席位给普通社员。理事会要求不同理事的多种专长、经验、经历、背景能够形成互补、优化的组合，同时要留给普通社员相应的理事会席位（由社员大会民主决定），从整体上形成专业化管理队伍，提高合作社的经营管理效率，同时理事会内部可形成权力制衡，弱化"内部人控制"。现实中社长（理事长）的权力过大，而权力不受约束就会滋生腐败，因此社长（理事长）的权力应有所限制，合作社法定代表人不应指定由社长（理事长）担任，而应由社员大会民主选举产生。借鉴西方合作社的成功经验，应设立监事会（至少应设一名执行监事）直接对社员大会负责，以行使分离出来的监督权，监督合作社的生产经营情况。考虑到监事会成员要接受由理事会领导下的合作社所提供的服务，不利于监事不受影响地、独立地开展工作。时机成熟时，合作社可设立独立监事制度。同时，为有效激发独立监事的工作积极性和创造性，要逐步构建、完善其工作业绩的评价和奖励（或惩戒）制度。在生产社会化下，合作社的内部管理会变得越来越复杂，要适时分权、设岗并明确岗位职责以顺应合作社管理社会化的内在要求。

第四节　中国农民专业合作社
盈余分配制度的改进与完善①

一、改进农民专业合作社分配制度的总体设想

合作社应因地制宜，建立有效率的分配制度。依据我国各地的实际情况，灵活地掌握我国《农民专业合作社法》有关分配的要求，制定一个适合当地实际情况，大多数社员都认同的分配制度。同时，分配制度安排还要有效率，要能够切实吸引社内外农户、非农户个人及企业、经济实体等加入到合作社的生产经营中来，激励合作社利益相关方不断投入要素，并提高专业化分工协作的效率，实现不断增加成员收益的目的。

二、改进农民专业合作社分配制度的基本原则

（一）分配制度安排要与生产力水平相适应原则

农业生产力是农业生产方式中最活跃的因素。农业生产经营组织的生产关系是相对稳定或保守的因素。依据马克思生产力与生产关系的辩证理论，农业生产经营组织的生产关系与农业生产力之间存在着"适应→不适应→适应"的矛盾运动过程，而每一次组织的生产关系对生产力的适应性调整都使农业生产力发展到更高一级，体现出农业生产经营组织的生产关系一定要适应农业生产力状况的规律和趋势，由此推动农业生产经营组织

---

① 本节所讨论的合作社主要是指第一类合作社，第一类合作社产权制度是建立在农业一线生产经营者个人私有制基础之上的劳动联合。产权制度的实现形式——分配制度的特征是按交易额（量）分配为主，即按劳分配为主；而第二类合作社产权制度是建立在农业领域内的生产经营者个人私有制基础之上的要素联合，分配制度以按股分配为主。可见，第二类合作社更趋近于股份制公司的分配制度，所以这里不再讨论第二类合作社的分配制度优化等问题。

从低级向高级发展。作为一类重要的农业生产经营组织，合作社生产关系的适应性变革与演进同样适用于上述规律。合作社分配制度作为合作社生产关系的最终实现，也要与农业生产力水平相适应，即有什么样的农业生产力水平，就有什么样的分配制度。这一规律向我们揭示了合作社的分配制度安排不能教条、不能照搬或照套，要因地制宜、因势利导，要根据合作社现实的生产力水平或生产方式来设计其分配制度。

在近 200 年的发展进程中，合作制原则先后经历了 1895 年 ICA 成立确认的"罗虚戴尔原则"，1995 年 ICA 成立 100 周年大会提的"合作社原则"到 1996 年 ICA 又再次修订提出的"合作社原则"。合作社原则尽管经过多次修订，但有三项基本特征是不变的，被 ICA 及西方各国共同认可，作为合作社的本质规定性。第一，农业合作社是惠顾者拥有的企业；第二，成员民主管理；第三，盈余按交易额（量）分配，资本报酬有限。我国发展农民专业合作社时可以借鉴这三项原则，但不能"全盘照抄"，因为中西方农业合作社发展的内外部环境、合作文化、成员素质等存在较大差异，西方成功经验不能照搬，西方经验要结合中国的现实才能为我所用。

当前，西方传统合作社的盈余分配原则已不完全适合我国农民专业合作社发展的实际要求。如在中国的现实国情下，大多数（特别是广大的中西部地区）合作社发展的特点是弱、小、散，如果政府强制要求合作社执行资本报酬有限，意味着投资合作社可能得到相对较低的回报。在当前资本市场逐步完善，投资渠道逐步多元化的情形下，投资回报有限将使合作社成员和外部投资者都不愿意投资合作社，导致合作社融资困难。因此，我们对 ICA 的利益分配原则要理解其追求的最终目标，即理解西方传统合作社按惠顾额分配盈余。这种制度安排的最终目标是为了追求效率，是为了激励成员多惠顾合作社。由于有收益留成、单位资金预留与循环资金和基本资金计划，对合作社惠顾越多，对合作社贡献越大，获得的收益也应当越多。这种分配制度是一种权、责、利对等、匹配的制度安排，内在地激励成员多投入，是一种为提高合作社生产经营效率的制度安排，这也是按惠顾额分配制度能被设立的内在逻辑。当前国内的合作社在生产经营方式上还不可能建立有效的收益留成、单位资金预留与循环资金和基本资金计划。我们理解这种制度安排追求的最终目标和这种制度安排的原理与机制，这样，我们就可以将这种原理与机制结合我国合作社现实情况，构建和发展具有中国特色的合作社分配制度。例如前面提到的强制盈余完全"按惠顾额分配"导致融资抑制问题，那么可将入股金与惠顾额挂钩（类似于北美的新一代合作社），多惠顾合作社，多接受合作社的服务就要多缴纳股金，实现权、责、利对等、匹配。

由于我国合作社发展处于初创阶段，生产力水平低、生产方式相对落后，资金积累少，解决融资困难是合作社发展的当务之急。尽管公平是合作社的宗旨之一，但绝大多数农户加入合作社的目的不是为了公平，而是为了提高自己的实际收入，因此提高资金的收益水平也是他们认可的。只有合作社提高了对资金的吸引力，在一定程度上解决了融资难问题，其实力和竞争力才能增强。农户的实际收入提高了，合作社有了生命力与待续发展的内在动力，公平才能实现，这引出我们的下一个原则。

（二）效率优先，兼顾公平（益贫性）原则

一般认为，合作社效率与公平之间存在着替代的选择：或者以牺牲效率为代价，获得较高程度的公平；或者以牺牲公平为代价，得到较高的经济效率，这就是所谓的公平与效率替换。[①] 当前在西方农业合作社发展实践中，重视效率，淡化公平已是大势所趋，因为当前合作社发展的内、外部环境已发生了巨大的变化，一味地追求公平，将会丧失效率，高质量的成员不愿意再向合作社投资，没有主动性和积极性搞好合作社的建设，造成合作社难以实现资源的优化配置，影响了合作社的发展，在激烈的市场竞争中生存都困难，根本谈不上公平。因此，对于市场竞争中的合作社来说，生存与发展是第一位的，分配制度安排必须首先体现出效率优先的原则，以吸引关键的生产要素。合作社能生存，可持续发展，才谈得上"盈余按惠顾额返还"和实现公平。当然，强调效率优先分配制度设计的同

---

① 谢望礼：《邓小平经济理论教程》，经济管理出版社 2001 年版，第 182 页。

时，不能忽视公平，效率与公平两者是相辅相成的。效率是公平的基础，公平是进一步获取高效率的有力保障。[①] 分配中的公平有利于缓和成员间的矛盾，促进合作共赢。因此，实践中的合作社在民主商议分配制度时，应坚持"效率优先，兼顾公平"的原则，要因地制宜、因势利导地制定分配制度，才能激励成员及利益相关者最大的合作积极性。

（三）适合我国国情的原则

我国《农民专业合作社法》制定了利益分配的基本原则，鉴于我国合作社目前的发展状况，制定盈余分配制度时还应灵活一些。具体的分配方案可由社员（代表）大会民主讨论决定，应具体问题具体分析，因地（时）制宜。根据我国当前多数地区的实际情况，利益分配要尽量吸引稀缺要素的投入，实现合作社生产经营效率的提高。具有了改善成员实际收入的能力后，再逐步调整分配制度，让绝大多数成员满意。

我国绝大多数合作社的产权模式是要素与劳动的结合，这对应着盈余分配中的按股分配与按交易额（量）分配结合，特别是当许多合作社产权结构上出现"一股（数股）独大"，管理中出现不同程度的"内部人控制"时，其分配一定是倾向按股分配的。即按股分配盈余会突破 40% 的上限，这既是中国现实国情的选择（资金是极重要与稀缺的要素），也是市场效率的选择。合作社倾向按股分配，这种分配方式在一定程度上能解决我国合作社初期资金短缺问题，吸引众多非农业生产者和企业入股合作社，使合作社的生产经营效率得到提高，在一定程度上增加农户社员的收入。因此，合作社在其发展过程中可根据市场及自身的情况和成员的意志不断地调整分配方式，不能教条化。

（四）激励相容原则

合作社分配制度设计应努力实现激励相容，使核心成员与普通成员追求收益最大化目标及努力的方向一致。课题组调查中发现，我国多数合作社没有设立理事会成员的工作绩效监督考评与绩效奖励制度，合作社对理事们的工作还没有建立起强而有效的监督及激励机制。实践中，核心成员

---

① 谢望礼：《邓小平经济理论教程》，经济管理出版社 2001 年版，第 183 页。

与普通成员的目标追求往往不一致，这就导致理事会在盈余分配的制度设计中，更倾向于设计对自己有利的制度安排，甚至在盈余分配的执行过程中徇私舞弊、以权谋私。合作社分配制度设计首先要加强对分配制度设计工作的监督，同时分配制度中要建立理事会成员的绩效奖励制度，使核心成员与普通成员的收益同增或同减，即坚持激励相容原则。

三、农民专业合作社盈余分配顺序的思考[①]

依据我国《农民专业合作社法》的相关规定，结合第三章中国农民专业合作社的分配制度分析，我国合作社盈余的分配顺序应是：第一，基于财务管理的审慎原则，每年应先从盈余中提取公积金（提取比例由社员大会民主决定），再弥补亏损和（或）扩大生产经营。如多提了公积金，多余部分可按社章规定或者经社员大会决议的办法分配给成员；第二，当年盈余扣除公积金后即为可分配盈余，其首先按成员的交易量（额）比例返还，如有剩余可依据成员的出资额和公积金份额，或者经成员大会决议的办法分配给成员。第二步盈余分配须在第一步提取公积金和弥补以前年度亏损之后进行。如果合作社当年有盈余，并且足够提取公积金，那么在公积金弥补亏损之后还有剩余的话，才能实现提取其他基金或直接向成员分配。

（一）公积金、教育基金和奖金提取的相关问题

1. 关于公积金提取的比例

目前，我国《农民专业合作社法》对公积金的提取比例没有做出规定，导致我国的合作社在提取公积金比例时随意性较大，从不提取到提取100％均有。我们认为，实践中的我国合作社可借鉴西方合作社根据其所

---

① 合作社的分配可分为显性与隐性两种分配形式。显性分配是指《农民专业合作社法》规定的公积金、公益金、盈余按交易额（量）返还、奖金等分配。隐性分配是指合作社与成员之间通过契约约定，以优惠的价格向成员提供生产资料或帮助成员销售产品，使成员直接从销售环节获利，实现收益改进，这也是一种分配形式。但实践中，由于合作社管理水平低，使得这部分隐性分配难以核算，且这部分收益受市场影响较大，因此这里没有单独列出进行研究。

面临的风险大小来决定公积金的提取比例，如法国《合作社法》第七十四条规定："合作社盈余用于弥补已发生累积损失及付息外，应根据合作社所面临的风险来提取公积金，公积金的提取比例可依据前期或前若干期风险平均损失所占盈余的比例来决定，并经社员大会通过记入章程。"[①] 公积金的提取要根据合作社的具体情况来综合考虑，最后经全体成员民主讨论后决定。此外，提取的公积金要设置专门的账户予以严格管理，并定期公布公积金提取及分配的情况。

2. 关于教育基金的提取

前文已分析了合作社相关知识教育的意义及作用，根据西方的实践经验以及中国的现实国情，我们认为，新修订的《农民专业合作社法》应规定从盈余中按一定比例提取教育基金，用于合作社相关知识教育或技术培训。部分学者认为，当前国内的合作社大多弱、小、散，盈余不多，同时内部管理不规范，置疑合作社是否有必要强制提取教育基金。[②] 从西方农业合作社的发展历程来看，合作社是一类特殊的企业，合作文化及相关教育与培训在合作社构建、发展中至关重要，况且我国合作社发展的时间不长，人员素质相对较低，对合作文化及制度的认识亟待提高，合作社提取教育基金是必要的。合作社弱、小、散，盈余不多，内部管理不规范，恰恰说明作为舶来品的合作知识、文化教育缺乏广泛的宣传和推广。因此，应规定强制提取教育基金用于合作社相关知识的教育、技术培训等，教育基金的提取应在公积金的提取之后进行，具体比例由社员大会民主决定。同样，教育基金也要设置专门的账户予以严格管理，应定期公布教育基金提取及使用情况。

3. 关于奖金的提取

我国合作社可逐步建立理事、监事（含独立监事）等管理人员的工作

---

① 刘振邦：《主要资本主义国家合作社章程与法律汇编》，中国社会科学院《中国农村经济》杂志社 1987 年版，第 566 页。

② 还有部分研究者认为，当前多数合作社存在"内部人控制"的情况，强制提取教育基金可能会造成核心成员借机侵占普通成员的利益。我们认为，发生侵占行为是因为合作社内部管理不规范，缺乏有效的监督，而不是强制提取教育基金本身，不能"因噎废食"。侵占行为的发生、内部管理的不规范恰恰说明实践中的合作社缺乏合作社相关知识的教育。

业绩考评和奖金激励机制。如可按一定比例提取部分盈余来奖励有突出贡献或工作业绩好的理事、监事等人员，提取比例可由社员大会民主决定。根据理事、监事等管理人员工作的复杂程度、管理人员完成绩效或既定目标的情况（包括业务能力、工作态度、职责履行效果、执业道德等内容的考核），采用浮动比例奖金制，使理事、监事等管理人员工作的努力程度与其收益相对等、匹配，并以此为依据来确定奖金提取的总额及其比例。奖金机制的建立有助于激励理事、监事等管理人员充分发挥自己的才能，提高合作社的生产经营效率，增强其市场竞争力。基于奖金的重要性，应当将其提取置于公积金与教育基金的提取顺序之后，具体比例由社员大会民主决定。对于奖金的提取也应设置专门的账户进行专项管理，奖金的提取及发放也应公开、透明并接受合作社全体成员的监督。总之，时机成熟时（合作社内部治理、监督到位，生产经营中需要且盈余充足），要从合作社的盈余中抽取一定比例的资金，奖励为成员服务业绩优秀的理事、监事等管理人员，同时实现业绩与奖金对等，以充分发挥奖金制度的激励作用。

四、农民专业合作社公共积累分配制度的创新

（一）合作社公共积累分配制度创新的原则：效率优先

1997 年 9 月 ICA 代表大会上，代表们确认了合作社至少有一部分共同共有财产，这部分财产民主控制，且不可分割，以共同共有财产为基础，形成全体成员的利益"纽带"，提高成员的凝聚力和向心力，这是合作社自罗虚戴尔公平先锋社以来被西方合作社普遍接受并坚持的一条重要准则，也是西方许多合作社成功发展的一条宝贵经验。

虽然公共积累中至少有一部分是不可以分割的，这是西方合作社成功的一条重要经验，但对中国合作社来说，公共积累可不可以分割以及如何分割不能笼统地下结论，需具体问题具体分析，既不能照搬西方合作社的做法，也不能走到另一个极端，造成合作社没有不可分割的公共积累。在对西方农业合作社的分配制度进行分析后，我们发现坚持公共积累中至少

有一部分是不可以分割的原则是为了提高成员的向心力和凝聚力，增强集体理性，最终目的是要提高合作社的生产经营效率。基于此，我们提出以效率优先的公共积累分割两项原则：①效率原则。能否促进合作社生产经营效率的提高，是对公共积累分割制度安排的基本要求。因为合作社要在激烈的市场竞争中生存下去，就要不断提高其生产经营效率，分割制度安排首先要为提高效率服务。显然，一套不能激励合作社成员不断提高生产经营效率的分割制度，对处于激烈市场竞争中的合作社来说，是毫无意义的，有时甚至有负面作用；②民主原则。在合法的前提下，关于公共积累的分割还应充分尊重广大社员的意志，这样合作社才能得到大多数成员的衷心拥护，合作社才会具有持续发展的生命力。

（二）合作社公共积累分配的制度安排

根据课题组对我国合作社调查的情况以及第三章的分析，我们可将我国合作社公共积累分解为：可以、不可以和由合作社民主决定是否可以分配（或分割）三个部分。

1. 可以分配（或分割）的部分

①对于政府直接补助、企业或私人捐赠形成的财产，合作社在经营这部分财产过程中所产生的收益，应当予以分割。政府直接补助、企业或私人捐赠的本意是要支持合作社的发展，合作社充分利用或运用这部分财产所产生的收益自然应按成员贡献大小进行分配，成员共同努力，多劳多得，有利于激励成员为合作社的发展多付出；②从合作社与成员交易形成的收益中，按一定比例提取形成的公共积累，应按成员贡献大小进行分配，退社时成员可以带走。这样有利于激励社员多与合作社交易，这样合作社的实力才能增强，才能不断提高其生产经营效率，才能更好地为社员服务，最终形成良性循环；③由合作社在与非成员、其他经济实体（如企业等）或者其他合作社交易过程中形成的收益。该部分收益是成员投入资产构建合作社，并经营合作社所产生的收益，是合作社成员共同劳动的成果，就这部分收益所形成的公共积累理应按成员在经营合作社的过程中，对合作社贡献的大小进行分配。

2．不可以分割的部分

由国家财政直接补助、企业或私人捐赠（有约定的从约定）形成的公共积累是不可以分割的部分。该部分公共积累不可分割是因为：第一，这部分财产并非合作社生产经营获得，而是扶持或捐赠者对合作事业的一种支持。因此这部分财产不可以私分，否则可能会助长一些合作社的寻租行为，用非正常手段甚至是非法手段套取国家财政补助；第二，政府对合作社的财政直接补助，其目的在于激励和促进合作社提高生产经营效率，为农业现代化服务，而非直接增加社员的收入。我们建议，参照西方合作社的作法，对于该部分财产，无论合作社处于何种状态，都不应该分配给个人。在合作社终止时，国家财政扶持部分应收归国有，用于农业合作社事业或农业发展；企业或私人捐赠形成的财产，这一部分公共积累有约定的从其约定，没有约定的可以移交其他合作社或用作公益事业，如德国《工商业与经济合作社法》第九十二条规定不可分配之净资产："只要社章没有规定为了某种特定的使用目的而转移给自然人或法人，该资产归合作社住所所在地的基层地方政府所有并用于合作事业。该项基金及其利息应用于公益目的。"[①]；第三，政府直接补助、企业或私人捐赠形成的财产是合作社成员共同管理、使用的财产（政府直接补助形成的财产所有权归国家，企业或私人捐赠形成的财产的所有权从约定，无约定的将不可分割），这部分财产的出现使成员间存在了共同利益，这样有利于在成员间形成利益连接的"纽带"，使成员间的信任及相互承诺得到有效保证，同时也在一定程度上避免了"融资抑制"问题。

3．由合作社决定可否分割的公共积累

从财产的来源来看，该部分公共积累主要是来自国家对合作社的各种税费返还或奖励（如示范合作社得到国家的资金奖励等），对于这部分收益所形成的公共积累是否应该分割，应由合作社自己决定。因为这部分积

---

① 参见德国《工商业与经济合作社法》第九十二条的相关规定。本条及以下所涉及德国《工商业与经济合作社法》中的条款，除特别注明外，均引自《德国工商业与经济合作社法》，《商事法论集》，王东光译，2007 年第 6 期，第 319—369 页。

累是由于成员组建了合作社而得到国家的扶持形成的。这既是政府对合作社的支持、鼓励，也是对成员的一种实惠，理应由成员分享。但是，这种国家扶持可能会导致部分成员的机会主义行为，当有税费返还时就惠顾合作社，相反就不惠顾，也不参与合作社的生产经营与管理活动，因此这部分收益能否分配、如何分配、何时分配应由社员大会根据合作社及其成员贡献的具体情况，民主决定。

五、农民专业合作社盈余分配程序的重构与完善

（一）以提高合作社生产经营效率为目的

重构与完善的目的是要提高合作社的生产经营效率。《农民专业合作社法》第一条指出，立法的根本目的是要"促进农业和农村经济的发展"，即效率目标，要实现效率目标，必须构建一个合理、完善的盈余分配程序，这样才能确保合作社的盈余能够按《农民专业合作社法》的效率要求（提高农业一线生产经营效率，促进农业和农村经济的发展）进行分配，确保《农民专业合作社法》所追求的目标能够顺利实现。

（二）农民专业合作社盈余分配程序的重构与完善

1. 规范与完善盈余分配程序的制定

农民专业合作社的盈余分配制度的制定要因地（时）制宜，要具体情况、具体分析，《农民专业合作社法》规定的分配制度不是现实中合作社分配制度安排的唯一选择，有时《农民专业合作社法》规定的分配制度对某些合作社来说甚至是错误的、有害的，合作社的分配制度应由合作社社员大会根据合作社内、外部的现实情况来民主决定。合作社分配制度规制的关键就是分配制度制定程序的规制，即用程序上的民主来保证决策结果的民主。

（1）完善盈余分配制定程序的信息公开及民主决议制度

为方便广大普通成员积极参与合作管理，降低核心成员在盈余分配程序制定中的徇私舞弊现象，可以参考德国《工商业与经济合作社法》第四十五条至第四十八条的有关信息公开的规定，"每位社员都有权索取、查阅年度决算、经营情况报告、盈余分配方案以及董事会报告的副本。合作社至少在社员大会召开前一周将年度决算、经营情况报告、盈余分配方案和董事会报告陈列于合作社的营业场所或理事会公告的其他合适场所供社员查阅，或者另以其他方式让社员知悉。……相关决算、报告、分配方案须经社员大会民主讨论并获得2/3以上成员通过方能执行"。① 合作社无正当理由而拒绝提供查阅的，"合作社所在地管辖法院可以授权提出要求的社员查阅"。② 即社员可以请求法院要求合作社提供查阅。该法表明盈余分配程序可由董事会或理事会提出，但必须公开相关信息并进行民主决议，在这里该法强调了盈余分配程序制定（含分配的依据、方案及方案决议过程等）的公开性与民主性。我国《农民专业合作社法》虽然有信息公开的要求，但没有说明合作社不公开信息、不进行民主决议时，权益被侵害者有何权力。我们建议在《农民专业合作社法》中可增设类似条款，以保障成员的合法权益不受侵犯，最大限制地降低盈余分配规则制定中可能出现的以权谋私、徇私舞弊现象。

（2）建立盈余分配程序异议诉讼制度

当合作社盈余分配程序存在不足，甚至违反《农民专业合作社法》的相关要求时，同样可借鉴德国《工商业与经济合作社法》第五十一条的相关规定："（1）合作社的决议可能因违反本法或社章而以诉讼的方式被撤销。社员可自决议做出之日起一个月内，请求管辖地法院撤销。（2）出席社员大会并在会议记录中对决议表示异议的每位社员和因被非法阻止参加社员大会而未能出席会议的每位社员或者以会议的召集或决议事项的预告不符合规定为由主张撤销的未出席会议的每位社员都有权提起撤销之诉。此外，理事会和监事会有权提起撤销之诉。如果大会决议之实施将使理事会和监事会成员受到刑事处罚或违法或者承担损害赔偿义务，则理事会和监事会的每位成员都有权提起撤销之诉。"③ 在我国的《农民专业合作社

---

① 参见德国《工商业与经济合作社法》第四十五至四十八条的相关规定。
② 参见德国《工商业与经济合作社法》第四十五至四十八条的相关规定。
③ 参见德国《工商业与经济合作社法》第五十一条规定。

法》中也应增设这一条款。当合作社分配制度程序有违反《农民专业合作社法》或合作社章程的相关规定时，成员可通过法律诉讼请求变更或撤销不合理，甚至是不合法的分配程序安排。

2. 严格根据程序来设计分配制度

民主决议的分配制度制定程序设计出来后，按其制定分配制度的工作中需要注意以下三点：第一，严格按照社员大会先前民主决议的制定程序来设计分配制度，用程序上的规范来保证合理、科学的分配制度被制定出来；第二，切实保障监事会和广大社员在分配制度制定过程中的监督权，这样监事会和广大社员可以监督合作社是否按照民主协商的程序来制定分配制度；第三，要不断增加按程序制定分配制度的透明度，以保证合作社公开、公平、公正地执行民主决定的程序。

3. 加强对盈余分配制度履行情况的监督

严格根据程序来制定分配制度后，为保证按规范程序制定出来的分配制度得以顺利实施，还应加强对分配制度履行情况的监督。

（1）强化广大普通社员的监督

由于普通社员与核心社员在利益分配中各有自己的利益诉求，往往不会形成"利益共同体"，监督中也不易出现"合谋博弈"等问题而使监督失效。因此，在建立、健全合作社盈余分配的监事会监督机制的同时，还应强化广大普通成员的监督：第一，深化宣传《农民专业合作社法》，对合作社成员加强合作社相关知识的教育，同时进行相关法律法规的教育培训，不断提升成员的监督与自我保护能力；第二，不断完善信息公开制度。实现合作社盈余分配的信息公开，即时让成员了解盈余分配情况，以便对合作社盈余分配实施有效的监督；第三，强化社员大会在治理中的中心地位，实现全体成员参与监督。

（2）落实社员大会的设立，明确并强化其对分配制度履行的监督职权

针对部分合作社没有设立社员大会，普通成员有设立要求并与核心成员协商又无效的情况下，基层政府相关主管部门就应介入，要求合作社管理层落实《农民专业合作社法》的要求并加强监管。对没有设立社员大会机构的合作社不允许其注册登记；对于已设立社员大会的合作社应明确大会的"审议批准年度盈余分配方案""审议、检验年度分配计划的执行""审议批准执行监事会或者监事会提交的年度检验报告"等职权，充分发挥社员大会对盈余分配最高和最强的监督职权，同时发挥对监事会的督促作用，促进其加强对盈余分配的监督、检验，保证盈余分配有序、公开、高效的进行。

（3）相关行政单位加强监管

有效、合理与规范的合作社盈余分配，需要政府相关行政单位的积极介入，相关行政单位应加强对合作社盈余分配的监督与管理。特别是当监事会或社员大会监督不力，甚至是失效时，相关行政部门的监督就尤为重要。行政上对合作社盈余分配的监督主要是通过审计部门来完成。《农民专业合作社法》对合作社外部审计监督要求比较宽松，合作社可自行决定是否委托审计机构进行审计。其实，是否要进行审计监督除基于合作社及其成员的需要考虑外，还基于合作社内部机构的设立、相关制度完善和例外事项发生的情况来考虑。从《农民专业合作社法》第二十六条规定的监督机制来看，合作社可以自行决定是否设立监事会（执行监事）。从《农民专业合作社法》第三十八条规定来看，监事会（执行监事）执行内部审计的监督职能；如果没有设立监事会（执行监事），可由社员大会委托外部审计机构审计。当前现实中的合作社，理事会是治理的中心，社员大会往往不能正常、有效地发挥其职能，而监事会的内部审计监督又比较乏力、缺失，政府相关部门的审计介入就显得相当必要。审计部门的介入可以借鉴德国和泰国经验。德国对合作社有严格的法定审计制度。首先政府建立了专门审计协会和地区审计协会两个层面的审计体系，对合作社进行有偿审计。其次，所有的合作社应加入当地审计协会并定期接受该协会的审计，每个合作社至少两年要审计一次，资产超过 200 万欧元的合作社须每年审计一次；合作社应准许协会的审计人员查阅合作社账目和文件，核查现金、有价证券及商品存量，合作社应向审计人员提供审计所必需的全部材料和证明。最后，审计协会应书面向社员大会报告审计结果，成员可对审计结论发表不同意见。① 泰国政府专门设置了合作社注册办公室、合作社促进部和合作社审计部三个负责主管合作社发展的机构。其中，合作社审计部作为政府机构，专门履行审计合作社的职责。根据相关规定，各合作社每年至少审计一次，审计部的主要职责有：①法定的基本审计职能。首先是对合作社进行全年审计，包括财务审计和管理审计。其次是在一个财政年度内对合作社进行中期审计、账目核查，以及检验内部费用控制是否有效，并帮助其进一步完善；②法定的审计终极职能。首先是对合作社员工，尤其是合作社会计正确记录合作社账目和出具财务报告给予建议；其次是组织合作社财会人员培训，以提高他们的业务水平。②

上述两国合作社审计监督体系，值得我们学习与借鉴。首先，政府可制定相应的法律法规，从合作社审计的主体、客体、审计对象、审计程序到审计结果处理等均作出详细的规定（法律法规应涵盖审计业务的整个过程），并明确审计的权威性和强制性；其次，指定专门的审计部门对合作社实施审计监督工作，清晰和明确的界定审计部门的基本职权与终极目标，充分发挥现代审计的职能作用。

六、健全利益相关者的参与机制，逐步实现分配关系社会化

要健全合作社内、外部利益相关者的参与机制，要使利益相关者及时得到应有的报酬，从而不断吸引生产资料，特别是稀缺性生产资料向合作社的聚集，实现规模经营，提高生产经营效率，拓展生存空间。目前，在我国农民专业合作社中，分配制度方面的参与激励机制是缺失的（入股金的多少与惠顾收益不对等，结果有利时少入股、多惠顾，无利时不入股、不惠顾，都想少投入，甚至不投入就从合作社获得好处，没有人关心合作社自身的建设）。我们应借鉴西方农业合作社，特别是新一代合作社的产

---

① 德国对合作社的法定审计制度内容来自《德国工商业与经济合作社法》第四章第五十三条至第六十四（C）条，引自《德国工商业与经济合作社法》，《商事法论集》，王东光译，2007年第 12 期，第 326 页。

② 泰国对合作社的法定审计制度及其内容引自王翠琳：《国外农业合作社审计监管体系及启示》，《世界农业》2010 年第 3 期，第 28 页。

权制度安排，使按交易额分配与按股分配相统一，在合作社尚未生产投入之前就明确各相关利益方的权、责、利关系，使其分配制度具有较强的参与激励效应，能激励社员增加对合作社的投资，能吸引更多的企业或个人加入到合作社的生产经营过程中来，逐步实现分配关系的社会化。

七、小结

我国农民专业合作社法律地位的确认虽然较晚，但发展速度很快，在服务农民解决"小生产与大市场"矛盾，加速农业现代化发展中发挥了不可或缺的作用。目前，由于我国农民专业合作社受内、外部现实条件的制约，其盈余分配制度对提高生产经营效率、增强合作社实力、提升服务能力等方面的激励作用尚未完全发挥出来，盈余分配制度需要进一步完善。

第一，在盈余分配上应坚持效率优先的分配原则。坚持市场导向、为市场服务，尊重现实国情，坚持效率优先，鼓励合作社与非成员或非合作社进行交易，不断增强合作社实力，实现提高生产经营效率的目标。

第二，公共积累可根据其来源进行分割。对于政府直接补助、企业或私人捐赠形成的财产，合作社在经营这部分财产过程中所产生的收益，应该予以分割。从合作社与成员交易形成的收益中，按一定比例提取公共积累，以及合作社在与非成员、其他经济实体（如企业等）或者其他合作社交易过程中形成的收益，应按成员贡献大小进行分配，退社时成员可以带走。合作社得到国家各种税费返还所形成的收益，应由合作社自己决定是否应分割、如何分割。

第三，要坚持以提高合作社生产经营效率为目的，来进行合作社盈余分配程序的重构与完善。重构与完善的关键是要规范与完善盈余分配程序的制定，用规范的程序来确保科学、合理的分配制度被制定出来。规范与完善盈余分配程序的制定，一是要完善盈余分配制定程序的信息公开制度；二是要建立制定盈余分配程序的异议诉讼制度。在分配制度制定程序确定后，要严格根据程序来制定分配制度。分配制度被制定后，应加强对分配制度履行情况的监督，一是要强化广大普通社员的监督；二是要落实社员大会的设立，明确并强化其监督职权；三是相关审计部门要加强监管。构建与完善有效、合理的盈余分配制度，是一个复杂的系统工程，要因地制宜、因势利导地不断进行调整，最大限度地发挥其效能，为提高合作社的生产经营效率服务。

第四，应充分借鉴新一代合作社的产权制度安排，使按交易额分配与按股分配相统一，激励、吸引更多的投资者加入合作社的生产经营活动中，在生产社会化下，逐步实现分配关系的社会化。

第五节 中国农民专业合作社发展中的政府扶持

一、政府对合作社的扶持原则

（一）政府对合作社的扶持应坚持效率原则

效率原则是指政府对合作社的扶持必须是有效率的，这包含两方面的含意：一是基于政府的视角，政府对合作社的支持是有效率的，即扶持中杜绝寻租及"跑、冒、滴、漏"等现象的出现，以实现政府扶持投入的效用最大化；二是基于合作社的视角，政府扶持的结果是使合作社的生产经营更有效率，实力不断增强，在市场中更具活力与竞争力，对政府的依赖逐步下降。效率原则要求政府无论采取何种方式支持合作社都必须在可行性基础上，达到效率最大化，以最少的扶持投入实现既定的目标，或者以既定的扶持投入实现最优的扶持效果。

（二）扶持中应坚持市场化、社会化的原则

政府应充分尊重市场，扶持中应杜绝行政直接干涉或"独断专行"。长期以来，计划经济体制下的路径依赖，使得政府对经济发展的干预过深、过宽，在发展合作社中也不例外。课题组在调研中发现，许多地方提出"大力发展合作社以促进农业生产市场化"，或者"政府应以市场为导向大力发展合作社"。其实，合作社是农业生产市场化、社会化的产物，是市场经济发展自然形成的，政府不可能代替市场，也不可能代替合作社

进行市场经营，政府能做的是充分尊重并不断完善市场机制，为合作社的发展构建一个良好的市场环境，为合作社参与市场公平竞争创造条件。此外，政府是可以引导合作社向市场化、社会化方向发展（但政府不应成为主导力量，否则很容易出现急功近利，"揠苗助长"的现象），激励合作社不断提高生产经营效率，实现成员收益的最大化。

（三）扶持中应坚持充分尊重农户的原则

政府在培育和扶持合作社发展时，要充分尊重农户的意愿，主要从外部进行合理引导，通过搭建公共服务平台，创造条件促使农户独立自主地开展合作，并激励农户社员不断提高合作的能力与效率，让广大农户充分受益。首先，政府在对合作社的管理中，要不断加强合作社相关知识的教育与培训，引导合作社注重树立民主治理的核心地位。在合作社生产经营中要不断激励其完善治理结构，特别是加强社员大会和监事会的建设，对于民主建设做得好的合作社给予物质和精神奖励，促使合作社逐步完善民主化的决策、治理与监督体制，力争每个加入合作社的农户受益，让广大农户充分感受到合作社带来的好处。其次，政府在扶持过程中应充分尊重农户的自主创新。政府在引导合作社创建和发展过程中，不宜简单照搬西方经验或强行推广某一地区的先进模式，而应审时度势、因势利导和因地制宜，充分尊重当地农户的自主创新，促成合作社"百花齐放、百家争鸣"的发展态势。最后，政府对合作社的扶持应以促进、激励其独立自强，不断提高生产经营效率以增加成员实际收入为目标，对合作社的扶持不能以牺牲农户切身利益而换取政府的利益。

（四）扶持中应坚持循序渐进的原则

政府对合作社的扶持应遵循循序渐进的原则。实践中，可以先发展一些小规模、低层次的专业协会，不断摸索并总结经验。合作形式可多种多样，只要合作能提高生产经营效率，切实改善农户的收益，就应当积极创造条件支持其发展，同时在充分尊重农户的基础上，逐步扶持与激励合作社完善民主化建设。在发展进程中，合作社可能会发生一系列分离与分化，有的合作社甚至会演变为股份公司，政府不应强行规制，只要能提高农户的生产经营效率，能改善农户及相关利益方的收益，就应该支持。要坚持效率优先，兼顾公平的原则，允许合作社内一部分人（牵头成立合作社的核心成员）先富起来，再合理引导使其带动其他成员共同致富。

二、政府对合作社的扶持措施

（一）政府应贯彻《农民专业合作社法》的扶持原则及落实扶持责任

（1）地方政府应贯彻《农民专业合作社法》规定的扶持原则

课题组调查发现，一方面，一些地方政府没有理解《农民专业合作社法》规定的扶持原则及要求；另一方面，由于国家尚未出台地方政府扶持合作社发展的具体政策、实施方案及细则，结果导致地方政府在扶持合作社的发展中"各自为政"。特别是在"速强"战略影响下，许多地方政府不重视合作社的发展，或者虽然重视合作社的发展，但对广大农户自主地发展合作社缺乏信心，希望"以工带农"来实施农业合作化。在这样的思想影响下，许多地方政府将发展农业合作社的希望寄托于公司、供销社等外部经济实体，合作社变为外部经济实体附属，异化了合作社的功能。因此，地方政府要转变观念，重视农业合作社，积极扶持其发展。首先，要充分理解《农民专业合作社法》规定的扶持原则及要求，理解国家发展合作社的重要意义及目的，积极宣传、普及合作社的相关知识，鼓励并扶持广大农户构建、发展合作社，造福一方；其次，广大农户才是农业合作化的中坚力量，在对合作社发展的扶持中要以广大农户为主体，加大扶持力度，创造条件激励其不断提高生产经营效率，使其实力及独立性不断增强，从而避免合作社被外部经济实体"捕获"。最后，根据《农民专业合作社法》规定的扶持原则，政府扶持中不应过度"热心"，直接干预合作社的生产经营与管理，或者让合作社去履行政府的部分职能。这一方面会使合作社过度依赖政府扶持，另一方面会降低政府的扶持效率和执政效率。政府扶持的核心应该是为合作社的产生与健康发展创造一个良好的外部环境，让合作社顺利进入市场，参与公平竞争，在竞争中提高合作社的生产经营效率。当然对部分合作社也可直接进行财政资助或金融融资等方面的支持，但前提是不能损失合作社发展的效率，不能出现越扶越弱，越扶依赖性越强的局面。总之，政府在扶持中要审时度势、因地制宜、因势利导，根据当地条件及合作社发展的具体情况来决定外部环境的建设，决定合作社扶持的范围、力度及层次，以加速农业合作化进程，为实现农业现代化服务。

2. 依据《农民专业合作社法》的扶持原则及要求，明确政府的扶持职责

①在合作社的产生、发育阶段，政府要积极引导、鼓励和扶持合作社健康发展。合作社产生之初，成员对于合作制度的认知水平是决定其参与行为和合作程度的关键性因素。政府应尽快建立合作社相关知识的教育、培训体系，帮助社员正确认识和理解合作社的性质与运行机制，以及如何构建、管理、运作合作社，如何进行市场营销等，为合作社的持续、健康发展创造条件。当然，在这一阶段也可由政府相关部门或基层组织在充分尊重农户意愿的前提下牵头成立合作社，这在一定程度上降低合作社的构建与发育成本。政府先将合作社的数量发展上去，扩大影响、宣传合作社知识，不断壮大合作社队伍，然后激励合作社不断提高质量，完成量变到质变的过程。在这一过程中，要向西方国家学习，注重利用市场竞争手段来激励合作社提高质量，不要过多地去"规范"合作社的运行，要通过市场选择而不是政府选择来进行优胜劣汰，这样才能有效地激励合作社不断提高生产经营效率，以增强其实力从而提高服务质量，进而提升成员的惠顾率，为合作发展的良性循环打下坚实的基础；②在成长阶段，政府主要提供教育培训、资金、场地等援助，注重培养合作社企业家；政府利用在信息、人才、技术、宣传等方面的优势，以合作社为主导，扶助其进行产品宣传，鼓励其进行品牌建设，不断推动合作事业向前发展。在这一阶段，政府应注重从外部为合作社的发展创造有利条件，让发展较好的合作社利用自身的力量，承担一些政府的经济发展规划项目，从而激励合作社不断成长，增强其实力与竞争力。规划项目的建设权应通过招标竞争来获得，招标的标准应以合作社实力、可创造的净收益、带动的农户数、社员

实际收入增加的程度、对当地经济的带动作用等为衡量指标；③在合作社成熟阶段，政府要给予合作社充分的独立自主权，让合作社在激烈的市场竞争中不断提高生产经营效率，不断增强实力与竞争力。同时，政府还可进一步为合作社纵向一体化或横向一体化发展铺平道路，让合作社做大做强；④在变革期，合作社可能会向五个方向变化：一是经营难以为继，最后解散或倒闭；二是衰弱至"内卷化"①；三是变异为股份公司；四是变为股份合作制企业；五是维持合作社形式，改革并继续成长。在这一时期，应借鉴西方国家的经验，不论合作社往何方向变异，只要能提高生产经营效率，能改善广大农户成员的实际收益，政府就应该给予支持，促使合作社向提高生产经营效率的方向转变（当然，一旦偏离了合作制原则，将得不到合作社的优惠政策支持）。这期间政府要充分尊重市场对合作社的选择，不必花成本去挽救已被市场淘汰的、"内卷化"的合作社，对发展较好的合作社可制定相应政策激励其发展。对于解散、倒闭的合作社，应及时制定或完善相应政策，以维护解散、倒闭合作社及其成员的合法权益。

（二）加强农村基础设施建设

合作社的发展离不开农村基础设施的建设与完善，我们应学习借鉴西方国家的先进经验，对农村基础设施建设实行政策性倾斜，每年安排足够的资金并落实到位，对广大农村地区的电力、交通、农业知识与技术教育网络等基础设施进行建设，加大沟、河、湖泊的治理，改良土壤、兴修水利、改善农村生态环境等，从而为合作社的顺利、健康发展打下良好的物质基础。同时，可以城乡一体化发展为契机，以社区建设为中心，充分发挥社区对资金、人才的聚集效应，促进合作社的构建与发展。基于效率原

---

① 所谓"内卷化"，是指合作社虽然具有了合作经济的制度形式，却没有发挥出合作社应有的功能，农户经营组织化程度没有出现由松散到紧密、从低级到高级的变革过程；在农户组织化方面，合作社也没有改变农户的合作困境，小农的组织化程度并没有提高；而从性质上讲，合作社虽然在数量上有了迅速增长，但并没有使小农经济的性质发生实质性改变，没有出现预期的农业现代化的革新和演变。引自樊红敏：《新型农民专业合作经济组织内卷化及其制度逻辑》，《中国农村观察》2011年第6期，第13页。

则，因地制宜、因势利导，逐步引导农户进入社区，吸引农户居民融合汇聚，实现生产资料在空间和时间上向社区的集聚，同时，积极引导并协调资源的使用，转变农户的传统生产方式，推动农业生产向市场化、商品化方向转变，为合作社的构建与发展创造条件。

（三）扶持政策要系统、有效

根据《农民专业合作社法》的扶持原则及要求，地方政府的具体扶持政策要系统、有效。首先，地方政府对合作社的扶持要有扶持规划和可行性论证，应明确政策扶持的目标、实施方案与措施，还要有政策扶持中的监管控制手段以及对扶持结果（绩效）的考核办法。具体而言，地方政府相关部门应根据当地合作社发展的实际情况，进行科学论证，确定扶持的目标，对通过何种手段、扶持哪些合作社进行可行性研究，出具论证报告并报请上级主管部门批准，上级主管部门根据统筹规划的要求来决定是否给予扶持，扶持哪些合作社、如何扶持等。上级主管部门如不同意，应说明原因；如同意，下一级部门可依据上级的批复制定出台具体的实施方案。实施过程中应提高政策的执行力度，将优惠政策落到实处；其次，在政策执行过程中，要明确合作社具体的主管部门及其职责，实现对合作社的统一管理。在优惠政策实施过程中要制定相应的考核指标，考核指标应尽可能细化、量化并成体系，考核结果应即时公开，以增强考核的客观性、公正性，防止徇私舞弊行为；最后，建立系统、协调的扶持政策体系并保证各项扶持政策实施的可考核与可监督性，其最终的目的是要保障各项政策实施的有效性，提高扶持效率，以激励合作社不断提升其生产经营效率。

（四）统筹解决合作社融资难的问题

问卷调查的结果显示，融资难问题是制约当前合作社发展的第一大障碍。要解决合作社融资难的问题是一项复杂的系统工程，因此需要一体化、系统化地统筹解决。具体来说，可采取以下措施：

1. 不断增强合作社的实力，为其融资创造条件

首先，政府要落实在税收减免和财政资金扶持等方面的政策，并不断

加大扶持力度；其次，加强对成员的教育培训，不断提高成员的管理水平及其农业生产技能，使社员成为现代农业合作经济组织合格的管理者和生产者；最后，帮助合作社科学、合理地安排生产经营，使其不断提高生产经营效率，增强实力，让金融机构敢于和愿意贷款给合作社。

2. 制定和完善合作社融资法律保障系统

制定和完善合作社融资法律保障系统是解决合作社融资难的一个重要途径。迄今为止中国还尚未制定出台关于合作社融资的专门法律，这极大地影响了合作社的健康发展。因此需要加快合作社融资专门法的立法工作，为合作社发展提供一个良好的金融生态环境。同时，借鉴西方国家的经验并结合中国合作社发展的具体实践，制定相应的法律法规，以加快农村合作银行、小额贷款公司、农村资金互助社等新型农村金融组织的建设。

3. 加强农业保险体系建设

农业保险可降低合作社的信贷风险，这是解决合作社融资难的又一个重要举措。国家应不断完善农业保险体系，如尽快设立政策性的农业保险公司，并制定有关合作社生产经营的保险法等，以降低自然灾害、市场波动等给合作社造成的损失。

4. 构建和完善农村信用担保体系

要提高银行对合作社的放贷比例，最重要的是要降低银行的信贷风险。第一，政府主导构建和完善农村信用担保体系，探索多种担保方法、手段；第二，有条件的地方可鼓励合作社尝试信用联盟形式，以降低银行的授信风险。同时，金融部门可根据合作社的实际情况，不断创新信贷品种，创新金融工具，拓展信贷业务，以加快农村信用体系的建设与创新。

5. 从农村金融的未来发展趋势看，应在广大的农村地区发展包括民间金融在内的多种融资组织

第一，应全面深化农村信用社的产权制度改革。产权制度改革的具体模式选择上要因势利导，具体问题具体分析；第二，国家应给予农村信用社放贷的各项优惠，把农村信用社改造成为农民服务的、真正意义上的农

村信用合作社；第三，规范民间金融为合作社融资服务。农村民间金融的存在与发展有利于实现农村金融制度安排的多元化，使之与我国农村多元化的经济结构相对应。由于我国现有的农村信用社存在着异化现象，导致农村金融市场供求失衡的状况非常严重，这为种类众多、为数不少的民间金融拓展了生存空间。大力发展农村民间金融，有利于合作社在农村金融市场中建立起真正的竞争机制，有利于合作社融资并降低融资成本。但是，民间金融"小、弱、散、乱"的特点也是明显的，这就要求国家介入，尽快研究出台相应的政策措施，对民间金融进行引导、监管，从而建立科学、有序的农村民间融资市场。

三、小结

合作社既是一种生产经营组织，也是一种制度安排。合作社是"民有、民办、民管、民受益"的经济组织，其制度创新的主体是农民而非政府。政府扶持中的主要任务是为合作社的发展创造一个良好的外部发展环境，使合作社能与其他经济实体进行公平的竞争，并在竞争中不断提高自身的生产经营效率。在扶持合作社发展过程中，政府不易过多、过深地干预合作社的内部生产经营与管理，更不应完全控制合作社，将其视为实现政治目标的工具。借鉴西方合作社发展中政府扶持的经验，政府应明确与合作社的关系，根据国情选择适宜的扶持方法、路径，并形成统一、有效的扶持政策体系。在扶持合作社发展过程中，应坚持效率原则，坚持市场化、社会化原则，坚持充分尊重农户的原则。

西方现代化国家的农业合作化实践表明，明确政府的职能，建立协调统一的扶持政策体系，加强合作教育等是政府促进合作社健康发展的有效途径。我国政府的扶持体系应该有以下几点：第一，明确合作社发展中，政府的指导思想及合作社发展各阶段的政府职能；第二，建立协调统一的扶持政策体系；第三，加强农村基础设施建设，为合作社搭建好公共服务平台，实现合作社与其他经济实体的公平竞争；第四，统筹解决合作社融资难的问题。总之，在合作社的发展过程中，政府既不能当消极的旁观者，仅承担一种维持秩序的功能，也不能越俎代庖，干预合作社的发展。政府应为合作社发展提供机会，营造环境和平台并积极鼓励其进行制度创新，为合作社的健康发展提供有效的管理与服务。

第六章 总结与展望

经过挫折与不断探索，中国当前的农业合作事业已进入到改革开放以来最活跃的发展时期，特别是《农民专业合作社法》颁布以来，各地农民专业合作社蓬勃发展，为深入细致地了解发展中的合作社，课题组对现实中的合作社进行了问卷调查，发现实践中的合作社绝大多数成立于《农民专业合作社法》颁布之后，成立的时间不长，所以相对于西方农业合作社，中国合作社平均社员人数偏少，社员主要来自本村、本乡，跨县的较少。国内绝大多数是种植类（如蔬菜、水果、食用菌等）合作社，说明中国的合作社是依据农业生产对象的特点来分布的。

当前合作社成立的主要目的是为了解决农资采购、产品销售和生产技术问题。生产或贩销大户、龙头企业和供销社等组织是牵头组建合作社的主要力量，其股本投入占较大比重，合作社产权结构中呈现出"一股（或数股）独大"的现象，内部治理中往往表现出"内部人控制"特征，合作社组织机构与内部治理尚待健全与完善。从目前制约合作社发展的因素来看，最主要的是缺乏资金、技术以及政府支持力度不大。从社员反馈的情况来看，由于当前农户家庭从事农业生产比较利益偏低，大多数青壮年及有一定文化知识技能者均外出打工，合作社成员年龄结构偏大，文化程度不高，对合作社知识了解不够，政府相关部门应加强合作社知识教育和《农民专业合作社法》的宣传力度，让农户意识到合作社知识与他们能从合作社获得的收益密切相关，为合作社的发展扫除各种思想障碍。社员大多是看到好处自愿加入合作社，合作社解决"小生产与大市场"矛盾的作用在一定范围、一定程度上得到体现。现实中合作社成员背景复杂，所拥有的生产资料差异大，成员异质性较强，不同成员参与合作社的目的各不相同。调查中发现，对于合作社的服务，社员的理想与现实差距很大，差距最大的是融资服务。尽管合作社提供的服务与社员的期望相去甚远，但多数成员还是能理解合作社发展中面临的现实困境，社员对合作社的发展总体上是满意的，并对其发展前景持乐观态度。在调研中，课题组也发现，在合作社蓬勃发展的进程中，也存在一些不尽人意的地方，如部分合作社内部管理运行亟待规范、合作社领导人亟待培养、农民合作意识亟待提高、政府扶持政策亟待落实、各种所谓"假合作社"或"翻牌合作社"亟待规范、引导等。此外，我们还发现以下一些问题：(1) 相当一部分社员的合作社相关知识奇缺；(2) 部分已登记注册的合作社没有开展活动或活动很少，一些合作社出现了所谓"内卷"化现象，这一现象的本质是合作社已逐渐被市场淘汰，政府不应花成本、精力去挽救；(3) 相当一部分合作社产权结构"一股（或数股）独大"现象严重，分配制度倾向按股分配，甚至有的合作社根本没有按交易额（量）返利，盈利全部按股分配，但与学者们的"不解"与"愤怒"不同，相对而言，合作社多数普通社员并不十分介意怎么分配，关键是能分到多少，只要所得大于等于他们的预期收益，甚至只要收益大于成本，他们就会继续留在合作社中。

根据调查合作社的内、外部情况，我们对国内农民专业合作社的产权制度、内部管理制度及分配制度进行了分析。对产权制度解析，可将实践中的农民专业合作社产权制度的基本性质大致分为两大类：(1) 产权制度的基本性质（Ⅰ）：建立在农户家庭生产资料私有制（土地集体所有，承包经营）基础之上的农户劳动联合；(2) 产权制度的基本性质（Ⅱ）：建立在农户家庭生产资料私有制（土地集体所有，承包经营）基础之上的农户与非农户或经济实体（企业，供销社等）的要素联合。基于基本性质（Ⅰ），又演化出了合作社产权制度基本模式（Ⅰ－1）：建立在农户家庭生产资料私有制（土地集体所有，承包经营）基础之上的农户个人在一定范围内资源有限差异的个人所有，我们将基本模式（Ⅰ－1）又称为股金制度（Ⅰ）。源于基本性质（Ⅱ）的产权制度基本模式（Ⅱ－1）：建立在农户家庭生产资料私有制（土地集体所有，承包经营）基础之上的农户与非农户或经济实体（企业，供销社等）在一定范围内资源差异较大的个体所有，基本模式（Ⅱ-1）又称为股金制度（Ⅱ）。由于存在两类产权制度基础，与入社股金制度和成员股本投资形式相结合就形成两类产权制度模式，第一是农业合作社产权制度基本模式（Ⅰ-2）：建立在农户家庭生产资料私有制（土地集体所有，承包经营）基础之上，通过股金制度（Ⅰ）联合起来的劳动者对劳动的个人所有（按份共有）；第二是农业合作社产权制度基本模式（Ⅱ-2）：建立在农户家庭生产资料私有制（土地集体所有，承包经营）基础之上，通过股金制度（Ⅱ）联合起来的要素所有者对投资的个人所有（按股所有并以此获取剩余价值或租金）＋劳动者对工资的个人所有。社员的入社股金、股本投资、国家投资以及外来成员投资形成了社员、国家及外来成员对合作社的产权。由于存在两类产权制度基础，与入社股金制度和内、外股本投资形式相结合就形成两类产权制度模式，第一是合作社产权制度基本模式（Ⅰ-3）：建立在农户家庭生产资料私有制（土地集体所有，承包经营）基础之上，通过股金制度（Ⅰ）、公积金与公益金制度联合起来的劳动者对劳动的个人所有（按份共有）和集体所有（共同共有）＋国家所有＋外来投资者（包含政府部门相关人员）所有。第二是合作社产权制度基本模式（Ⅱ-3）：建立在农户家庭生产资料私有制（土地集体所有，承包经营）基础之上，通过股金制度（Ⅱ）、公积金与公益金制度联合起来的要素所有者对投资的个人所有（按股所有并以此获取剩余价值或租金）＋劳动者对工资的个人所有＋集体所有（共同共有）＋国家所有＋外来投资者（包含政府部门相关人员）所有。从单个私有农户自我封闭、自给自足生产模式到建立在家庭生产资料私有制基础之上的劳动或要素联合，两类合作社产生，并基于各自不同的股金制度，最终分别演进到产权模式（Ⅰ-3）或（Ⅱ-3）的经济联合体，各主体之间的经济关系发生了一系列的变化，由个人或经济实体私有一直演进到产权模式（Ⅰ-3）或（Ⅱ-3），最终体现出农业横向或纵向一体化生产经济联合体的本质规定性，这种变化的本质是农业合作社的产权社会化，而驱动产权社会化的根本原因是农业生产的社会化。当前我国农民专业合作社产权社会化进程中面临的主要问题有：一是随着合作的发展，合作社内部股东产权关系模糊化；二是产权社会化进程迟缓导致成员异质性困扰合作社的建设与发展；三是国家财政直接补助形成的财产所有权的归属不明等。

由于两类合作社产权结构呈现梯度变化，从第二类合作社至第一类合作社，股权的均等化程度由弱变强，合作社内部管理由股份制企业（公司）的等级管理制逐步渐进到合作社的合作管理制，管理制度的基本模式也呈现出由"一股一票""不受限一人多票""受限一人多票"向"一人一票"的梯度变化，合作社的内部治理模式也由等级管理向合作管理过渡。实践中的合作社根据其股权的均等化程度，其内部治理模式大体对应分布在两个极端之间，由于中国的现实国情，多数合作社偏向于等级管理模式。在课题组的调研中，属于经典、规范的合作管理模式的合作社较少，这些合作社大多由小农户发起构建，且比较弱小。与大多数研究者的结论不同，在现有的内、外部条件下，经典的合作管理模式不是也不可能成为当前中国合作社内部管理模式的主流，"一股独大"或"数股独大"产权结构下，或多或少的"内部人控制"必然是现在和今后一段时间内中国多数合作社内部管理的主导模式，该管理模式下的制度安排是中国多数合作社内部治理制度演进的逻辑起点，这说明中国合作社内部治理制度的发展演进一定是非经典的。

当前，中国合作社内部治理存在的问题主要表现在以下六个方面：（1）从合作社各机构治理活动中存在的问题来看：社员大会失效；监事会形同虚设；理事会或经理层健全与完善治理的内在激励不足；（2）从合作社民主治理制度建立与完善中存在的问题来看：合作社内部民主治理制度无法落实，并且不民主的治理制度也难以改善；（3）从财务管理工作来看：合作社会计内控制度缺失，财务管理混乱，会计工作完全失去了对合作社经济活动进行考量与监督的作用；（4）从合作社民主治理工作实施的情况来看，治理中普遍存在"内部人控制"现象，这导致民主的管理、决策制度难以实施；（5）在"经济实体＋合作社＋农户"模式中，合作社往往丧失治理权；（6）从合作社内部治理的监督工作来看，监督机制缺失或失效，表现为：社员大会监督失效、监事会监督不力、外部监督缺失等。

中国合作社治理出现的问题，可从内部治理制度设计、理事会及普通农户自身、合作社外部环境等几个方面来分析原因。从合作社内部治理制度设计来看：（1）法律条款中没有对社员大会负责人的明确规定，分工不明则责任不清，易导致社员大会失效；（2）没有强制设立执行监事或监事会，在合作社治理结构安排中，忽视了内在监督机制的健全与完善。由于理事长是合作社法定的法人代表，又负责主持社员大会的召开，这凸显了理事长在合作社生产经营决策中的重要性，权力过于集中，如果这时缺失了监事会或执行监事的监督，那么这对于合作社进行民主管理制度建设是极为不利的；（3）合作教育的制度设计缺失。合作社内部治理中出现的问题，从理事会自身来看，理事会的权力过大且大多不受约束，究其原因有客观与主观两方面，客观原因是我国农业合作化形成的特殊路径造成的，主观原因包括管理层和普通农户自身两个方面造成。从管理层来看：（1）管理层民主合作管理意识不强；（2）管理层的合作管理能力亟待提高。从成员自身来看：（1）普通农户社员文化素质不高，影响了他们对合作社治理的认知和理解；（2）普通社员受长期自给自足生产方式的影响，对生产经营行为的路径依赖，追求风险最小化而不是收益最大化。上述普通社员自身存在的问题导致其在合作社治理中边缘化，这不利于合作社民主管理制度的建设，也不利于合作社内部管理水平的改善与提高。从影响合作社内部治理的外部环境因素来看，存在部分基层主管部门人员缺乏对合作社内部治理的正确认识，促进合作的非正式制度建设缺失等问题。

从合作社生产经营的角度来看，农业生产社会化下不同生产资料向合作社的聚集，造成合作社生产资料产权主体的多元化。核心社员投入的生产资料多，可获得合作社更多的股权，核心社员成为合作社的实际控制者与管理者，从而可进一步控制合作社的分配权，这就产生了"内部人控制"问题。生产资料产权主体的多元化还导致成员异质性问题，特别是当合作社产权社会化程度不能适应合作社农业社会化大生产的内在要求时，成员的异质性问题就会更加突出，增加了合作管理的成本，严重影响了合作社治理的完善。就中国的现实国情来看，不能纠结于现实中的合作社内部治理制度（如"内部人控制"）对经典合作社原则的偏离，只要这种偏离不造成普通成员合法权益的侵害，并能提高合作社的生产经营效率，就应该得到认可。关于破解异质性问题对合作社治理的困扰，可借鉴现代股份制企业的经验，进行产权社会化变革。成员异质性背景下的合作社产权社会化变革，要在健全合作社治理机构，完善治理机制，强化民主管理建设以使合作效率提高的前提下，分离与分化合作社完整产权的各项权能，这种产权社会化不一定要遵循某一模式，关键是要有效率，要与农业生产力发展相适应。

分配制度是合作社产权制度在分配上的具体体现，由于产权制度不同，两类合作社的分配制度有着重要区别：第一类合作社分配制度的核心是盈余分配；第二类合作社，特别是企业等外来经济实体牵头成立的合作社，其分配制度的核心是利润分配。这里，第一类与第二类合作社分配制度并非泾渭分明，两类合作社差异的大小主要由两类合作社产权性质与产权结构的差异来决定。入股金差距小、均等性高，股东成员的异质性小，如均来自农业生产一线，合作社分配制度就越接近经典合作社的分配制度。相反，入股金差距大、均等性低，股东成员的异质性大，合作社分配制度就越接近股份制企业的分配制度。由于"一股（或数股）独大"的产权结构，导致合作社治理中不同程度的"内部人控制"现象，为了得到多投入股本的收益，"内部人"控制的合作社，其盈余分配一定是趋向于按股分配的，导致现实中合作社的分配制度与法定的分配制度存在明显冲突，这反过来说明：合作社盈余分配制度安排缺少灵活性，但这种灵活性应在民主制度控制下来实施，核心成员（大股东们）的权力不受约束，合作社就很容易变成侵害广大普通成员的组织。因此民主的分配决策程序、制度实施与监督依然需要执行，甚至要加强，但实践中的合作社盈余分配决策程序及实施与监督规制却难以落实，其主要原因有：法定（或协议）

盈余分配程序难以执行，执行中有许多问题，如盈余分割的顺序，公共积累应如何分割等详细问题尚未明确，盈余分配的程序也不规范，缺乏有效的监督机制等。

由于农民专业合作社自身的特点，得到政府的支持是其健康发展的一个重要外部保障。当前影响合作社发展的政府因素中，存在政策偏好不利于合作社的发展、扶持政策可操作性不强、公共产品供给不足等问题。此外，政府对促进合作社成长发育的制度供给不足，法律法规体系尚未完善健全，相关配套措施以及地方各级政府的相应实施办法，规章制度还未健全、完善等。

研究和探讨农民专业合作社成员满意度及其评价方法，以及对影响成员满意度的内、外部因素进行分析是基于制度需求视角"发展具有中国特色农民专业合作社"的一项重要内容。当前理论界对合作社成员的满意度尚无明确的定义，也无统一的评价标准，本书依据中国农民专业合作社的发展现实，利用感知价值理论清晰界定了社员满意度概念，并明确了其评价标准与方法，随后运用该方法测度了样本合作社成员的满意度，再利用结构方程模型全面解析了合作社内、外部制度安排、理事长情况对成员满意度的影响，结果表明：合作社内部制度安排是决定和影响成员满意度的核心因素，其中明晰产权、股权可转让与赎回、公开财务与营运情况、盈余可按股分配、分配受到民主监督等影响最为显著。此外，理事长的能力、责任心及奉献精神、政府外部扶持等对成员满意度也有显著影响。

经过全面的制度分析，我们得到以下启示：（1）中国农民专业合作社的出现与发展是农业社会化大生产发展的内在要求，而市场经济的发展，使劳动者成为相对独立的生产经营主体，再加上政府的鼓励与扶持，使得当前国内农业合作社蓬勃发展。但由于与西方农业合作化的路径不同，使得中国当前合作社的基本特征是大股东牵头实现利益最大化，小股东跟随实现家庭农业生产经营的帕累托改进；（2）益贫性下降，异质性增强是合作社发展的必然趋势；（3）产权结构上的"一股"或"数股"独大，管理中程度不同的"内部人控制"和分配中的按股分配倾向是我国多数合作社制度演进的逻辑起点；（4）发展合作社应坚持效率优先、兼顾公平，当前农业合作化进程中应允许一部分人先富起来；（5）应超越合作社的视角来考虑合作社的发展，发展合作社的最终目标是要实现农业现代化，发展合作社应坚持生产力标准；（6）未来中国的农民专业合作社将会发生一系列分化，《农民专业合作社法》所构建的理想制度不是也不可能是中国合作社唯一的制度安排模式，中国合作社的发展路径一定是超越经典的。这意味着作为舶来品的西方经典合作制原则必须经过本土化改造，其产权、内部治理、分配等制度安排要与中国的农业生产力发展水平相适应，要符合中国的现实才会有效率，才能得到广大农户的衷心拥护，合作社才可能生存与发展下去。我们必须要容忍股权结构上的"一股或数股独大"；要容忍对"一人一票"、甚至受限"一人一票"制度的突破；要容忍主要盈余不按交易额（量）分配等。总之，要重视制度安排的实效（而不是制度是否经典），要重视合作社企业家的培养，要重视合作社发展中能激发提高效率的要素的价值；（7）成员异质性合作社内部管理中，核心成员治理与民主建设不可偏废，应坚持"有效激励、提高效率、完善机构、分权制衡、优化法人治理结构、保障民主"六项原则，通过规范合作社内部管理、优化合作社法人治理结构、构建核心成员治社与民主管理相结合的决策机制、不断完善合作社的投资激励机制并建立行之有效的约束与监督机制等多项措施，实现内部治理的民主化、科学化、规范化，从而促进合作社生产经营效率的不断提高，实现全体成员的合作共赢。

基于对国内农民专业合作社的制度分析结论，以及合作社制度创新与发展的内、外部环境分析，本研究认为：（1）合作社的产权制度改革应因地制宜，基于当时、当地合作社的生产方式做适应性调整，以提高合作社及其成员的生产经营效率，同时产权制度安排要使合作社中利益相关方激励相容，产权制度安排应逐步实现明晰化，逐步建立、完善成员账户管理制度，防止个人产权模糊化。为避免合作社的机会主义行为，国家财政补助形成的财产应由国家享有终极所有权，并应加强对其使用的评估和监督，实现财政投入效率和激励作用的最大化。在公积金方面，应适当提取不可分割的公积金，同时公积金提取到一定程度后应不再提取，实践中公积金提取的限额最好由合作社民主决定。总之，合作社产权制度改革与发展应审时度势、因势利导地从空间和时间上聚集更多的资源，并明晰产权关系，实现合作社生产社会化、产权社会化，不断提高生产效率和成员的收入水平；（2）不论农民专业合作社演变为股份公司、经典合作社还是其他经济组织或实体，加强内部治理，设计一套有效率的内部治理制度都是必需的。合作社内部治理制度的设计，应综合考虑合作社发展的内、外部约束，借鉴西方合作社的治理经验，逐步构建、完善社员大会、理事会、监事会"三权鼎立"的治理结构。合作社的治理应当逐步趋向以社员大会为中心的治理结构模式并明确社员大会的负责人。理事长的权力过大，应限制其权力。理事长不应是合作社法定代表人，法定代表人应由社员大会民主选举产生。借鉴西方合作社的成功经验，应设立监事会（至少设一名执行监事），以形成对理事会经营决策权力的制约。随着合作社的发展壮大、经营管理复杂程度的提高以及市场竞争的加剧，合作社应适时进行管理权社会化变革，即时分权设岗并明确各岗位间的权、责、利关系，不断提高合作社的经营管理效率；（3）由于受内、外部现实条件的制约，我国农民专业合作社的盈余分配制度尚未发挥其全部的效能，还需改进，以释放其积极的激励作用。第一，在盈余分配原则上，应坚持以效率优先的公共积累分割原则。坚持以市场为导向、为市场服务，尊重现实国情；坚持效率优先，抛弃合作社基于成本经营的思想，鼓励合作社与非成员或非合作社进行交易，不断增强合作社实力，实现提高生产经营效率的目标。第二，公共积累要根据其来源进行分割：对于政府直接补助、企业或私人捐赠形成的财产，合作社在经营这部分财产过程中所产生的收益，应该予以分割。从合作社与成员交易形成的收益中，按一定比例提取形成的公共积累，应按成员贡献大小进行分配，退社时成员可以带走。合作社得到国家各种税费返还所形成的收益，以及合作社在与非成员、其他经济实体（如企业等）或者其他合作社交易过程中形成的收益，应由合作社自己决定是否分割和如何分割；第三，在盈余分配的决策上，借鉴西方合作社的成功经验，完善盈余分配规则制定的知情权制度。在监督程序上，明确监事的权责，健全与完善合作社监事会的监督机制，同时强化广大普通社员的监督，加大政府部门对合作社盈余分配制度的监管。总之，有效、合理的盈余分配制度的建设与完善是一项复杂的系统工程，要因地制宜、因势利导地不断进行调整，最大限度地发挥其效能，为提高合作社的生产经营效率服务；（4）借鉴西方合作社发展中政府扶持的经验，政府应根据国情选择适宜的扶持方法、路径，并形成统一、有效的扶持政策体系。在扶持合作社发展的过程中，应坚持效率原则，市场化、社会化原则，坚持充分尊重农户的原则。坚持农村土地承包经营责任制，推行农业产业化经营，加强合作教育等，是政府促进合作社发展的有效途径。但目前政府对合作社发展的支持不足，存在如政策取向有偏好，扶持政策的可操作性不强，基础建设滞后，财政扶持效率低下等问题。我国政府的扶持应该是：第一，明确合作社发展中，政府的指导思想及合作社发展各阶段的政府职能；第二，建立协调统一的扶持政策体系；第三，加强农村基础设施建设，为合作社搭建好公共服务平台，实现合作社与其他经济实体的公平竞争；第四，统筹解决合作社融资难的问题。总之，在合作社的发展过程中，政府既不能当消极的旁观者，仅承担一种维持秩序的功能，也不能"越俎代庖"，干预合作社的发展。政府应为合作社发展提供机会，营造环境和平台并积极进行制度创新，为合作社的健康发展提供更有效的管理与服务。

最终需要指出的是，尽管本研究运用创新的研究方法，对基于农户家庭生产经营基础上的农民专业合作社，在尽可能拓展的深度和广度上进行了研究：对合作社产权、管理、分配制度以及成员满意度、合作社与政府的关系等进行了深入的分析，形成了一个相对完整的制度解析，对其中涉及的一些具体问题也进行了研究，如合作社产权制度的形成机理、成员生产资料的差异对异质性（或同质性）的影响、内部治理机构建立与机制完善对合作社内机会主义行为的约束、治理机制不同的实现形式及其影响、分配制度的完善、社员与合作社的相互依存关系等，但依然存在不足。由于当前土地产权问题对合作社发展的影响越来越大，土地制度改革势在必行，而本研究没有对这一问题进行深入的分析；当前农产品供应链管理环境对合作社的影响日益显著，对合作社融入供应链管理的问题，如融入供应链后合作社与其他利益相关者的关系和博弈等问题还需要进一步深入研究。此外，本研究虽然构建了一个合作社制度分析的理论框架，但理论的挖掘深度还有待提高，因此，在今后的科研工作中还需要认真研究上述问题，不断开拓进取。

最后，中国农民专业合作社的实践发展日新月异，我们在对合作社进行问卷调查的实地走访中，深切感受到理论研究相对丰富多彩的合作社实践有严重滞后的现象，当然许多研究者正在为缩小这种差距做不懈的努力，许多优秀成果不断涌现。可以相信，在世界蓬勃发展的合作社理论研究和具体实践的今天，具有中国特色的农民合作社理论研究与实践将为世界合作社运动及合作社理论研究增添新的内涵、开拓新的领域、拓展新的前景和书写新的篇章。

附录

附录1 农民专业合作社社长
（理事长）调查问卷

一、被调查合作社的成立和登记情况

1. 合作社成立时间：_____年_____月；主要经营产品_____。

2. 合作社工商注册登记情况：

A. 注册登记时间：_____注册资金：_____万元。

B. 成员总出资额：_____万元；其中，第一大出资成员占总出资的比重为_____%；农民成员占总出资额的比重为_____%。

3. 现有合作社社员总数：_____名，其中从事农业一线生产的农民成员_____名，所占比例_____%；企业、事业单位或社会团体成员_____名，所占比例_____%。

4. 合作社社员主要来自：（在选项后打√，下面的选择也是一样的填写）

①同一个村（　　）　　②跨村（　　）　　③跨乡（镇）（　　）

④跨县（　　）

5. 合作社社员之间经营规模差异程度如何？

①不大（　　）　　②比较大（　　）　　③很大（　　）

6. 合作社主要是依托下列哪一类组织建立起来的？（单选，在选项后打√）

①生产大户（　　）　　②贩销大户（　　）　　③龙头企业（　　）

④供销社（　　）　　⑤农技部门（　　）　　⑥其他组织（　　）

7. 成立合作社的主要目是？（可多选）

①解决农资采购问题（　　）　　②解决生产技术问题（　　）

③解决产品销售问题（　　）　　④解决产品保鲜问题（　　）

⑤解决产品加工问题（　　）　　⑥其他（　　）

8. 合作社是哪级示范合作社？（填最高一级）

①国家级（　　）　　②省级（　　）　　③市级（　　）

④县级（　　）　　⑤其他（　　）

二、被调查的合作社的组织和管理情况（在选项后打√，下面的选择也是一样的填写）

1. 是否成立相关机构？

①理事会（　　）　　②监事会（　　）　　③社员（代表）大会（　　）

④没有（　　）

2. 社员大会、理事会和监事会实行哪一种表决方式？

①一人一票（　　）　　②一股一票（　　）

③一人一票，出资和交易量大的成员有附加表决权，但不超过总投票数的20％。（　　）

3. 社员代表大会今年开了_____次。

4. 理事会会议今年开了_____次。

5. 监事会会议今年开了_____次。

6. 每次会议是否有会议记录？

①没有记录（　　）②有时有记录（　　）③每次都有记录（　　）

7. 是否有社员交易记录？

①有（　　）　　②没有（　　）

8. 是否有财务管理规章制度？

①有（　　）　　②没有（　　）

9. 会计资料是否完整？

①是（　　）　　②否（　　）

10. 是否向全体社员公开过财务和运营情况？

①是 （ ）　　②否 （ ）

11. 自合作社成立之后有没有更换过社长及理事会成员？

①有 （ ）②没有 （ ）

12. 假如因为经营不善或其他原因，部分社员希望更换合作社社长，贵社是否有规定明确的更换程序？

①有 （ ）　　②没有 （ ）

三、被调查合作社的生产经营情况（在选项后打√）

1. 合作社主要提供哪些服务？（可多选）

①供种供苗服务 （ ）　　②农资采购服务 （ ）

③技术与培训服务 （ ）④生产包装服务 （ ）

⑤产品销售服务 （ ）　　⑥产品加工服务 （ ）

⑦其他服务 （ ）

2. 是否有专职工作人员？

①有＿＿＿＿名　　②没有 （ ）

3. 是否有合作社自己的专门办公场所？

①有 （ ）　　②没有 （ ）

4. 是否有合作社自己的注册商标？

①有 （ ）　　②没有 （ ）

5. 是否有专门为社员服务的设施（如冷库等)？

①有 （ ）　　②没有 （ ）

6. 是否有合作社自己的名牌产品？

①国家级名牌 （ ）　　②省级名牌 （ ）　　③地级市名牌 （ ）

④没有 （ ）

7. 是否有合作社产品获得相关绿色认证？

①无公害 （ ）　　②绿色食品 （ ）　　③有机食品 （ ）

④没有 （ ）

8. 有没有合作社自己的核心示范校区？

①有 （ ）　　②没有 （ ）

9. 有否合作社自己的网站？

①有（　　）　②没有（　　）

10. 合作社主要通过何种渠道销售产品？

①直接销售给批发市场（　　）　②直接销售给超市（　　）

③通过外地客商上门收购（　　）　④直接销售给消费者（　　）

⑤直接销售给龙头企业（　　）　⑥其他（　　）

11. 合作社以什么方式帮助销售社员产品的？

①提供客户信息，社员自销（　　）

②代理销售，收取一定的手续费（　　）

③通过合同收购销售（　　）　④其他形式（　　）

四、被调查合作社社员的入退社制度与分配制度

1. 合作社自成立以后，有没有发生过社员退社的情况？

①退社＿＿＿＿＿名　②没有（　　）

如果有，社员退社的主要原因是：

看到合作社好处不大，自己要求退社（　　）

由于违反合作社规定，被开除（　　）

成员死亡（　　）

成员迁移（　　）

2. 合作社自成立以来，有否吸收新的社员？

①新吸收了＿＿＿＿＿名　②没有（　　）

→如果有，社员新入社的原因是：

①看到合作社有好处，社员主动要求入社（　　）

②通过动员入社（　　）

3. 对想入社的人员是否有相关条件要求？

①有要求（　　）　②没有要求（　　）

4. 社员退社或入社决定是由谁说了算？

①社员代表大会（　　）　②理事会决定（　　）　③社长决定（　　）

5. 合作社近年来有没有过盈余？①有（　　）　②没有（　　）

→如果有盈余，如何分配的？

①按股分配的比例占_____%

②按交易量返回的比例占_____%

③合作社的积累比例占_____%

五、被调查合作社的资金借贷及资金来源情况

1. 您所在合作社运行过程中有资金借贷需求吗？

①有（　）　②没有（　）

2. 如果有资金借贷需求，借贷资金主要用于哪些方面？

①用于购买生产资料等流动资金投入（　）

②用于购买设施等固定资产投入（　）

3. 如果发生过资金借贷，主要是通过何种渠道借贷资金的？

①民间借贷（　）　②信用社借贷（　）　③商业银行借贷（　）

④其他渠道（　）

4. 从商业银行或信用社获得贷款困难吗？

①不困难（　）　②比较困难（　）　③很困难（　）

六、被调查合作社发展的总体情况及发展制约因素

1. 合作社成立一年与最近发展情况的比较：

发展情况	成立第一年情况	到今年年底情况
合作社拥有资产总数（万元）		
合作社社员人数（人）		
合作社年经营总收入（万元）		
合作社年经营纯盈余（万元）		
合作社按交易额返还社员总金额（万元）		
合作社按股分红的总金额（万元）		
社员比非社员年均增收约（万元）		
带动当地农户数（户）		
统一供种供苗比例（%）		
统一采购农业投入品的比例（%）		
统一标准化生产的比例（%）		
同一品牌和包装销售的比例（%）		
社员统一进行技术培训的次数		

2. 您认为目前影响您合作社进一步发展的主要因素有哪些？影响程度如何？（请在选中处打"√"）

影响因素	影响程度				
	没有影响	有点影响	较大影响	影响大	影响很大
社长的素质					
核心成员的素质与能力					
一般社员的素质与能力					
社员的经营规模太小					
生产技术方面					
用地方面					
资金方面					
服务社员的基础设施方面					
产品销售渠道方面					
产品品牌建设方面					
当地产业基础条件					
当地农业基础设施条件					
市场同行竞争程度					
当地政府的支持力度					
与当地政府的关系					
与相关部门（如供销社）关系					
与当地村组织的关系					
当地农民的思想认识					

3. 您认为本地合作社将来有必要联合起来吗？
　　①有必要（　　）　　②没有必要（　　）

4. 您对目前自己合作社发展情况的满意程度如何？（请在选中处打"√"）

合作社发展情况	满意程度评价				
为社员服务方面	很不满意	不满意	基本满意	满意	很满意
社员的凝聚力方面					
产品的市场知名度方面					
提高社员收入方面					
合作社自身盈利能力方面					
带动当地产业发展方面					
在当地的社会影响力方面					
对合作社发展的总体评价					

5. 您对自己合作社未来发展前景的看法如何？

①很不看好（　）　②不太看好（　）　③很难预料（　）

④看好（　）　⑤很看好（　）

七、对《农民专业合作社法》的评价和政府的希望

1. 您知道中国 2007 年 7 月 1 日正式施行的《农民专业合作社法》内容吗？

①不知道（　）　②有点知道（　）　③知道（　）

→如果知道，您觉得这部法律对促进合作社发展的作用如何？

①没有作用（　）　②有点作用（　）　③较大作用（　）

④很大作用（　）

2. 您所在的合作社有没有获得过政府的相关支持？

①有（　）　②没有（　）

→如果有，是哪些方面的支持？（可多选）

①办社指导方面（　）　②资金借贷方面（　）

③技术培训方面（　）　④产品促销方面（　）

⑤品牌建设方面（　）　⑥设施投入方面（　）

⑦其他方面 ＿＿＿＿＿＿

3. 您认为政府应该在那些方面对合作社有更大的支持？（可多选）

①办社指导方面（　）　②资金借贷方面（　）

③技术培训方面（　）　　④产品促销方面（　）

⑤品牌建设方面（　）　　⑥设施投入方面（　）

⑦其他方面_____

八、被调查合作社社长的基本情况

1. 文化程度：

　　①小学以下（　）　　②小学（　）

　　③初中（　）　　④高中（　）　　⑤高中以上（　）

2. 性别为：①男（　）　　②女（　）　　年龄为：_____岁

3. 担任社长以前的身份为：

　　①生产大户（　）　　②销售大户（　）　　③企业负责人（　）

　　④农技人员（　）

　　⑤村干部（　）　　⑥乡镇干部（　）　　⑦其他人员（　）

4. 政治身份为：①中共党员（　）　　②非中共党员（　）

　　被调查合作社名称：_____

　　联系电话：_____

附录2 农民专业合作社社员调查问卷

一、被调查社员的基本情况：（选择题，请在选中答案后的括号内打"√"）

    1. 年龄：_____岁 性别：①男（　　）　②女（　　）

    2. 文化程度：①小学以下（　　）　②小学（　　）　③初中（　　）

                ④高中（　　）　⑤高中以上（　　）

    3. 您家的收入水平在当地属于以下那种情况？

        ①很低（　　）　②比较低（　　）　③中等水平（　　）

        ④比较高（　　）　⑤很高（　　）

    4. 您家通过种植（或养殖）合作社经营的产品收入占您家年收入的比例大约为：_____%

    5. 您家种植（或养殖）规模在当地属于以下哪种情况？

        ①很小（　　）　②比较小（　　）　③中等水平（　　）

        ④比较大（　　）　⑤很大（　　）

    6. 您是否知道合作社运作方面的知识？

        ①不了解（　　）　②有点了解（　　）．③基本了解（　　）

        ④了解（　　）　⑤很了解（　　）

    7. 您是否了解中国在2007年7月正式实施的《农民专业合作社法》？

        ①不了解（　　）　②有点了解（　　）　③基本了解（　　）

        ④了解（　　）　⑤很了解（　　）

二、社员对农民专业合作社的看法：（选择题，请在选中答案后的括号内打"√"）

1. 您家参加合作社的名称：_____。

2. 您家加入合作社有几年了？_____ 年。

3. 加入合作社时，您家缴股金了吗？①没有（　　）　②有（　　）
　→如果缴了股金的话，股金为：_____ 元，约占了总股金的 ____ %

4. 您家是通过什么途径参加的？（单选）
　　①合作社动员（　　）　②政府动员（　　）
　　③看到了好处，自己要求参加（　　）　④其他途径（　　）

5. 您家目前在合作社的身份是：
　　①普通社员（　　）　②核心社员（　　）

6. 您家参加的合作社主要是由谁发起建立的？（单选）
　　①生产大户（　　）　②贩销大户（　　）　③龙头企业（　　）
　　④供销社（　　）　⑤农技部门（　　）　⑥其他组织（　　）

7. 是否任何人想参加就可参加您所在的合作社？
　　①是（　　）　②否（　　）

8. 您家所在合作社社员主要来自：
　　①本村（　　）　②邻近村（　　）　③其他村（　　）

9. 您熟悉本社社员的程度如何？
　　①熟悉全部社员（　　）　②熟悉部分成员（　　）
　　③熟悉很少成员（　　）

10. 您与本社社长的熟悉程度如何？
　　①不熟悉（　　）　②比较熟悉（　　）　③很熟悉（　　）

11. 社员退社或入社决定由谁说了算？（单选）
　　①社员代表大会（　　）　②理事会决定（　　）　③理事会（　　）

12. 您家所在合作社里的事情由谁说了算？（单选）
　　①社员大会（　　）　②社长或理事会（　　）　③理事会（　　）

13. 如果您家对所在合作社发展不满意，您家会通过何种方式表达自己的意见？（单选）
　　①通过社员大表大会（　　）　②通过理事会（　　）

③直接向理事会或理事长提出 （　　）

④威胁推出合作社 （　　）　　⑤不提意见，随它去 （　　）

14. 您对自己合作社未来发展情况前景的看法如何？（单选）

①很不看好 （　　）　　②不太看好 （　　）　　③很难预料 （　　）

④看好 （　　）　　⑤很看好 （　　）

15. 您认为本地合作社将来有必要联合起来吗？

①有必要 （　　）　　②没有必要 （　　）

16. 您家是出于哪些方面的考虑参加合作社的？　（请在选中处打"√"）

影响您家参加合作社的因素	同意程度				
	不同意	有点同意	比较同意	同意	很同意
能得到种子和种苗服务					
能得到技术和培训服务					
能得到农资供应服务					
能方便产品销售					
能让产品卖个好价格					
能得到产品保鲜、储存与加工					
能得到融资服务					
能按交易量（额）返利					
能得到按股份分红					

17. 加入合作社后，您家从合作社得到了哪些好处？满意程度如何？（请在选中处打"√"）

您家从合作社得到了下列哪些好处？	有否得到	满意程度				
		很不满意	不满意	基本满意	满意	很满意
种子和种苗服务	有（　）否（　）					
技术和培训服务	有（　）否（　）					
农资供应服务	有（　）否（　）					
方便产品销售	有（　）否（　）					

续表

产品卖个好价格	有（　）否（　）					
产品保鲜、储存与加工	有（　）否（　）					
融资服务	有（　）否（　）					
按交易量（额）返利	有（　）否（　）					
按股分红	有（　）否（　）					

18. 参与合作社之后，您家在产品生产与销售方面与没有参加合作社前相比有了哪些变化？

项目	参加合作社前后的变化
平均产量有没有提高？	①没有提高（　）　②有提高→提高了约 _____ ％
生产产量是否稳定了？	①没有稳定（　）　②有所稳定（　）　③明显稳定了（　）
产品质量是否提高了？	①没有提高（　）　②有所提高（　）　③有明显提高（　）
平均生产成本是否降低？	①没有降低（　）　②有降低→降低了约 _____ ％
平均销售价格是否提高？	①没有（　）　②有→提高了约 _____ ％
平均销售价格是否稳定了？	①没有稳定（　）　②有所稳定　③明显稳定了
收入j否提高了？	①没有（　）　②有→提高了 _____ ％

19. 您家对目前自己合作社发展情况的满意程度如何？（请在选中处打"√"）

合作社发展情况	满意度评价				
	很不满意	不满意	基本满意	满意	很满意
为社员服务方面					
社员的凝聚力方面					
产品的市场知名度方面					
提高社员收入方面					
合作社自身盈利能力方面					
带动当地产业发展方面					
在当地的社会影响力方面					
对合作社发展的总体评价					

参考文献

主要中文文献：

1. ［英］A. J. 雷纳、［美］D. 科尔曼：《农业经济学前沿问题》，唐忠等译，中国税务出版社 2000 年版。

2. ［美］阿道夫·A. 伯利、［美］加德纳·C. 米恩斯：《现代公司与私有财产》，甘华鸣等译，商务印书馆出版 2005 年版。

3. ［美］巴林顿·莫尔：《民主和专制的社会起源》，华夏出版社 1987 年版。

4. ［美］布洛姆：《农业经济译丛》，农业出版社年 1979 版。

5. ［美］查尔斯·莫瑞克兹：《合作社结构与功能》（中译本），成都科技大学出版社 1999 版。

6. 蔡纺：《合作与不合作的政治经济学——发展阶段与农民社区组织》，《中国农村观察》1999 年第 5 期。

7. 池泽新：《关于农业中介组织若干问题的探讨》，《农业经济问题》2004 年第 5 期。

8. 崔宝玉、李晓明：《资本控制下的合作社功能与运行的实证分析》，《农业经济问题》2008 年第 1 期。

9. 丁为民：《西方合作社的制度分析》，经济管理出版社 1998 年版。

10. 丁泽霁：《农业经济学基本理论探索》，中国农业出版社 2002 年版。

11. 杜吟棠：《合作社：农业中的现代企业制度》，江西人民出版社

2002 年版。

12. 迪屈奇:《交易成本经济学——关于公司的新的经济意义》,经济科学出版社 1999 年版。

13. 杜润生:《中国农村体制变革重大决策纪实》,人民出版社 2005 年版。

14. 杜吟棠、潘劲:《我国新型农民合作社的雏形—京郊专业合作组织案例调查及理论探讨》,《管理世界》2000 年第 1 期。

15. 党国英、张晓山:《丹麦的农村合作社》,《农村经营管理》2003 年第 4 期。

16. 段利民、霍学喜:《我国农民专业合作社国内研究文献综述》,《技术经济与管理研究》2012 年第 3 期。

17. 樊亢、戎殿新:《美国农业社会化服务体系——兼论农业合作社》,经济日报出版社 1994 年版。

18. 冯开文:《借鉴与反思——日本农协近况及其对中国农村合作经济发展的启示》,《农业经营管理》2003 年第 6 期。

19. 冯开文:《论中国农业合作制度变迁的格局与方向》,《中国农村观察》1999 年第 3 期。

20. 管爱国、符纯华:《现代世界合作社经济》,中国农业出版社 2000 年版。

21. 国鲁来:《合作社制度及专业协会实践的制度经济学分析》,《中国农村观察》2000 年第 8 期。

22. 国鲁来:《合作社制度及专业协会实践的制度经济学》,《中国农村经济》2001 年第 4 期。

23. 国家发改委经济体制综合改革司考察团:《西班牙蒙德拉贡合作社的经验与启示》,《经济研究参考》2006 年第 88 期。

24. 郭铁民、林善浪:《合作经济发展史》(上、下),当代中国出版社 1998 年版。

25. 郭红东:《当前我国政府扶持农村专业合作经济组织发展的行为

选择》,《农村合作经济经营管理》2002 年第 5 期。

26. 郭红东:《中国农民专业合作社发展——理论与实证研究》,浙江大学出版社,2011 年版。

27. 郭晓鸣、廖祖君:《公司领办型合作社的形成机理与制度特征——以四川省邛崃市金利猪业合作社为例》,《中国农村观察》2010 年第 5 期。

28. 郭富青:《西方国家合作社公司化趋向与我国农民专业合作社法的回应》,《农业经济问题》2007 年 6 期

29. [新西兰]霍利约克:《罗虚戴尔先驱公平社概史》,彭师勤译,全国合作社物品供销处 1941 年版

30. 顾钰民:《马克思主义制度经济学》,上海财经大学博士论文,2000 年。

31. 洪远朋:《合作经济的理论与实践》,复旦大学出版社 1996 年版。

32. 黄少安:《产权经济学导论》,经济科学出版社 2004 年版。

33. 黄明:《公司制度分析——从产权结构和代理关系两方面的考察》,中国财政经济出版社 1997 年版。

34. 黄祖辉:《农民合作:必然性,变革态势与启示》,《中国农村经济》2000 年第 8 期。

35. 黄祖辉、徐旭初:《基于能力和关系的合作治理——对浙江省农民专业合作社治理结构的解释》,《浙江社会科学》2006 年第 1 期。

36. 黄祖辉:《中国农民合作组织发展的若干理论与实践问题》,《中国农村经济》2008 年第 10 期。

37. 何安华、邵锋、孔祥智:《资源禀赋差异与合作利益分配——辽宁省 HS 农民专业合作社案例分析》,《江淮论坛》2012 年第 1 期。

38. 何安华、孔祥智:《农民专业合作社对成员服务供需对接的结构性失衡问题研究》,《农村经济》,2011 年第 8 期。

39. 胡鞍钢、吴群刚:《农业企业化:中国农村现代化的重要途径》,《农业经济问题》2001 年第 1 期。

40．全志辉、温铁军：《资本和部门下乡与小农户经济的组织化道路——兼对专业合作社道路提出质疑》，《开放时代》2009年第4期。

41．〔英〕科斯、〔美〕阿尔钦、〔美〕诺思等：《财产权利与制度变迁——产权学派与新制度学派译文集》，上海三联书店1999年版。

42．〔英〕科斯等：《财产权利与制度变迁》，上海人民出版社1994年版。

43．孔祥俊：《中国集体企业制度创新——公司制·合作制·股份合作制》，方正出版社1996年版。

44．孔祥智、蒋忱忱：《成员异质性对合作社治理机制的影响分析——以四川省井研县联合水果合作社为例》，《农村经济》2010年第9期。

45．孔祥智、史冰清：《当前农民专业合作组织的运行机制、基本作用及影响因素分析》，《农村经济》2009年第1期。

46．林毅夫：《再论制度、技术与中国农业发展》，北京大学出版社2003年版。

47．李维安：《公司治理学》，高等教育出版社2005年版。

48．〔美〕罗伊·普罗斯特曼：《中国农业的规模经营政策适当吗?》，《中国农村观察》1996年第6期。

49．刘振邦主编：《主要资本主义国家合作社章程与法律汇编》，中国社会科学院《中国农村经济》杂志社1987年版。

50．刘运梓：《比较农业经济概论》，《中国农业出版社》2006年第11期。

51．刘淑枝：《福建农民专业合作社运营绩效评价研究》，福建农林大学硕士论文，2012年。

52．李惠安等：《99农村专业合作经济组织国际研讨会文集》，中国农业科技出版社2000年版。

53．李玉勤：《"农民专业合作组织发展与制度建设研讨会"综述》，《农业经济问题》2008年第2期。

54．林广瑞、于玲：《生产社会化、产权社会化及二者的并行演进》，

《学术交流》2005 年第 9 期。

55. 林坚、土宁：《公平与效率：合作社组织的思想宗旨及其制度安排》，《农业经济问题》2002 年第 9 期。

56. 廖运凤：《对合作制若干理论问题的思考》，《中国农村经济》2004 年第 5 期。

57.《资本论》第 1—3 卷，人民出版社 1975 年版。

58. [美] 马歇尔：《经济学原理》，商务印书馆 1981 年版。

59. 马丽岩：《河北省农民专业合作社利益分配问题研究》，河北农业大学硕士论文，2008 年。

60. 米鸿才：《合作社发展简史》，中共中央党校出版社 1988 年版。

61. 米新丽：《论农民专业合作社的盈余分配制度——兼评我国《农民专业合作社法》相关规定》，《法律科学（西北政法大学学报）》2008 年第 6 期。

62. 慕永太：《合作社理论与实践》，中国农业出版社 2001 年版。

63. [美] 诺斯：《制度，制度变迁与经济绩效》，三联书店 1991 年版。

64. 牛若峰：《当代农业产业一体化经营》，江西人民出版社 2002 年版。

65. 牛若峰：《论合作制的演进与发展—纪念罗虚戴尔先锋公平社诞生 160 周年》，牛若峰工作室通讯，2004 第 12 号（总第 48 号）。

66. 欧阳仁根：《试论我国合作社经济法律体系的构建》，《中国农村经济》2003 年第 2 期。

67. 欧阳仁根：《论我国反垄断立法中的合作社豁免问题》，《财贸研究》2005 年第 2 期。

68. 潘劲：《流通领域农民专业合作组织发展研究》，《农业经济问题》2001 年第 11 期。

69. 潘劲：《中国农民专业合作社：数据背后的解读》，《中国农村观察》2011 年 6 期。

70．［苏］恰亚诺夫：《农民经济组织》，中央编译出版社 1996 年版。

71．任大鹏、张颖、黄杰：《合作社的真伪之辨》，《农村经营管理》2009 年第 7 期。

72．任大鹏、郭海霞：《多主体干预下的合作社发展态势》，《农村经营管理》2009 年第 3 期。

73．［日］速水佑次郎等著：《农业发展的国际分析》，郭熙保等译，中国社会科学出版社 1996 年版。

74．邵科、徐旭初：《成员异质性对农民专业合作社治理结构的影响——基于浙江省 88 家合作社的分析》，《西北农林科技大学学报（社会科学版）》2008 年第 2 期。

75．孙亚范、王凯：《农民生产服务合作社的发展和运行机制分析——基于江苏省的调查》，《农业经济问题》2010 年第 10 期。

76．孙亚范：《农民专业合作社利益机制、成员合作行为与组织绩效研究》，南京农业大学博士论文 2011 年。

77．孙亚范：《农民专业合作社运行机制与产权结构：江苏 205 个样本》，《改革》2011 年第 11 期。

78．王树桐、戎殿新：《世界合作运行史》，山东大学出版社 1996 年版。

79．吴易风：《马克思的产权理论与国有企业改革》，《中国社会科学》1995 年第 1 期。

80．吴宣恭等：《产权理论与比较——马克思主义与西方现代产权学派》，经济科学出版社 2000 年版。

81．吴振球：《马克思产权理论与西方产权理论：关于方法论的比较》，《兰州商学院学报》2007 年第 4 期。

82．王东光：《德国工商业与经济合作社法》，《商事法论集》2007 年第 12 期。

83．王东泰：《诸城市农民专业合作经济组织发展的政府支持研究》，中国海洋大学硕士论文 2010 年。

84. 王洪春：《中外合作制度比较研究》，合肥工业大学出版社 2007 年版。

85. 王军：《公司领办的合作社中公司与农户的关系研究》，《中国农村观察》2009 年第 4 期。

86. 温铁军：《部门和资本"下乡"与农民专业合作经济组织的发展》，《经济理论与经济管理》2009 年第 7 期。

87. 温铁军：《综介性合作经济组织是一种发展趋势》，《中国合作经济》2011 年第 11 期。

88. 吴志雄：《对农产品合作社一些问题的思考》，《中国农村经济》2004 年第 11 期。

89. 徐旭初：《中国农民专业合作经济组织的制度分析》，经济科学出版社 2005 年版。

90. 徐旭初：《农民专业合作：基于组织能力的产权安排——对浙江省农民专业合作社产权安排的一种解释》，《浙江学刊》2006 年第 5 期。

91. 徐旭初：《农民专业合作社发展辨析：一个基于国内文献的讨论》，《中国农村观察》2012 年第 9 期。

92. 徐旭初、吴彬：《治理机制对农民专业合作社绩效的影响——基于浙江省 526 家农民专业合作社的实证分析》，《中国农村经济》2010 年第 5 期。

93. 夏英：《我国农民专业合作经济组织发展中的政府行为与相关政策法规》，《农村经营管理》2008 年第 10 期。

94. 夏冬泓、杨杰：《合作社收益及其归属新探》，《农业经济问题》2010 年第 4 期。

95. ［英］亚当·斯密：《国民财富的性质和原因的研究》，商务印书馆 1972 年版。

96. 杨小凯、黄有光：《专业化与经济组织一种新兴古典微观经济学框架》，经济科学出版社 1999 年版。

97. 杨团：《借鉴台湾农会经验建设大陆综介农协》，《社会科学》

2009 年第 10 期。

　　98．杨永磊、高毅：《国外促进合作社发展法律制度比较研究》，《甘肃农业》2009 年第 11 期。

　　99．叶正茂，洪远朋：《共享利益与股份合作制的产权界定》，《学术月刊》2002 年第 4 期。

　　100．叶永涛：《我国农民专业合作社盈余分配制度研究》，硕士论文，天津师范大学，2010 年。

　　101．苑鹏：《中国农村市场化进程中的农民合作组织研究》，《中国社会科学》2001 年第 6 期。

　　102．苑鹏：《部分西方发达国家政府与合作社关系的历史演变及其对中国的启示》，《中国农村经济》2009 年第 8 期。

　　103．应瑞瑶：《合作社的异化与异化的合作社——兼论中国农业合作社的定位》，《江海学刊》2002 年第 6 期。

　　104．应瑞瑶：《论农业合作社的演进趋势和现代农业合作社的制度内核》，《南京社会科学》2004 年第 1 期。

　　105．张彤玉：《社会资本论——产业资本社会化发展研究》，山东人民出版社 1999 年版。

　　106．张卫东：《政府财政支持农民专业合作社发展研究——以郑州市为例》，硕士论文，河南农业大学硕士论文，2009 年。

　　107．张晓山：《合作社的基本原则与中国农村的实践》，《农村合作经济经营管理》1999 年第 6 期。

　　108．张晓山：《促进以农产品生产专业户为主体的合作社的发展——以浙江省农民专业合作社的发展为例》，《中国农村经济》2004 年第 10 期。

　　109．张晓山：《农民专业合作社的发展趋势探析》，《管理世界》2009 年第 5 期。

　　110．张晓山、苑鹏：《合作经济理论与中国农民合作社的实践》，首都经济贸易大学出版社 2009 年版。

111. 张晓山等：《联接农户与市场：中国农民中介组织探究》，中国社会科学出版社 2002 年版。

112. 张晓山：《德国农业合作社的几个特点及对我们的启示》，《农村合作经济经营管理（上，下）》1997 第 5—6 期。

113. 张满林：《我国农民专业合作社治理问题研究》，《渤海大学学报（哲学社会科学版）》2010 年第 5 期。

114. 张银杰：《马克思主义企业理论与西方新制度学派企业理论的比较》，经济科学出版社 1999 年版。

115. 朱道华：《外国农业经济》，中国农业出版社 1998 年版。

116. 朱乐尧、周淑景：《回归农业：中国经济超越工业化发展模式的现实选择》（上、下），中央编译出版社年 2005 版。

117. ［美］詹农斯·朱哈斯：《合作社原则与合作社的经营活动》，转引自李惠安主编；《99 农村专业合作经济组织国际研讨会文集》，中国农业出版社 2000 年版。

118. 曾明星、杨宗锦：《农民专业合作社最优内部交易价格模型与应用研究》，《开发研究》2010 年第 6 期。

119. 章政：《现代日本农协》，中国农业出版社 1998 年版。

120. 赵佳荣；《农民专业合作社：绩效及组织、环境改进》，博士论文，湖南农业大学博士论文，2009 年。

121. 赵泉民：《"经纪"体制与政府强制性制度变迁绩效——20 世纪前半期中国乡村社会权力格局对合作社影响分析》，《江海学刊》2009 第 2 期。

122. 周春芳、包宗顺：《农民专业合作社产权结构实证研究——以江苏省为例》，《西北农林科技大学学报（社会科学版）》2010 年第 10 期。

123. 周应恒、王爱芝：《我国农民专业合作社股份化成因分析——基于企业家人力资本稀缺性视角》，《经济体制改革》2011 年第 5 期。

124. 中国社会科学院农村发展研究所组织与制度研究室；《大变革中的乡土中国——农村组织与制度变迁问题研究》，社会科学文献出版社

1999 年版。

主要外文文献：

1. A. Baker，Orlen Grunewald，William D. Gorman，"Introduction to Food and Agribusiness Management"，*pearson education asia limited and tsinghua university press*，2005.

2. Alback，S. C. Schultz，"On the Relative Advantage of Cooperatives"，*Economic Letters*，1998，59，pp. 397-401.

3. Alback，S. C. Schultz，"One cow? One vote?"，*Scandinavian Journal of Economics*，1997 (4)，pp. 597-615.

4. Alchian，A. A. and Demsetz，H. Production，"information costs，and economic organization"，*American Economic Review*，1972，pp. 777-795.

5. Barton. D. G，"Agricultural cooperatives：An American Economic and Management perspective"，*presented at International symposium on Institutional Arrangements and Legislative Issues of Farmer Cooperatives*，Taizhou，zhejiang，PR china，2004.

6. Banerjee，A. D. D. Mookherjee，K. Munshi，D. Ray，"Inequality，Control Rights，and Rent Seeking：Sugar Cooperatives in Maharashtra"，*Iournal of Political Economy*，109，2001，pp. 138-190.

7. Birchall，Johston，"What Motivates Members to Participate in Co-operative and Mutual Business?"，*Annals of Public and Cooperative Economics* 75，2004.

8. Borgen，Svein. Ole，"Identification as a trust-generating mechanism in cooperative"，*Annals of Public and Cooperative Economics* 72，2001，pp. 209-228.

9. Bourgeon. J. M，R. G. Chambers，"Producer Organizations，Bargaining，and Asymmetric Information"，*American Journal of Agricultural Economics*，1999，81 (3)，pp. 602-609.

10. "brenda stefanson, murray fulton", New Generation Co—operatives Responding to Changes in Agriculture, Centref or the Study of Cooperatives University of Sask at Chewan, 1997.

11. Chadddad, Fabio R. and Cook, Michael, L. "Understanding new cooperative models: an ownership-control rights typology", *Review of Agrichltural Economics*, Vol. 26, 2004. pp. 348-360.

12. Choi. E. K, E. Fernerman, "Producer Cooperatives, Input Pricing and Land Allocation", *Journal of Agricultural Economics*, 1993, 44 (2): pp. 230-244.

13. Condon, Andrew M, "The Methodology and Requirements of a Theory of Cooperative Enterprise", In Cooperative Theory: New Approaches (Agricultural Cooperative Service Report #18), ed. Jeffrey S. Royer, 1-32 Washington, DC, USDA, 1987.

14. Cook, Michael L, "Redesigning cooperative boundaries: The emergence of new models", *American J. Agr. Econ.* 86, 2004 (11), pp. 1249-1253.

15. Cook, Michael. L. "The Future of U. S. Agricultural Cooperatives: A Neo-institutional Approach", *American Journal of Agricultural Economics*, 1995, 77, pp. 1153-1159.

16. David Chesnick, *Financial Profile of the 100 Largest Agricultural Cooperatives*, 2002, 2001, 2000.

17. Dobrin, Ather, *The role of agrarian cooperatives in the development of Kenya*, *Studies in Cooperative International Development*, 1966, pp. 107-133.

18. Duncan Hilchey New Generation Cooperatives — Adding Value and Profits, *Small farm Quarterly*, October 25, 2004.

19. Eilers C., C. H. Hanf, *Contracts Between Farmers and Farmers Processing Cooperatives: A Principal-agent Approach for the Potato Starch*

Industry.

20. Emelianoff，I. V. *Economic Theory of Cooperation*，*Publisher*：*Ann Arbor*，*Edward Brothers*，1942.

21. Enke S.，"Consumer Cooperatives and Economic Efficiency"，*American Economic Review*，1945，35（1），pp. 148-155.

22. Etherton，Sarah Stevenson，"Factors associated with worker assessment of the costs and benefits of labor-management cooperation"，*West Virginia University*，1993.

23. "Fabior Chaddad Financial Constrainis in U. S. Agricultural Cooperativestheory and Panel Data Econometric Evidence"，*Columbia University*，2001.

24. Feinerman. E. M. Falkovitz，"An Agricultural Multipurpose Service Cooperative：Pareto Optimality，Price-tax Solution，Stability"，*Journal of Comparative Economics*，1991，15，pp. 95-114.

25. Fulton，M. E.，"the Future of Canadian Agricultural Cooperatives：a Property Rights Approach"，*American Journal of Agricultural Economics*，1995，77（12），pp. 1144-1152.

26. Fulton，M. E.，K. Giannakas，"Organizational Commitment in a Mixed Oligopoly：Agricultural Cooperatives and Investor-owned Firms"，*American Journal of Agricultural Economics*，2000，83（5）：pp. 1258-1265.

27. Fulton，M.，J. Vercammen，"The Distributional Impact of Non-uniform Pricing Schemes for Cooperatives"，*Journal of Co-operatives*，1995，10，pp. 18-32.

28. Harris，Andrea，Brenda Stefanson，Murray Fulton，"New Generation Cooperatives and Cooperative Theory"，*Journal of Cooperatives*，1996（11），pp. 15-27.

29. Helmberger. P. G，S. Hoos，"Cooperative Enterprise and Organi-

zation Theory", *Journal of Farm Economics*, 1962, 44, pp. 275-290.

30. Helmberger. P. G, S. Hoos, "Cooperative Bargaining in Agriculture", *University of California*, *Division of Agricultural Services*, 1965.

31. Hendrikse. G. W. J, C. P. Veerman, "Marketing Cooperatives: An Incomplete Contracting Perspective", *Journal of Agricultural Economics*, 2001, 52 (1), pp. 53-64.

32. Hendrikse. G. W. J, C. P. Veerman, "Marketing Cooperatives and Financial Structure: ATransaction Costs EconomicsAnalysis", *Agricultural Economics*, 2001, 26 (3), pp. 205-216.

33. Hendrikse. G. W. J, Screening, "Competition and the Choice of the Cooperative as an Organizational Form", *Journal of Agricultural Economics*, 1998, 49 (2), pp. 202-217.

34. Hendrikse. G. W. J, J. Bijman, "Ownership Structure in Agrifood Chains. the Marketing Cooperative", *American Journal of Agriculture Economics*, 2002, 84 (1), pp. 104-119.

35. "Himawan Hariyoga, An Economic Analysis of Factors Affecting the Failure of an Agricultural Marketing Cooperative: The Bankruptcy of Tri Valley Growers", *University of California*, 2004.

36. " Hubertus Puaha Conalition Development in Theagricultural Marketing System", *Oklahoma State University*, 2002.

37. IIRA, "Questionnaire for Cooperatives or Limited Liability Cooperations", 1999.

38. " Jared Garfield Carlberg, Beef Packer Conduct Alternative Approaches to Price Discovery and Success Factors for New Generation Cooperatives", *Oklahoma State University*, 2002.

39. Jerry R. Benson, "Connected Contradictions: an Exploration of Identity, Translation, and Trust in Employee Participation Practices", *The University of Utah*, December 2003.

40. John M. Staatz, "The Cooperative as a Coalition: A Game-Theoretic Approach", *American Journal of Agricultural Economics* 65 (1983), pp. 1084-1089.

41. Karantinis, K. and A. Zago, "Endogenous Membership in Mixed Duopsonies", *American Journal of Agricultural Economics*, 2001, 83 (5), pp. 1266-1272.

42. Kaarlehto. P, "On the Economic Nature of Cooperation", *Acta Agriculture Scandinavica*, 1956 (6), pp. 243-352.

43. K. Charles Ling, Carolyn Liebrand, "A New Approach To Measuring Dairy Cooperative Performance", *USDA Rural Business-Cooperative Service*, RBS Research Report 166.

44. Kimball, Miles, S, "Farmer' Cooperatives as Behavior Toward Risk", *The American Economic Review*, 1988 (3), pp. 224-232.

45. Kirsten, Johann and Satrorius, Kurt, "Linking agribusiness and small-scale farmer in developing countries: is there a new role for contract farming?", *Development Southern Africa* Vol. 19, 2002 (4).

46. Knoeber, Charles R, Baumer, David. L, "Understanding Retained Patronage Refunds in Agricultural Cooperatives", American Agricultural Economics Association, 1983 (2), pp. 30-37.

47. LeVay. C, "Agricultural Co-operative Theory: A Review", *Journal of Agricultural Economics* 34: pp. 1-44.

48. Marqaret Martin Nicholson, "A Comparison of Work Environments in Participatory and Traditional Management Systems in the Retail Food Industry", *University Microfilms International*, 1985.

49. Michelle Bielik, "Declining farm value share of the food dollar", *New Generation Cooperatives on the Northern Plains*, University of Manitoba, 1999.

50. Neal L. McGregor, "The Contribution of Workplace Democracy to

Organizational Change", *Walden University*, August 2005.

51. Nilsson, Jerker, "Organizational Principles for cooperative firms", *Scandinavian Journal of Management*, 2001 (17): pp. 329-356.

52. Nilsson. J, "The emergence of new organizational models for agricultural cooperatives", *Swedish journal of agricultural Research*, 1999 (28), pp. 39-47.

53. Ollila, Petri, "Farmers' cooperatives as market coordinating institutions", *Annals of Public and Cooperative Economics*, Vol. 65, Issue 1, 1994 (6), p. 81.

54. Phillips. R, "Economic Nature of the Cooperative Association", *Journal of Farm Economics*, 1953, 35, pp. 74-87.

55. Raanan Weitz, from Peasant to Farmer——*A Revolutionary Strategy for Development*, Colombia Press, 1971.

56. Ran Abramitzky "The Limits of Equality: an Economic Analysis of the Israeli Kibbutz", *Northwestern University*, 2005.

57. Randall E. Torgerson, Bruce J. Reynolds and Thomas W. Gray, "*Evolution of Cooperative Thought, Theory and Purpost*, Presentation: Conference on cooperatives: heir Importance in the Future of the Food and Agricultural System", *Food and Agricultural Marketing Consortium*, Las Vegas, NV, 1997, pp. 16-17.

58. Rebelo, Joao, Caldas, Jose, "Teixeira. Manuel, Economic Role, Property Rights, Labor Skills and Technology in the Portuguese Wine Co-operatives", *Annals of Public and Cooperative Economics*, 2002 (1), p. 73.

59. Schaar, "Cooperatives, Principles and practices", *University of Wisconsin Extension, Madison*, 1973.

60. Robotka, F. A. *Theory of Cooperation. In Agricultural Cooperation: Selected Readings*, M. A. Abrahamsen and C. L. Scroggs edited, *Minneapolis*, University of Minnesota Press, 1957. pp. 121-142.

61. Roy, E. P., "Cooperatives: today and Tomorrow", *The Interstate Printers and Publishers*, INC. 1964.

62. Salvatore Di Falco, Melinda Smale, Charles Perrings, " The role of agricultural cooperatives in sustaining the wheat diversity and productivity: the case of southern Italy.", *Environ Resource Econ*, 2008.

63. Sexton, R. J. "Perspectives on the Development of the Economic Theory of Cooperatives", *Canadian Journal of Agricultural Econmics*, 1984, 32, pp. 42-436.

64. Sexton, R. J, "Imperfect Competition in Agricultural Markets and the Role of Cooperatives: A Spatial Analysis," *American Journal of Agricultural Economics*, 1990, 72 (3), pp. 709-720.

65. Shaff, James D, "Thinking About Farmers' Cooperative , Contracts, and Economic Coordination. Cooperative Theory: New Approaches, Jeffrey S. Royer, ed", *USDA*, *ACS Research Report* No. 18, 1987.

66. Spear, Roger, "The co-operative advantage", *Annals of Public and Cooperative Economics*, 2000 (4), pp. 507-532.

67. Srinivasan, R. and Phansalkar. S. j, "Residual claims in co-operatives: design issues", *Annals of Public and Cooperative Economics*, 74, 2003 (3), pp. 365-395.

68. Staatz, John M, "The Cooperative as a Coalition: A Game-theoretic Approach", *American Journal of Agricultural Economics*, 1983, 65, pp. 1084-1089.

69. Steven Jerry Holland, "Investment in a Thin and Uncertain Market: A Dynamic Study of the Formation and Stability of New Generation Cooperatives", *University of Minnesota*, 2004.

70. Taylor. R. A, "The Taxation of Cooperatives: Some Economic Implications", *Canadian Journal of Agricultural Economics* 1971, 19 (2).

71. Ted R. Schnetker, "Allocation of Self-Reward from Continuous Imp-

povement Initiatives: A Hierarchical Regression Analysis of Employee Equity Determinants in A simulated Private Sector Firm", *Capella University*, May 2005.

72. Tennbakk. B, "Marketing Cooperatives in Mixed Duopolies", *Journal of Agricultural Economics*, 1995, 46 (1): pp. 33-45.

73. Thomas P. Schomisch, Edwing G. "Nourse and the Competitive Yardstick School of Thought", *UCC Paper* No. 2, 1979.

74. Thomas C. Dorr, "Hearing on New Generation Cooperatives", *Congress of the United States House of Representatives Committee on Agriculture*, 2003.

75. Tore Fjrtof, Ole Gjems, "A New Legislative Foundation for Cooperatives", *Review of International Cooperation*, Vol. 96 , 2003 (1).

76. Torgerson. R. E , B. Reynolds, T. W. Gray, "Evolution of Cooperative Thought: Theory and Purpose", *Journal of Cooperatives* 1998 (13): pp. 1-20.

77. United States Department of Agriculture Research Report 204, RBS Research Report 199, RBS Research Report 193.

78. United States Department of Agriculture, "The Impact of New Generation Cooperatives on Their Communities", Rural Business - Cooperative Service RBS, Research Report 177, 2001.

79. USDA, "Agricultural Bargaining: In a Competitive World", Rural Development Administration Cooperative Services Service Report 42.

80. USDA, "Agricultural Cooperatives in the 21st Century", Deputy Administrator for Cooperative Services Rural Business-Cooperative Service USDA Rural Development, 2002.

81. USDA, "Agricultural Exports by Cooperatives", Agricultural Cooperative Service. ACS Research Report 107.

82. USDA, "Cooperative Education Survey: Cooperatives' Version

Untitled

Summary of Findings", Agricultural Cooperative Service ACS Research Report 119，1993.

83. USDA，Economic Research Service，"compiled from National Agricultural Statistics Service annual estimates of the number of farms from the June Agricultural Survey and from ERS estimates of farm productivity"，1990.

84. USDA，"Keys to Success for Food Co-op Start Ups in Rural Areas"，*Four Case Studies*，2004.

85. USAD. Rural Business and Cooperative Development Service，"What are cooperatives?"，*Cooperative report* 10，1995.

86. USAD. Rural Business and Cooperative Development Service，" Farm Marketing, Supply and Service Cooperative Historical Statistics"，2004.

87. USDA，"what are cooperatives"，*cooperative report* 10，2002，4.

David S，Chesnick Carolyn. B，Liebrand， "Global 300 list reveals world' s largest cooperatives，USDA Rural Development and Cooperative Programs"，*Rural Cooperatives*，2007，28.

88. Vercammen，J. M. Fulton，C. Hyde，"Nonlinear Pricing Schemes for Agricultural Cooperatives"，*American Journal of Agricultural Economics*，1996，78，pp. 572-584.

89. William Foote Whyte，Kathleen King Whyte，Making Mondr. Ilr Press Ithaca"，New York，1991.

90. Whyte. W. F. &Blasi，J. R. Worker Ownership， "Participation and Control: Toward a Theoretical Model"，*Policy Science* 14.

91. Zusman . P，"Constitutional Selection of Collective-choice Rules in A Cooperative Enterprise"，*Journal of Economics Behavior and Organization*，1992，17，pp. 353-362.

92. Zusman，P，G. C. Rausser， "Inter organizational Influence and

Optimality of Collective Action", *Journal of Economics Behavior and Organization*, 1994, 24, pp. 1-17.

后记

本研究得到了云南大学"中青年骨干教师培养计划"基金的资助，在这里对该项基金的资助表示感谢。本研究得以顺利完成还得益于云南大学及云南大学经济学院领导和同事们的帮助，特别是梁双陆教授、郭树华教授、施本植教授、张林教授、罗美娟教授等几位专家在本研究资料收集和写作过程中提供了诸多的支持和鼓励，在此表示深深的感谢。

回首两年来，笔者不敢有丝毫懈怠，在这 600 多个日日夜夜里，既有冥思苦想而不可得的苦闷，也有思想迸发而不可收的欢愉。专著写作过程中尽管有创作时的激越和兴奋，但更多的时候是在求索中忍受煎熬，尤其是为了穷尽中、西方合作社研究文献以及对国内实践中的农民专业合作社进行实地考察，这些工作使我们吃尽了苦头，特别是我带的几位研究生：樊启、韩毅、张弛、骆薇、马旭东、王成竹、蔡亮亮、王俊义、郑路贤、晁志等在问卷资料收集、甄别、归类整理等方面做了大量的工作，他们还牺牲了寒暑假，按计划指导并参与了 2013 级、2014 级、2015 级经济学院部分研究生、本科生对国内合作社的实地考察。参加研究的人员除云南大学的研究生和本科生外，还有南开大学、云南农业大学、西南林业大学等高校的专家、教授参加。同时，要感谢农业部中国合作经济学会秘书长李国宝副研究员，没有他的鼎力支持、牵线搭桥，不可能实现对众多合作社的实地考察。此外，还应感谢人民出版社的陈寒节老师、王艾鑫老师对本书的修改和完善提出了许多宝贵意见。在此，一并对上述单位、同仁、学生、受访合作社理事长、专家学者、人民出版社陈老师、王老师致以诚挚的感谢。同时，还要感谢在此没有提到的所有对本研究提供帮助的老师、同学和朋友们。

最后需要说明的是，本专著写作过程中，笔者引用了一些自己近年的相关研究成果，也借鉴了众多合作经济研究者们的学术文献。但由于笔者的研究能力、水平有限，同时亦受到一些客观条件限制，本书定有肤浅和不妥之处，恳请有关领导、专家学者们批评指正，以便笔者进一步修正、完善，继续学习和提高。

姜锋

2017 年 8 月 16 日于昆明